开放视域下的中国地缘环境新态势

The New Situation on China's Geo-political and Economic Environment in the Open Sight

王志民 赵崔莉等◎著

时 事 出 版 社

前　言

中国的发展离不开世界，同样也离不开周边，这是中国所处的地缘经济政治客观环境所决定的。近代以来，中国地缘经济政治环境随着外敌入侵开始改变。2010 年，中国经济规模上升至世界第二位，中国地缘经济政治环境再次处于巨大变动之中。大国崛起必将引起地区乃至全球地缘经济政治环境的重新建构。

中国周边地缘经济政治环境极为复杂。周边国家与中国在社会制度、经济水平、文化传统、历史变迁、外交战略、友好程度等方面都存在诸多差异。加之近年美国高调“重返亚太”推行所谓“再平衡”，直接影响中日钓鱼岛争端加剧及南海局势的突变，使中国地缘经济政治环境变得扑朔迷离，难以预测。中国是否具备大国崛起的天时、地利、人和等因素，如何扬长避短、趋利避害以发挥自身地缘经济政治优势，抓住并用好战略机遇期，以顺应经济全球化和区域一体化趋势，制定出适合国情、世情的地缘经济政治战略，从而把握机遇、乘势而上，实现中华民族伟大复兴的“中国梦”，已成为人们思考和关注的焦点。

对外开放是中国的基本国策。开放的中国与包括周边在内的世界各国在地缘经济政治领域的互动越来越密切。本书作为研究开放视域下的中国地缘经济政治关系，作者的研究思路主要体现在以下三个方面：

首先，本书将地缘经济和地缘政治作为一个整体即地缘政治经济学来对待，以新的视角研究中国开放视域下的地缘经济政治环境。

地缘政治学（Geo-Politics）作为一门学科的产生已经有大约100年的发展历史，而地缘经济学（Geo-Economics）是冷战后才产生的一门新学科，是随着经济全球化特别是区域经济一体化发展进程而逐渐兴起和发展起来的。地缘经济学理论的要义在于：冷战后世界政治力量出现了重新组合，原先的地缘政治被地缘经济所取代，原先的军事集团竞争让位于经济集团竞争。[①] 冷战结束加速了世界经济的深层次融合，经济全球化趋势迅猛发展，国际经济关系渗入政治因素或转换成政治关系，国际政治关系更是笼罩着浓厚的经济色彩，带有更多的经济目标和经济动力。冷战后地缘政治的重组是以经济全球化为背景的，经济全球化开始了经济主导、经济至上的时代。经济全球化不仅凸显了经济的重要作用，而且大大拓展了地缘政治空间，上升到全球高度。国家与市场、权力与利益交互作用成为经济全球化时期国际经济政治的鲜明特征。在此背景之下，经济一体化呈强劲发展趋势。经济一体化的发展又极大地推动了政治一体化，超国家实体应运而生，并作为独立的国际政治行为体发挥着越来越重要的作用。国际政治经济化和国际经济政治化已经成为当今世界经济政治发展的新趋势和新特征。从某种意义上说，地缘经济学是地缘政治学的丰富和发展。地缘政治学与地缘经济学相融合，并将形成新的学科即地缘政治经济学。以地缘政治经济学来研究当今世界及具体的国际行为体，为研究国际问题提供了一种新理论和新视角。我们所研究的中国对外开放的地缘经济政治关系就是以此新视角为基础，以中国地缘经济政治的周边层次为重点，以全球层面地缘经济政治为依托而由此展开的。

其次，本书将中国崛起与所处的地缘经济政治环境结合起来，探索相互之间的逻辑联系。中国周边地区是世界上人口最密集、经济和社会发展最不平衡和文化最多样的地区，历史关系复杂，彼此

---

① “中国地缘经济中的‘金三角现象’”，载《经理日报》（2012年11月23日第1版）。

矛盾纠葛较深。随着中国综合国力的提升，周边国家和地区关于“中国威胁论”、“中国傲慢论”、“中国责任论”、“中国过于自信论”之类的论调甚嚣尘上，加之美国高调“重返亚太”推行所谓的“再平衡”战略，日本公然进行所谓的“钓鱼岛国有化”，甚至以“价值观外交”为基础构建所谓的“自由与繁荣之弧”。越南、菲律宾等国家动作不断，在领土问题上不断挑战中国。中国周边地缘经济政治环境似乎呈急剧恶化之势。国内一些学者也因此提出中国正在遭遇“C 型包围圈”、“O 型包围圈”或“满月型包围圈”等困扰。大国也竞相角逐东亚，不仅美国要在东亚“再平衡”，俄罗斯也力推欧亚联盟，印度积极“东向”，日本要构建价值观联盟，甚至欧盟也要重返亚洲，这实际上又为中国提供了合纵连横的机遇。没有永远的朋友，也没有永远的敌人，只有永远的利益。如果从地缘经济视角观察，周边国家仍然要“赶搭中国顺风车”、“随中国繁荣而繁荣”，不仅没有与中国全面对抗的企图，而且与中国经济合作愿望更加强烈。中国作为东亚经济的发动机，是东亚区域经济合作的最大推动者，并已率先与东盟建立中国—东盟自由贸易区。正如马克思所指出的：“追求利益是人类一切社会活动的动因，利益对政治权力具有决定作用。”[①] 中国与周边国家关系近年来出现“经济密切，政治疏离”的现象。中国所处地理环境是特定的，而地缘经济政治战略却是原则性和灵活性、政策性和策略性相结合的战略。中国崛起所走的是一条不同以往大国崛起的新道路，即和平发展道路。经济一体化必将推动政治一体化。随着中国的崛起，特别是地区经济一体化进程的推进，“经济密切，政治疏离”的问题亦必然为之改变。

再次，本书还以地缘经济政治环境及其发展态势为依托，就中国的对外开放模式创新进行探索。中国的对外开放始于东南沿海，之所以以深圳、珠海、厦门、汕头等建立经济特区为开端，其直接原因就是借力于地缘优势。四个特区的建立正是“得势”于毗邻港

① 《马克思恩格斯全集》第 1 卷，人民出版社 1956 年版，第 82 页。

澳台、华侨众多和与海外联系紧密等地缘经济政治环境。而之后中国对外开放格局从东南沿海到内陆地区的梯次渐进展开，历经三个地缘层次：经济特区至沿海、沿江、沿边、沿路开放地区至西部地区。中国在21世纪的第一年加入了WTO，完全融入国际经济大循环。但经济全球化的发展进程并非一帆风顺，诸多不确定性随着国际金融危机的发生而充分显现。中国对外贸易由过去的保增长进入了保份额的阶段，转变发展方式成为改革开放的重点。区域经济一体化作为以地缘关系为基础开展的各种政府间的经济合作活动，政治推力不仅不能有效发挥，而且成为阻碍因素。其实，经济健康快速增长使中国成为欧亚大陆上具有极大辐射力的地缘经济政治大国，其周围分布着若干全球大国，作为“中央之国”的中国成为该地区的地缘经济政治枢纽。中国作为横跨“心脏地带”和“边缘地带”并使二者相连的地缘轴心大国，蕴涵着对外开放模式创新的巨大潜力，有着地缘经济政治上的规模优势和辐射力量，具备引领周边发展的基本条件。特殊的国家属性使中国对外开放面临着多重两难处境，不牵扯国家核心利益的区域性国际经济中心是新时期对外开放模式的创新，建立区域性国际经济中心可以逐渐达到经济合作和政治整合的双重目的。就经济合作而言，可以促进与周边国家互利共赢，加快一体化进程；就国家安全而言，可以做到固本于“心脏地带”，固城于“边缘地带”，并以贯通两大地带以拓展中国的地缘优势，整合周边地缘资源以建立安全互信机制。

本书是对外经济贸易大学全球化与中国现代化问题研究所六位教师集体合作的成果。参加本书编写的作者潜心研究，历时数年，终于完成了这部《开放视域下中国地缘环境新态势》的著作。本书作者具体分工如下：王志民（第一章和第三章）、曹永栋（第二章）、赵崔莉（第四章）、李景瑜（第五章）、管淑侠（第六章）、刘宏元（第七章），全书由王志民统稿和定稿。在本书写作过程中，作者特别注意依据党和国家的重要文献，运用权威媒体公布的相关资料，吸收了近年来学术界的最新研究成果，在此表示诚挚谢意。由于作者水平有限，书中难免出现缺点、错误和不当之处，恳请专家和读者批评指正。

王志民

2013 年 7 月

目　录

第一章
中国地缘经济政治的总体发展态势

中国自古以来就是欧亚大陆特别是东亚地区的重要大国。中国不仅是地域面积居世界第三的陆地大国，也是拥有海岸线最长的国家之一，有着诸多天然良港，兼具陆权大国和海权大国的基本条件。中国又是横跨“心脏地带”和“边缘地带”并使二者相连的地缘轴心大国。数千年历史发展进程中，中国一直处于地缘经济政治的核心位置。周边无强敌，经济无对手，是古代中国地缘经济政治环境的客观现实。1840 年开始，中国地缘经济政治环境随着外敌入侵开始改变。1949 年中华人民共和国的成立，标志着中国开始走上独立富强之路，地缘经济政治环境处于巨大变动之中。2010 年，中国经济规模上升至世界第二位，地缘经济政治环境不仅再次引起世界的关注，同时也成为中国实现科学发展、和平发展、和谐发展的基本依据。而中国的周边地缘经济政治环境又极为复杂，与周边国家在社会制度、经济水平、文化传统、历史变迁、外交战略、友好程度等方面都存在诸多差异。当今中国的地缘经济政治发展态势还面临着十分复杂的经济热点和政治热点问题的困扰。

第一节　中国地缘经济政治的客观环境

地理因素都是特定的，而地缘经济政治环境却无时不处于变动之中。“任何国家都无法移动它的地理位置；也没有国家可以卷起领土逃之夭夭。”[①] 地缘经济政治环境涉及国家的疆域结构、相对位置和绝对位置（包括维度位置、海陆位置等），更关乎国际政治经济环境的演变，也包括本国及其他国家的战略抉择等诸多方面因素。就地缘经济政治环境来分析，中国的地理环境、国家定位、综合实力及其未来发展等方面客观优劣势主要体现在以下四个方面：

一、中国具备成为世界性大国的地缘经济政治基础

世界性大国首先是地理和人口大国，综合国力领先其他国家，对其他国家能够产生重大影响并对国际关系发展产生决定性作用，是世界经济政治的中心。[②] 从中国所处的地缘环境分析，中国是当今世界上极少的几个海陆空间十分辽阔的大国之一，兼具陆地大国和海洋大国的双重身份。中国有 960 万平方公里的土地（据卫星遥感测量，中国有 1045 万平方公里的土地），占世界陆地面积的 1/15，亚洲的 1/4，还有 300 多万平方公里的海洋面积，漫长的海岸线。中国的海陆度值达 31% 以上。[③] 在空间的纵横跨度上，中国的陆地国土东西相间约 5200 公里，南北相间长约 5500 公里，陆地边长达 2.28 万公里，是大河流域典型的陆地大国。[④] 中国位于世界四大洋中最大的太平洋的西岸，是重要的濒海大国。根据《联合国海洋法公约》分析考察，中国拥有和管辖自然资源的领海、大陆架、专属经济区的总面积约 350 万平方公里，相当于中国陆地面积的三分之一。中

① ［挪威］托布约尔·克努成著，余万里、何宗强译：《国际关系理论史导论》，天津：天津人民出版社 2004 年版，第 3 页。

② 王志民等著：《国际政治学导论》，北京：对外经济贸易大学出版社 2010 年版，第 43 页。

③ 海陆度值 = 海洋国土面积 ÷ 陆地国土面积 × K（修正参考系数）。该公式说明：海陆度值越大，国家的海洋属性越强；反之，海陆度值越小，则国家的大陆属性越强。

④ 大河流域是指流域面积很大的河流形成的人类发祥的广阔地区。中华民族诞生地黄河流域、长江流域就属于人类发祥的大河流域之一。大河流域一般气候湿润，光热充足，地势平坦，水源充足，土壤肥沃，有利于农业生产的发展，适合人类生存。

国是一个朝东向和东南向凸出的并且南北距离达4000公里辽阔弧形海域的国家，海岸线长度居世界第四，大陆架面积居世界第五。在漫长的海岸线上，分布着许多优良的天然港湾，还有面积达500多平方米的沿海岛屿6000多个（根据我国与国际海底管理局签订的有关协议，中国于1999年在位于东太平洋的国际海底获得7.5万平方公里的多金属结核资源合同区，拥有对这一区域的专属勘探权和优先开发权。2011年8月，经国际海底管理局理事会在牙买加召开的国际海底管理局第17届会议期间批准，中国又在印度洋获得1万平方公里具有专属勘探权的多金属硫化物资源矿区，并在未来开发该资源时享有优先开采权。中国的经济发展水平较高的城市，甚至政治经济中心大都集中在沿海地区，有良好的地缘经济优势和地缘政治优势，由此形成中国地缘经济政治的国家规模效益。

中国大部分陆地处于北回归线和北极圈之间，地理位置十分优越，属于温带气候，而这一地区自古以来就是人类活动的中心地带。人类的发源地大都在北纬30度左右，北纬30度线贯穿四大文明古国。中国的三星堆文明、金沙遗址、河姆渡文明，甚至元谋猿人也都在北纬30度左右。中国的北纬30度一线被誉为最美的风景走廊，东起浙江舟山市，西至西藏日喀则地区，横跨浙江、安徽、西藏等九个省区，穿越长江三角洲、汉江平原、四川盆地、川西高原和青藏高原，不仅有中国最富庶的地区即江浙等地区，而且是中国大陆南北的中间部分，地缘经济政治地位极为重要。而北纬40度左右的地区也对人类文明特别是近现代文明有着更大的影响。历史上的古希腊、古罗马、波斯帝国、奥斯曼帝国等古代文明都发祥于此，而近代以来的欧洲文明、美洲文明也处于这一地带，当今世界性大都市如伦敦、巴黎、柏林、纽约、罗马、北京、东京基本都处于北纬40度左右。这一地区自然环境和人文环境是地球上最优越的。中国所在的欧亚大陆东部、太平洋西岸，处于美国、日本、欧洲和俄罗斯等大国之间，具备辐射和影响北半球的地缘经济政治的巨大潜力。

二、中国是横跨两个地带并多维度拓展的地缘大国

中国作为“心脏地带”国家，有幅员辽阔的战略纵深，而漫长的海岸线在制海权方面具有得天独厚的天然优势。根据传统地缘政治理论分析，中国的特殊地理环境可以发挥“心脏地带”和“边缘地带”两个地带的双重优势，正好印证了麦金德的“心脏地带”理论和斯皮克曼的“边缘地带”理论所论证的地缘政治轴心和枢纽。中国广阔的战略纵深和漫长的海岸线决定了在制海权、制空权等方面可发挥天然优势。即使从三维空间（陆、海、空）、四维空间（陆、海、空、航天）或五维空间（陆、海、空、航天、网络）去研究，中国在制空权、航天权及网络拓展等方面的优越性不言而喻。

英国著名地缘政治学者哈尔福德·麦金德以“心脏地带”理论①解释大国在世界上的地位。美国地缘政治学者麦金德的“心脏地带”理论认为“谁统治东欧，谁就能主宰心脏地带；谁统治心脏地带，谁就能主宰世界岛；谁统治世界岛，谁就能主宰全世界”。② 麦金德在其著作《历史的地理枢纽》中预测了中国在“心脏地带”的重要分量。他认为：“可以很明确地指出：某一新的力量代替俄国对这片内陆地区的控制，将不会降低这一枢纽位置的意义。例如，假如中国被日本组织起来去推翻俄罗斯帝国，并征服它的领土的话，那时就会因为他们将面临海洋的优越地位和把巨大的大陆资源加到一起——这是占有枢纽地区的俄国人现在还没有到手的有利条件，构成对世界自由威胁的黄祸。”③ 虽然麦金德有些危言耸听，甚至还使用了“黄祸”这种蔑称，但他却认准中国所处世界“心脏地带”的

---

① 哈尔福德·麦金德最早使用的是“枢纽地区”一词，后来将其改称“心脏地带”。

② ［英］哈·麦金德：《历史的地理枢纽》，北京：商务印书馆2010年版，第14页。

③ ［英］哈·麦金德：《历史的地理枢纽》，北京：商务印书馆2010年版，第70—71页。

地缘优势。

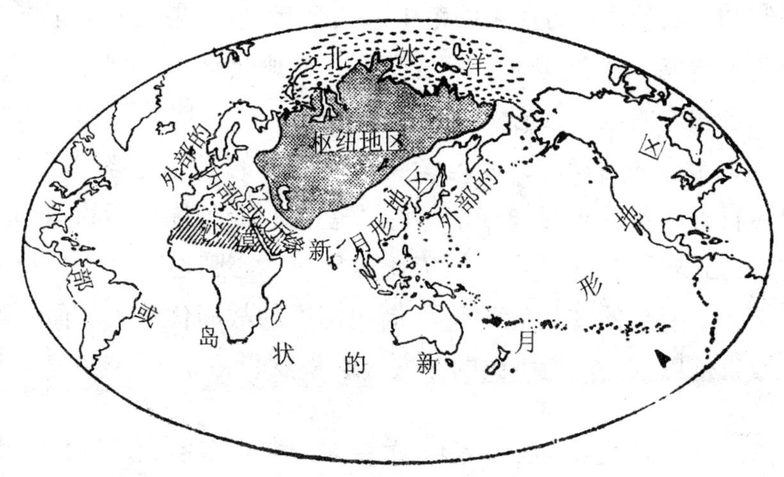

枢纽地区：全部是大陆的
外新月形地区：全部是海洋的
内新月形地区：部分是大陆的，部分是海洋的

图 1.1　麦金德的“心脏地带”理论

图片来源：［英］哈·麦金德：《历史的地理枢纽》，北京：商务印书馆 2010 年版，第 68 页。

美国地缘政治学家尼古拉斯·斯皮克曼则提出“边缘地带”理论。他认为全球地缘经济政治的中心不在“心脏地带”，而在“边缘地带”。“边缘地带”比“心脏地带”更具优势，因具有更良好的地理条件，如人口稠密、经济发达，是“心脏地带”与海洋之间的通道地区，因而“边缘地带”便成为控制世界的关键，是世界权力争夺的最重要地区。他甚至模仿麦金德表达方式指出：谁支配着边缘地带，谁就控制着欧亚大陆；谁支配着欧亚大陆，谁就掌握世界的命运。[①] 他认为美国最大的风险就是让任何国家控制边缘地带。斯皮克曼从“边缘地带”理论出发，对美国在第二次世界大战后在东亚

① ［美］尼古拉斯·斯皮克曼著：《和平地理学》，北京：商务印书馆 1965 年版，第 78 页。

追求霸权地位提出具体建议：可以扶植和借助战败国日本的力量，以遏制和分而治之的方法来防范中国的崛起。[①] 如果我们从中国自身的视角去研究，就会发现中国是横跨“心脏地带”和“边缘地带”并使二者相连的地缘轴心大国，可以集中“心脏地带”和“边缘地带”两大地带的力量，形成地缘经济政治上的双重优势。同时，既可以借自身具备的东部和东南部的“边缘地带”优势制约西部周边的“心脏地带”国家，也可以依托自身的“心脏地带”来保持对其他东部和东南部的“边缘地带”周边国家的战略优势，从而实现海陆双重价值以及由此衍生出的多重价值和多重辐射力。

三、中国复杂地缘环境亦存在难以弥补的天然劣势

中国是世界上陆海邻国最多的国家之一。中国的陆上邻国有朝鲜、俄罗斯、蒙古、哈萨克斯坦、吉尔吉斯斯坦、塔吉克斯坦、阿富汗、巴基斯坦、印度、尼泊尔、锡金、不丹、缅甸、老挝、越南等15个国家，隔海相望的国家有日本、韩国、菲律宾、印度尼西亚、文莱、马来西亚等6个国家。此外，还有与中国相距甚近的孟加拉国、泰国、柬埔寨、新加坡、乌兹别克斯坦、土库曼斯坦等国家，也属于中国的周边国家。美国本土虽然与中国相距遥远，但是作为世界上唯一的超级大国，其在东亚地区的军事存在决定了对中国周边地区有着重要影响，因而它实际上是中国特殊的“周边国家”。如此众多数量的周边邻国一方面扩大了中国的对外交往空间，另一方面也给中国的国家安全带来了更多不确定性。按照地缘政治理论，接壤的邻国越多越不安全。同时，地缘经济政治存在着明显的边际效应，距离近的国家相对于距离远的国家来说对本国的影响会大得多。[②]

---

① ［英］杰弗里·帕克：《二十世纪的西方地理政治思想》，北京：解放军出版社1992年版，第120页。

② 叶自成主编：《地缘政治与中国外交》，北京：北京出版社1998年版，第5页。

首先，近代以来中国周边一直存在着陆上大国如俄罗斯、印度和海上大国日本以及远道而来的西方列强（特别是当今的美国）的威胁，甚至多次遭受列强的入侵。中国一直面临着“地缘政治困境”：如果发展陆上力量，自然会使俄罗斯、印度等大国产生不安全感，包括发展军民两用设施，即使在西藏地区修建机场，也肯定会引起印度的猜疑，甚至形成军事对峙；如果大力发展海上力量，必然引起美国和日本等海上强国的不安。同时，中国周边有核国家林立，严重威胁中国军事安全。中国周边不仅有美、俄两个核大国周密布局，而且印度、巴基斯坦、朝鲜都进行过多次核试验。

其次，中国作为陆海兼备的大国，一直存在着难以应付的陆海安全的两难困境。中国千百年来历经了无数次外敌从陆上和海上的入侵，甚至陆海夹击。建国以来，中华人民共和国已经历近十次周边战争，包括与越南的两次海上战争。美国自20世纪50年代起就在中国东部海域部署构筑所谓“第一岛链”、“第二岛链”、“第三岛链”,[①] 企图将中国变成一个内陆国家。中国几乎与所有海上邻国都有领土争端。台湾与大陆的分治、分离，极大地阻碍中国全方位崛起的步伐。如今，北约驻军阿富汗与美日同盟、美韩同盟对中国形成了东西夹击之势。日本还与美军合作，在日本海等地区部署更多的反导作战系统，包括陆基和海基反弹道导弹武器，严重破坏地区战略平衡。日本《东洋经济》周刊认为，中国的周边国家谁也不希望出现“中华帝国”，“中国的体制缺乏政治自由、民主和国际和平主义这些要素，周边国家对他的信任还不能说很高”，“因此，周边

---

① 岛链，是由美国前国务卿杜勒斯在1951年首次明确提出的一个特定概念，它既有地理上的含义，又有政治与军事上的内容，其用途是围堵亚洲东岸，对苏联、中国等社会主义国家形成威慑之势。第一岛链是指北起日本群岛、琉球群岛，中接台湾岛，南至菲律宾群岛、大巽他群岛的链形岛屿带；第二岛链是指北起日本群岛，经小笠原诸岛、火山列岛、马里亚纳群岛、雅浦群岛、帕劳群岛，延至哈马黑拉群岛；第三岛链主要由夏威夷群岛基地群组成。对于美国而言，它既是支援亚太美军的战略后方，又是美国本土的防御前哨。

国家恐怕需要（对中国）进行牵制。”①

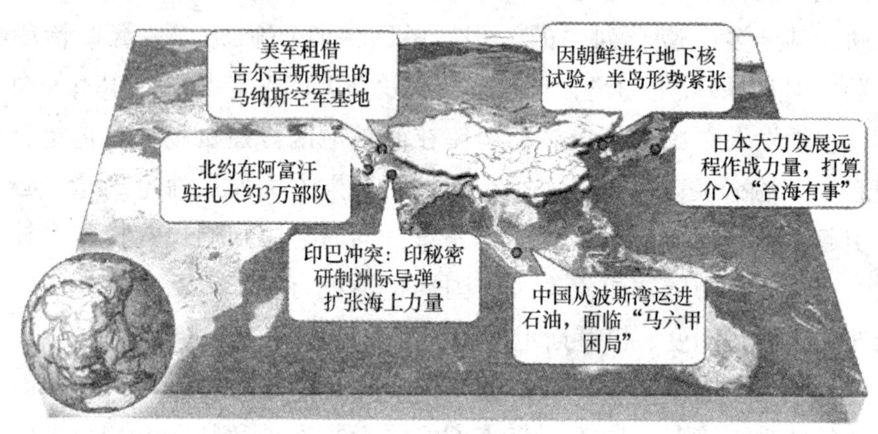

图 1.2　周边安全局势紧，北约屯兵中国周边

注：来源自载《世界新闻报》2007 年 2 月 1 日。

再次，中国缺乏地缘上的缓冲地带，往往处于冲突的第一线。美国崛起进程中将南美洲作为其后院，苏联将东欧国家作为与西方阵营对峙的缓冲区。中国不仅没有“后院”的概念，也没有潜在“后院”的战略构想。而建国后很长一个时期，中国的周边国家都被大国控制，中国面对的都是直接威胁。新中国成立后，美国联合一些国家封锁和制裁中华人民共和国，不仅禁止本国企业与新中国进行贸易往来，而且还操纵联合国表决机器，通过对新中国的禁运案，反对其他国家与新中国进行贸易往来。20 世纪 50 年代，中国直接处于抗美第一线；20 世纪 60 年代，中国直接处于抗苏第一线。环顾中国周边国家和地区，“中国威胁论”甚嚣尘上，或将美国定性为盟国，或搞什么“大国平衡外交”，其实质就是以美国来“平衡”中国，或静观其变。如果今后某一个时期，无论中国与任何大国和国

① “‘一枝独秀’的中国与东亚形势”，载日本《东洋经济》周刊 2002 年 1 月 26 日。

家集团抗衡，无疑又将处于第一线。

第四，三种势力特别是民族分裂势力影响中国周边地缘安全环境。当今世界，和平与发展形势总体稳定，但“民族、宗教矛盾和边界、领土争端引发的局部冲突时起时伏”。[1] 特别是美国及一些发达国家对反恐采取双重标准。当中国出现恐怖活动时总是先将原因归罪于中国政府的民族政策，从某种意义上也纵容了某些恐怖势力。以“东突”为代表的“疆独”分子在“基地”组织等境外势力的支持下，曾大肆叫嚣以“科索沃解放军为榜样”，大搞暴力活动。“藏独”势力是一个由达赖喇嘛作为精神领袖并在印度的达兰萨拉建立所谓“流亡政府”遥控的。这个“流亡政府”的存在本身就决定了中国与某些周边国家关系存在问题，某些境外势力试图遏制中国发展和中国崛起的反映。

四、两岸分治、分离严重制约中国地缘经济政治整合

两岸问题是20世纪40年代末国共两党内战的产物。由于岛内各种因素的变化，特别是外来势力的渗透和影响，两岸问题已演变得相当复杂，政治、经济和社会生活等各个方面都发生了深刻变化。两岸分治、分离严重影响中国地缘经济、政治整合，制约中国的和平发展。台湾问题牵动亚太格局，是当今中、美、日等大国博弈的战略中心。

首先，台湾为中国门户，居东南沿海天然屏障地位。台湾东临太平洋，西隔台湾海峡与福建省相望，南靠巴士海峡与菲律宾群岛接壤，总面积为35989.76平方公里，是我国最大的岛屿，其中包括台湾本岛，及澎湖列岛、钓鱼岛、赤尾屿、绿岛（原名火烧岛）、兰屿和其他附属岛屿共88个。台湾地区还象征性地保留台湾、“福建”两“省”的建制。“福建省政府”名义上管辖金门和马祖地区。台湾

---

① 刘华秋：“独立自主的和平外交政策具有强大的生命力”，载《求是》2005年第1期。

岛与庙岛群岛、舟山群岛、海南岛，构成一条“海上长城”，为中国东南沿海的天然屏障，素有“东南锁钥”、“七省藩篱”之称，战略位置十分重要。“台湾失，则中国东南危。”台湾扼西太平洋航道的中心，是中国大陆与太平洋地区各国海上联系的重要交通枢纽，是著名的远东海上走廊。同时，钓鱼岛位于台湾本岛东北部，自古以来就属于中国领土不可分割的组成部分。中国人民最先发现、最先开发了钓鱼岛，如今中国大陆的海监船和渔政船对钓鱼岛海域巡航常态化。钓鱼岛行政区划上属于中国台湾省，钓鱼岛的战略地位更为重要，能定东海、连大洋、镇台湾。钓鱼岛不仅蕴藏着极为丰富的石油和天然气资源，而且根据《联合国海洋法公约》第77条第一款规定：沿海国为勘探大陆架和开发其自然资源的目的，对大陆架行使主权权利，如果从测算领海宽度的基线量起到大陆边的外缘的距离不到200海里，则扩展到200海里的距离。两岸分治的现实，特别是在钓鱼岛问题上无法有效合作，增加了中国解决钓鱼岛问题的难度。①

其次，台湾自古属中国，两岸同属中华民族大家庭。明朝末年，西班牙和荷兰开始侵占台湾一些地方。1662年，大将军郑成功收复台湾。1895年，腐朽无能的清政府在甲午战争失败后把台湾割让给日本，直到第二次世界大战结束后回归祖国，台湾曾沦为日本殖民地长达半个世纪之久。有关台湾问题最直接的国际文件是1943年11月发表的《开罗宣言》。《开罗宣言》明确表示：使日本所窃取于中国之领土，例如：东北四省、台湾、澎湖群岛等，归还中华民国。

---

① 台湾当局由于顾忌美国等原因，不愿意与大陆合作保钓。不仅如此，台湾利用大陆对日本所谓“钓鱼岛国有化”的强硬回击，2013年4月10日与日本双方以民间交流协会的名义签订了所谓“台日渔业协议”。虽然台湾当局强调没有在主权问题上让步，但该协议还是造成较大的负面影响：一是分化了大陆与台湾，日本可以专心应对大陆执法船；二是给了日本海上保安厅突破中间线执法的借口，突破了台湾划定的暂定执法线，也超过了日本主张的中间线，向中间线以西延伸了10—20海里，面积约为6190平方公里；三是可能给国际社会带来一个错觉，就是日本致力于维护地区稳定，十余年的渔业争端都可以解决，以此反衬和诋毁中国大陆在钓鱼岛的维权执法。

这一决定在1945年召开的决定战后世界安排的波茨坦会议上得到了确认。1945年，日本战败投降后，台湾回归中国。1949年，随着中华人民共和国成立，国民政府逃亡台湾，台湾与大陆便处于分治、分离状态，但台湾与大陆从来没有分裂过却是不争的现实。台湾人民是中华民族大家庭的重要组成部分，两岸人民有着深刻的历史文化渊源和血浓于水的民族情感。冷战后，台湾部分势力虽然错估国际国内形势，试图分裂国家，但决不能改变台湾属于中国的历史与现实。2013年2月27日，"台湾竞争力论坛"公布民调，台湾民众认同自己是中国人的比例达67%。[①]

再次，两岸统一是主线，岛内生态演变呈复杂趋势。1949年国民党政权败逃台湾，由此形成中国大陆与台湾的分治。两蒋时代，两岸直接对峙，但均坚持"一个中国"原则。1988年李登辉执政后，抛出了"一边一国论"，实际上就是搞"台独"活动，两岸关系骤然紧张。2000年，民进党的陈水扁当选为台湾地区领导人，使得台湾问题变得更为复杂和严峻。在陈水扁执政的八年时间里，不断推行"去中国化"政策，挑动"蓝绿"对立，台湾政治一片混乱。2008年，国民党候选人马英九当选台湾地区领导人，表示坚持"九二共识"原则，两岸关系进入新阶段。2008年12月15日，两岸实现"大三通"（即直接通邮、通商、通航）。2010年6月29日签署了《海峡两岸经济合作框架协议》（ECFA）极大地推动了两岸经贸发展。2012年大陆与台湾的贸易额达1690亿美元，同比上升5.6%。其中，大陆对台出口368亿美元，大陆自台进口1322亿美元。而同时马英九提出的"不统、不独、不武"又严重制约两岸政治对话和协商。如今，两岸关系的和平发展从开创期逐步进入巩固深化期即所谓的"深水区"。台湾当局却还以所谓"两岸政治条件尚不成熟"、"不知两岸政治对话内容"、"两岸政治议题协商不急"来拖延。其

① "台湾最新调查：近七成台湾人承认自己是中国人"，中国新闻网，2013年2月27日，http://www.chinanews.com/tw/2013/02-27/4600372.shtml。

实，两岸政治关系停滞不前已经严重影响到两岸经济合作及各方面的互动。两岸只有展开政治对话与协商，从经济、文化、社会的大交流、大合作、大发展走向“政治关系全方位互动”，才能为两岸关系倾注动能。[①]

第四，美采取模糊战略，将台视为“不沉的航空母舰”。台湾位于美国遏制中国大陆所谓“第一岛链”的中央，是该“岛链”距我大陆海岸线最近的一环，可以有效地扼控东海与南海间的咽喉通道，掌控通往“第二岛链”内海域的有利航道及通向远洋的便捷之路，仿佛是一艘巨大而不沉的航空母舰。1949 年国民党政府逃亡台湾后，中国人民解放军开始了解放台湾的努力，美国也曾提出“任其尘埃落地”，一度决定放弃台湾。1950 年，朝鲜战争爆发，美国派第七舰队入侵台湾海峡，第 13 航空队进入台湾。时任美国总统的杜鲁门提出：“我已命令第七舰队阻止对台湾的任何攻击。”[②] 1954 年，美国与台湾国民党政权签订《共同防御条约》。20 世纪 70 年代中美关系改善，特别是 1979 年中美建立外交关系，美国承认世界上只有“一个中国”，中华人民共和国是中国唯一合法政府。1979 年，美国国会又通过所谓《与台湾关系法》，将台湾与主权国家相提并论，并承担了维护台湾“安全”的义务。[③] 1999 年，美国众议院国际关系委员会又通过了“加强台湾关系法案”，试图阻挠中国统一。[④] 如今，美国继续玩弄两面手法，努力阻止两岸统一的发展趋向。美国一方面

---

① “开展两岸政治对话，台需走出‘踏步’困局”，载《人民政协报》，2013 年 5 月 4 日第 5 版。

② 李大光：《中国安全抉择——构筑 21 世纪的国家安全体系》，北京：石油工业出版社 2002 年版，第 264 页。

③ 《台湾问题重要文献资料汇编》，红旗出版社 1997 年版，第 1193 页。《与台湾关系法》声称：“如果台湾人民的安全或社会或经济制度受到任何威胁，美国的利益因而面临任何危险，总统必须立即通知国会。总统和国会将根据宪法规定的程序，决定美国应采取何种适应行动，以应付任何此种危险。”引自《环球时报》2004 年 2 月 26 日文章《论和平统一祖国（三）解决台湾问题的内部外部环境》。

④ 根据《加强台湾关系法案》，美国将与台湾加强军事交流活动，增加为台湾培训高级军官的数量，双方军队之间将直接联系。

说坚持《中美三个联合公报》，即坚持“一个中国”原则；另一方面又以《与台湾关系法》为借口，继续向台湾出售武器，试图通过加强台湾的军事力量维持台海的现状。美国军事专家将台湾描述为“能让解放军直接进入太平洋的资产”，称“一个拥有台湾的国家能随心所欲地切断东北亚至东南亚的海上交通”。[①] 美国政府虽然在口头上支持两岸发展关系，实际上希望维持中国分裂的现状，将台湾视为其“准同盟”，马英九政府的“不统、不独、不武”实际上就是出于维持与美国“准同盟”体系而提出的。美国实际上是把台湾问题作为牵制中国、遏制中国崛起的一个重要筹码。

第二节　中国地缘经济政治的发展态势

一、外向型经济不断发展，地缘经济政治空间广阔

自1978年党的十一届三中全会走上改革开放之路，中国共产党始终坚持以经济建设为中心，“发展”成为党和国家一切工作的主题。中国共产党几代领导集体曾先后提出“发展才是硬道理”，“发展是解决中国一切问题的关键”，“发展是第一要义”。中国的发展离不开世界，对外开放是中国的基本国策。改革开放将中国引领到一个新时代，融入世界经济大循环的时代。

改革开放就是要建立外向型经济，而外向型经济不仅提高了中国的综合国力，而且不断拓展中国的地缘经济政治空间。中国国内生产总值由1978年的3645亿元增长到2010年的397983亿元，国内生产总值跃居世界第二位。2012年，中国国内生产总值更是达到519322亿元（按2013年初汇率计算，已超过8万亿美元）。中共十

① 万斯·瑟楚克：“台湾在亚洲的重要性被奥巴马在台湾问题上的沉默所掩盖”，载［美］《华盛顿邮报》2013年5月24日，转自《环球时报》之《美媒：奥巴马不应忽视台湾》2013年5月25日第6版。

八大报告明确提出，2020 年实现国内生产总值和城乡居民人均收入比 2010 年翻一番的战略目标。改革开放 30 余年，中国经济年均增长保持 10% 左右，是同期世界经济年均增长率的 3 倍多。对外贸易额由 1978 年的 206. 4 亿美元增长到 2012 年的 38667. 6 亿美元，货物贸易额居世界第二位，仅比美国少 150 亿美元，其中货物出口贸易额居世界第一，中国已成为 128 个国家的最大贸易伙伴。经济总量的提升的确是关系到国家实力和地位的大事情，对当今世界政治、军事、经济、外交和文化等领域产生深远影响。经济规模排名的提高同时激发了中国人民的自豪感。在 2010 年之前 5 年中，中国的国内生产总值先后超过法国、英国、德国和日本，每一次超越都引起了全球舆论的高度关注，也激发了中国民众的自豪感。这种自豪感代表着中国人民的自信心，对未来较长时期内中国经济发展有着极大的推动作用，也对世界经济的稳定起到支撑作用。特别是 2008 年国际金融危机之后，中国经济仍保持高速增长，中国对世界经济增长的贡献率超过 20%，并继续增持美国及其他发达国家的国债。在不断提升综合国力的同时，中国也为遏制金融危机的迅速蔓延发挥着重要作用。国际货币基金组织数据显示，国际金融危机爆发以来，中国贡献了近 1/4 的全球经济增长量。预计到 2020 年，中国市场释放出的购买力将达 64 万亿元人民币。① 习近平主席在 2013 年 4 月 7 日博鳌亚洲论坛 2013 年年会上发表《共同创造亚洲和世界的美好未来》的主旨演讲指出："据测算，今后 5 年，中国将进口 10 万亿美元左右的商品，对外投资规模将达到 5000 亿美元，出境旅游有可能超过 4 亿人次。中国越发展，越能给亚洲和世界带来发展机遇。中国同周边国家贸易额由 1000 多亿美元增至 1. 3 万亿美元，已成为众多周边国家的最大贸易伙伴、最大出口市场、重要投资来源地。"②

---

① 钟声："和平发展之梦——'中国梦让世界更美好'系列谈之二"，载《人民日报》，2013 年 6 月 28 日 5 版。

② 习近平："共同创造亚洲和世界的美好未来——在博鳌亚洲论坛 2013 年年会上的主旨演讲"（2013 年 4 月 7 日，海南博鳌），载《人民日报》，2013 年 4 月 8 日第 1 版。

2013 年 5 月 30 日，瑞士洛桑国际管理学院（IMD）公布的全球竞争力报告将中国的国际竞争力从第 23 位向前提升至 21 位，并将中国列入“先进组”。学术界主流观点认为，中国经济发展的基本面仍然非常好，中国经济可以保持健康快速增长 20 年（经济增长 7% 以上的水平），完全可以打破英国在工业革命后经济保持高速增长超过半个世纪的历史记录。

表 1.1　2008—2012 年国内生产总值及其增长速度

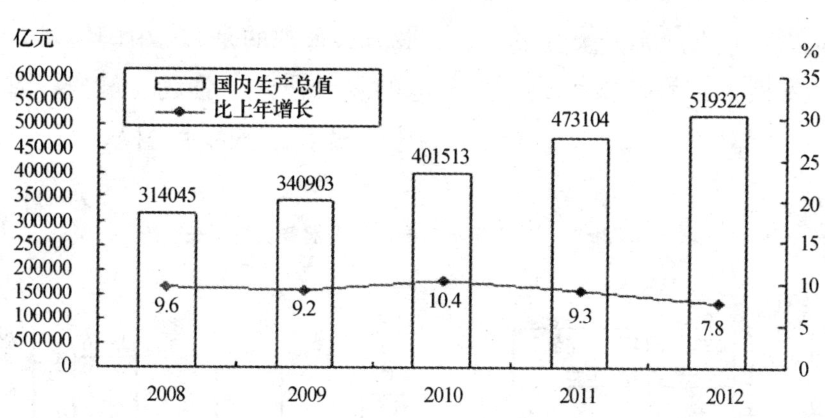

资料来源：《中华人民共和国 2012 年国民经济和社会发展统计公报》，国家统计局网站。

中国经济的持续快速增长，不仅使中国人民的生活水平有了极大的提高，而且受到全世界的高度关注。进入 21 世纪，中国崛起成为世界性的话题。2008 年北京奥运会把一个开放的中国展示给世界，2010 年上海世博会又给中国人提供了了解世界的机会。人民币升值问题、对中国产品的反倾销问题、“世界工厂的预言”或甚至“中国拯救世界”等有关中国的话题引起全世界的热议。而“北京共识”、“中国模式”等议题成为全世界政治家和研究者探讨的深层次课题，广大发展中国家更是对此抱有极大兴趣。这种兴趣不仅仅停留在研究层面，而更多地已经上升到学习借鉴层面。中国改革开放的成功，无疑为中国赢得了更多的话语权。中国崛起带来的可能是一种全新的思维、一种深层次的范式变化（paradigm shift）、一种西方现存理论和话语还无法解释的新认知。[①] 针对中国崛起的现实，有西方学者将“北京共识”与“华盛顿共识”相比较，认为“北京共识”具有三个内涵即创新、可持续和平等的发展模式、自主的国际关系，是中国独立自主探索的成果。而“华盛顿共识”的所谓私有化、自由化的经济发展道路，却在东欧、拉美和亚洲等造成了三个重灾区。相比之下，“中国模式”在发展中国家中有着相当大的吸引力。如果国际社会成功接受“北京共识”的话，人们就会质疑西方发展道路和发展模式的所谓“普世价值”。最值得重视的是，“中国模式”丰富和发展了世界发展模式，为全球的发展注入了强劲、健康、鲜活的因素，对今后相当长一个时期为中国赢得更广的话语权。

表 1.2　2008—2012 年年末国家外汇储备及其增长速度

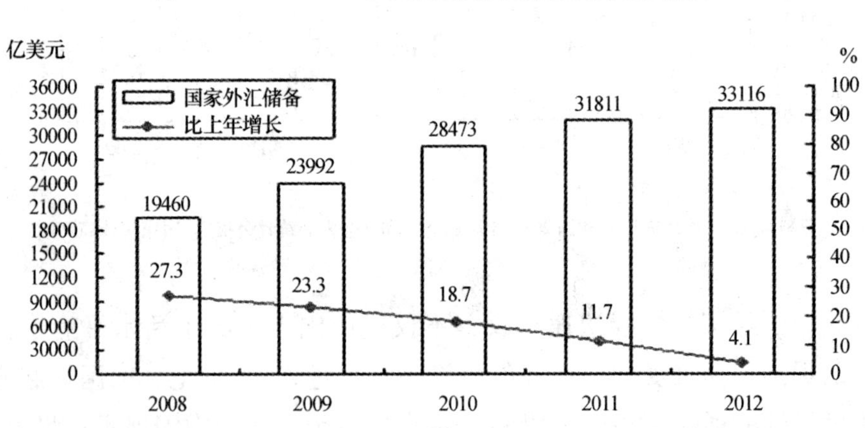

资料来源：《中华人民共和国 2012 年国民经济和社会发展统计公报》，国家统计局网站。

中国经济政治发展的现实对地缘环境的辐射力不仅是一个谈论的话题和需要研究的问题，而且已被周边国家和地区所认可。中国

① 庄俊举、张西立：“近期有关‘中国模式’研究观点综述”，《红旗文稿》2009 年第 2 期。

经济的辐射力当然不仅体现在市场大、具有较强竞争力和综合实力趋强方面，更在于作为拥有13亿人口的世界第二经济体能够在政治上保持稳定。中国的经济繁荣对周边经济的带动与自身的政治稳定是分不开的。为了应对国际金融危机，全球治理已进入关键时期，世界经济下一步能否更稳定地提升，将在很大程度上取决于新兴市场国家对全球治理与改革的参与，以及能够发挥多大的作用。中国作为新兴市场国家中人口最多、经济发展速度最快的大国不仅对周边国家和地区，而且对于全球经济的恢复和增长都发挥着不可替代的作用，更重要的是中国成为全球治理的重要参与者和规则的制定者，已经被许多国家寄予厚望。

表1.3　世界银行最新全球经济展望

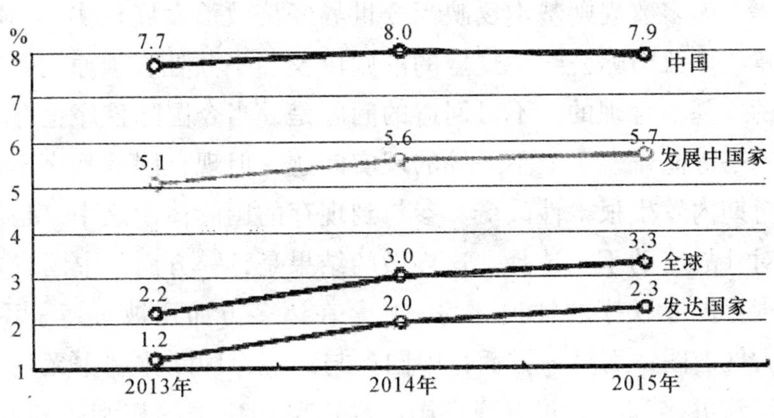

资料来源：“世行预测全球经济增速放缓”，载《人民日报》，2013年6月14日第3版。

二、和平发展道路的抉择，国际事务的积极参与者

地缘经济政治环境是特定的，但地缘战略地位不是一成不变的。一个国家或地区的地缘战略地位受到人类活动范围的扩大、科学技术的发展、世界主要力量对比的消长、时代主题的转换、世界主要中心力量对外战略的取向、各时期人类对资源和能源的需求等各种

因素的影响。[①] 认真研究和充分认识当今世界经济政治格局和世界经济政治秩序，不仅是制定中国对外战略的前提，而且是中国国内出台各项重大决策的基础。中国的和平发展道路，正是基于对国际格局和中国自身文化传统的战略抉择，是以和平为基调、以合作为渠道、以共赢为目标的发展道路。国际经济政治格局是中国的直接外部环境，现有国际经济政治秩序是中国参与国际合作所必须遵循的游戏规则，也是中国参与国际事务的基本形式。

现存国际经济政治格局和国际经济政治秩序能够为中国崛起提供一定程度制度保障。当今国际秩序主要是第二次世界大战后世界主要国家共同努力、相互妥协的产物，冷战后又有新的调整，如1995年建立世界贸易组织，将原关税及贸易总协定的管辖范围由商品和货物贸易扩大到服务贸易、知识产权贸易等方面，并设立仲裁机制等。大多数规则基本反映当今世界经济政治发展现实，如联合国宪章、多数国际公约中规定的准则以及和平共处五项原则等，是合理的或基本合理的。不可回避的问题是，当今国际秩序也存在着形式的平等掩盖事实上不平等的现实问题。但现存国际秩序不可能在短时期内发生根本性改变。参与到现存的国际体制之中，是当今中国对外战略的不二选择。这样做的结果是，一方面，中国肯定要受到现存国际秩序的种种制约，甚至在诸多方面还被束缚了手脚，无法大展宏图；而另一方面，中国参与到现存国际体制中无疑可以从中得到更多利益，并以现存国际秩序赋予中国的权利趋利避害，以现有机制为依托逐渐成长壮大。

中国努力成为国际体系的参与者和建设者并从中受益，彰显负责的世界大国形象。从新中国成立到20世纪60年代末，中国一直处于国际秩序之外，几乎没有参加任何国际组织。20世纪70年代，国际形势发生了重大变化。1971年，中国恢复了在联合国的合法席位，中国开始以世界大国身份走向国际社会。1977年中国加入了21个政

① 朱听昌：《中国地缘战略地位的变迁》，北京：时事出版社2010年版，第3页。

府间国际组织，1988 年达到 37 个。中国参与非政府组织的步伐更快，1977 年为 77 个，1988 年则增至 574 个。作为联合国安理会常任理事国，中国主张尊重联合国和安理会在维护世界和平与安全方面发挥积极作用。在核武器控制方面，中国分别加入《核不扩散条约》和《全面禁止核试验条约》；在人权保障机制方面，中国加入了《经济、社会和文化权利国际公约》和《公民权利和政治权利国际公约》等 21 项主要国际人权公约，积极参与联合国人权领域的活动；在环境保护方面，中国签署了《人类环境宣言》、《气候变化框架公约》、《保护生物多样性公约》以及《国际防治沙漠化公约》。中国旗帜鲜明地反对恐怖主义，先后加入 12 个反恐公约，并积极参与国际反恐合作。在经济方面，经过 15 年的艰苦谈判，中国于 2001 年加入世界贸易组织。中国还取得了 2008 年奥运会举办权和 2010 年世博会举办权。据统计，在 20 世纪 60 年代中期，中国参加国际组织的数量为零，到 20 世纪 90 年代中期，中国参加的国际组织达 600 多个，相当于美国的 70%，世界平均值的 180%。中国从 1988 年开始参与联合国维和，而今参加维和部队共 18 支，人员在两万人次以上，地区遍布亚、非、拉、欧，人员已经占到联合国维和人员的 20%，是安理会五个常任理事国中派出人员最多的国家。中国还应安理会邀请参加了打击索马里海盗的维和使命，现在已经护航三次。2013 年 5 月 15 日，中国成为北极理事会正式观察员国。[①] 虽然正式观察员国没有投票权，但有权保护北极生态、科学考察等。北极的和平、稳定与可持续发展符合国际社会的共同利益，中国的经济社会发展深受北极变化影响，积极参与北极合作是负责任大国的表现。2013 年 6 月 18—19 日，中国主持的“联合国支持以色列—巴勒斯坦和平国际会

① 北极理事会 1996 年 9 月在加拿大渥太华成立。其宗旨是保护北极地区的环境，促进这一地区在经济、社会和福利方面的持续发展，其成员国包括芬兰、瑞典、挪威、丹麦、冰岛、加拿大、美国和俄罗斯。2013 年 5 月 15 日，北极理事会在瑞典北部城市基律纳召开的第八次部长级会议批准中国、日本、韩国、新加坡、印度、意大利成为正式观察员国。

议”在北京召开，以负责任的世界大国身份为努力促进世界和平与地区稳定做出自己的贡献。2013 年 6 月 28 日，中国政府推荐候选人、财政部副部长李勇正式就任联合国工业发展组织第七任总干事，这是中国大陆人首次担任联合国专门机构主要负责人。

中国不寻求找回“朝贡体系”，而正努力成为国际规则的主要制定者。[①] 国际规则的制定者必然是国际规则的最大受益者。中国“既充当现有国际机制正常运转的稳定力量，又不可避免地成为促进当今国际机制的不断变化的变革者。这种双重角色和双重作用，是国内环境与国际环境的互动、历史与现实相互联系相互作用的产物。它必然对中国与国际机制的互动关系形成一种巨大推动力”。[②]

三、中国未来较长时期面临更多地缘经济政治挑战

中国经济实力的不断增强，说明中国仍然处于经济社会发展的战略机遇期，经济社会仍有很大的发展空间。但实力的增长势必推进中国权势的外溢，同时增长的实力不一定能有效转化为维护中国利益的正能量。[③] 而这个前所未有的战略机遇期所给中国带来的绝不仅仅只是机遇，也存在着诸多严峻的挑战。

（一）中国经济发展方式转变难度很大，依然面临解决民生问题的困难

中国经济规模虽然排名世界第二，但人均 GDP 却排名世界 80 位以后，只相当于世界平均水平一半左右，依然属于中等收入国家，与发达国家相比仍有很大差距。中国经济规模虽然超越日本，而人

① 朝贡体系，是自公元前 3 世纪开始，直到 19 世纪末期，存在于东亚、东南亚和中亚地区的，以中国中原封建帝国为主要核心的等级制网状政治秩序体系。实际上，中国并没有从当年的朝贡体系中得到什么便宜，说是“纳贡”，实际上中国得到得少，付出得多，其实质是中国花钱买太平，保周围政权不骚扰中原。

② 《太平洋学报》2003 年第 1 期。

③ “海上争端是影响中国周边安全的主要因素”，载《世界知识》2013 年第 2 期，第 15 页。

均 GDP 只相当于美国人均 GDP 的 1/8 左右。更重要的是，中国仍处于全球产业链的低端，高速发展过程中依然较多地依靠高耗能、高污染、劳动密集型产业支撑，面临经济发展方式的转变。从 1980 年到 2005 年，是我国经济快速发展、城市化急剧扩张的时期，经济每增长 1%，会占用农地 30 万亩左右。与日本的快速发展时期相比较，我国 GDP 每增长 1%，对土地的占用量差不多是日本的 8 倍。[①] 如今，劳动密集型产业仍然占有很大比重，产品附加值还很低，对外贸易依存度是经济大国中最高的。中国作为一个经济大国长期采取出口导向型战略，不仅不利于提高内需，进一步提高人民生活水平，而且面临极大的经济风险。2008 年金融危机之后，中国出口增速减缓，导致某些行业停工停产，同时由于社会保障制度的逐渐完善及职工工资增长，又出现了一些外资企业因生产成本提高而将生产基地转移到比我国生产成本更低的周边国家。虽然加速转变经济发展方式已经迫在眉睫，但经济发展方式的转变绝不是短期内能够完成的。

表 1.4　2008—2012 年城镇新增就业人数

资料来源："中华人民共和国 2012 年国民经济和社会发展统计公报"，国家统计局网站。

---

① "'地耗'之痛：GDP 每增长 1% 土地占用量是日本的 8 倍"，载《半月谈》2011 年第 3 期。

经济高速发展的同时又伴随民生问题凸显的严峻挑战。如今，中国还有1/10人口收入低于国际贫困线，[①] 面临着就业难与民工荒的双重压力，收入、就业、住房、养老、医保、环保等社会福利问题亟待解决。一般认为，中国已经逐渐面临“刘易斯拐点问题”的困扰。[②] 过去作为农民工的劳动力一直供大于求，随着中国经济增长和劳动力成本提高等背景因素的变化，民工荒已经成为难以解决的现实困境。中国从20世纪60年前的一穷二白、一无所有，发展到今天成为世界第二大经济体，是值得肯定的经济成就。但一个国家真正意义的强盛，不在单一指数，而在于综合指数，更在于社会的公平、正义的程度，在于它的人民的幸福感。正如前日本经济财政相与谢野馨提醒的那样：“搞经济不是为了争排名，而是为使国民过上幸福的生活。日本将会借助中国经济，寻求本国经济发展的新活力，进一步扩展两国间的经济交流，深化两国友好关系。”[③]

（二）经济规模上升，进入中国国际战略和外交应对最困难的时期

科学发展观强调统筹发展，提出包括处理好统筹国内发展和对外开放关系在内的五个统筹。伴随着经济全球化趋势的发展和中国

---

① 世界银行有两个国际贫困线：一是人均日收入2美元，用于小康社会；二是人均日收入1.25美元，为绝对贫困线。2011年，中国政府提出将农民人均纯收入2300元作为国家扶贫标准，该标准实际已经与国际贫困线接轨。

② 刘易斯拐点（Lewis Turning Point）是美国经济学家、诺贝尔经济学奖获得者阿瑟·刘易斯（W. Arthur Lewis）提出的二元经济发展三个阶段的标志性节点的简称。当二元经济发展由第一阶段转变到第二阶段，劳动力由无限供给变为短缺，此时由于传统农业部门的压力，现代工业部门的工资开始上升，是为第一个转折点；当传统农业部门与现代工业部门的边际产品相等时，也就是说传统农业部门与现代工业部门的工资水平大体相当时，意味着一个城乡一体化的劳动力市场已经形成，经济发展将结束二元经济的劳动力剩余状态，开始转化为新古典学派所说的一元经济状态，此时“刘易斯第二拐点”开始到来。笔者认为，“刘易斯拐点”的影响不是一蹴而就，将经历一个较长的过程，当前还不至于明显影响经济发展，但不得不未雨绸缪。

③ “日本官员称搞经济不为排名”，载《新京报》（2011年2月15日）。

经济融入世界经济程度的不断加深，国内发展与国际环境之间的界线越来越模糊，中国的发展已不仅仅局限于中国自身发展。如何统筹好国内外发展的两个大局已经成为中国不得不面对的挑战。然而，中国上升为世界第二大经济体，而中国崛起又是历史上第一个发展中国家的崛起，必然会引起一些西方国家的不适应，甚至会招致西方敌对势力的嫉妒与打压。2010 年，全世界都在预言中国经济将超过日本成为世界第二大经济体的时候，时任日本首相的鸠山由纪夫曾这样说，实际增长才是关键所在，虽然统计顺序的变化几乎不会让政策制定者和商界人士感到惊讶，但一些官员依然担心，日本的相对衰落将导致民众对国家缺乏信心。而时任日本副首相兼财长大臣的菅直人对于日本经济降至全球第三位心情更复杂，曾这样表达其心情："把这个位置拱手让予中国……老实说，我的确感到遗憾。"[①] 西方政治家对这一问题的回答呈现出两极的观点，一些人认为中国不会像德国与日本那样破坏国际秩序，因为中国又大又穷，意味着中国在最初发展的几十年中必须首先重视国内经济发展。但另一些人却警告，长远而言，中国必将是现存国际秩序的挑战者，甚至可能是破坏者。

如果认真研究分析，就会发现中国崛起有三种非理性态度应该引起高度重视：第一种态度是，中国国内一部分人过分自信，要求改变现行"韬光养晦，有所作为"的战略。如果这种态度占上风的话，可能就会导致中国在对外关系上"四面出击"，将影响中国和平稳定的国际环境，甚至把周边地区和平环境引向复杂化，使中国偏离经济建设为中心的工作重点，反而不利于中国和平崛起。第二种态度是，国际上有一种力量虽不会与中国真正发生直接对抗，但试图遏制中国快速崛起。以美国为代表的发达国家应该属于此类，它们明知中国崛起是不以人的意志为转移的客观趋势，但又担心中国崛起挑战其地位。这类国家的态度可能是，一方面，它们将继续与

① "日本难保老二地位"，载《羊城晚报》，2010 年 2 月 27 日。

中国进行经济合作，以分享中国经济发展的成果；另一方面，它们将某些国家及国际组织联合起来遏制中国快速崛起，操纵国际规则以压缩中国的发展空间。第三种态度是，某些周边国家特别是周边大国出于其狭隘的“国家利益”而遏制中国。如日本、印度这种与中国有“瑜亮情结”的国家，或与中国有领土纠纷，或有历史矛盾，担心中国崛起对其自身发展带来冲击，也将参与到遏制中国崛起的“大合唱”之中，这种遏制是若隐若现而时时存在的。而广大第三世界国家特别是广大非洲国家和拉美国家会欢迎中国崛起，认为中国崛起不仅给它们带来经济合作的利益，同时更希望学习中国发展经济的经验，实现自身发展，并希望崛起的中国能够在国际经济规则制定方面成为广大发展中国家的代言人。

（三）中国面临“中国责任论”和“中国威胁论”双重压力，急需战略应对

20世纪末，中国提出树立负责任的世界大国形象，目的是树立中国的软实力。由于世界舆论的话语权被主要西方发达国家和西方主流媒体掌握，他们便要求中国只对世界负责任，而且还要求中国担负不属于自己甚至没有能力担负的责任，希望中国英雄救“美”（美国），拯救陷入欧债危机中的欧元国家，比如西方媒体曾提出，“中国人储蓄太多，以低利率借钱给美国，导致美国一个历史性的消费狂潮和房地产泡沫”，“人民币被严重低估，至少应该升值40%”，“中国不调整，世界经济将无法解决失衡”等等。“中国责任论”者的意图就是要“捧杀”中国。“中国威胁论”者则是要“棒杀”中国，他们以所谓德国、日本、苏联等近现代世界大国崛起所走的发展经济与发展军事同时并重，进而依据膨胀的实力来提升在国际上的地位与影响，甚至不惜走武力和战争的道路，即“正在崛起的大国对现有的国际秩序提出挑战”。[1] 其实，中国走和平发展的道路，

---

① 埃兹拉·沃格尔主编，田斌译：《与中国共处：21世纪的美中关系》，北京：新华出版社1998版，第161页。

正是顺应时代主题变换和经济全球化趋势发展的战略抉择。胡锦涛曾指出:“纵观历史，放眼世界，能否顺应时代潮流、把握发展机遇，依靠人民的智慧和力量，走出一条适合自己国情的发展道路，是一个国家在日趋激烈的国际竞争中赢得主动、加快发展的关键。”①

诚然，中国作为一个负责的世界大国，为国际社会提供与自身实力相适应的国际公共产品也是应该履行的国际义务，而且中国也一直这样做着。如中国积极参与联合国维和行动，是联合国安理会五个常任理事国中派出人员最多的国家，占到联合国维和人员的20%。同时，中国也坚持独立自主和不干涉他国内政的原则，并在此基础上与各国进行经济合作和全方位交往，绝不能因为受到赞美而忘乎所以，也不能因为所谓“中国威胁论”的“棒杀”而失去理智，关键是坚定自身的国际定位，真正做到“韬光养晦，有所作为”。

(四) 多维意识特别是海洋意识欠缺阻碍中国崛起，亟待树立大国意识

地理大发现开启了海洋时代，而当时中国的明清政府却颁布了禁海令，实际将自身定位为内陆国家。当今中国，南海问题呈复杂化趋势，有关南海争议国家大胆挑衅中国的背后有美国的影子，其他域外国家如日本、印度、澳大利亚等国家亦有浑水摸鱼之企图。有学者提出“警惕日美海上对抗中国”的呼吁。② 中国不仅有960万平方公里国土，还有约350万平方公里的“蓝色国土”。“蓝色国土”上分布着6000多个海岛，亟待规划和开发。海洋经济已经成为中国经济发展的重要支撑，亟待出台海洋经济战略和长远规划。仅以三个数据就可以说明海洋产业的重要性：一是从陆海综合考察，浙江省的地域面积从10万平方公里拓展到36万平方公里；二是世界海洋

---

① 胡锦涛:“中国的发展，亚洲的机遇——在博鳌亚洲论坛2004年年会开幕式上的演讲”，《人民日报》，2004年4月25日第1版。

② 庚欣:“警惕日美海上对抗中国”，载《环球时报》2012年2月14日第14版。

工程装备制造业近年来以113%平均速度在增长；三是国家在“十二五”期间对海洋工程装备制造业总投资将超过2500亿元。“十一五”期间，中国渔业生产以年均4%的速度增长，2012年渔业产量达到5906万吨，水产品总产量连续23年位居世界首位。根据国家海洋局的统计资料，2012年，海洋生产总值超过5万亿元，实现海洋产业增加值29397亿元，其中滨海旅游业增加值占海洋产业增加值的23.7%，已经成为海洋经济的重要支柱产业。2012年我国造船完工量6021万载重吨，船舶出口额392亿美元，国际市场占有率达41.41%，均名列全球第一位。截止2012年，中国海洋生产总值占GDP比重达10%，而美国海岸经济和海洋经济已经占到美国整体经济就业率的75%和GDP的51%。海洋经济无疑已成为中国经济新的增长点。

如今，中国经济已成为高度依赖海洋的外向型经济，对海洋资源和海上通道的依赖程度大幅提高。2012年5月9日，“海洋石油981”在南海正式开钻，位于南海水域距离香港东南320公里处，开钻井深1500米。2012年5月15日，中国首艘3000米深水铺管起重船“海洋石油201”从青岛起航赴中国首个深海气田“荔湾3-1”。2012年6月27日，中国载人深潜器“蛟龙”号海试最大下潜深度达7062米，工作范围可覆盖全球海洋区域的99.8%，已具备高水平海洋开发能力。中共十八大明确指出：“提高海洋资源开发能力，发展海洋经济，保护海洋生态环境，坚决维护国家海洋权益，建设海洋强国。”① 海洋强国应是在开发海洋、保护海洋、管控海洋方面拥有强大综合实力的国家。然而，“中国的传统文化带有浓厚的陆地性质，缺乏海洋文化的内涵”。“海洋文化虽然比不上陆地文化在中国几千年发展史上所占的比重，但‘兴渔盐之利、行舟楫之便’、海上

① 胡锦涛：“坚定不移沿着中国特色社会主义道路前进 为全面建成小康社会而奋斗——在中国共产党第十八次全国代表大会上的报告”（2012年11月8日），载《人民日报》，2012年11月18日。

丝绸之路、郑和七下西洋、格言‘海纳百川’、妈祖文化等等，无不说明它自古以来一直拥有丰厚的文化底蕴。海洋文化的大繁荣大发展能起到三个作用：一是能鼓舞中华民族进行生存空间上的历史性拓展；二是能使我们的海洋实践达到一个自觉的新境界；三是能为中国文化软实力的发展增加现代元素。[①]

图1.3　我国海洋生产总值快速增长

资料来源：载《人民日报》，2013年1月11日第1版。

（五）中国作为世界贸易大国存在贸易通道特别是能源通道的安全风险

随着中国的崛起，以美国为后盾，日本为急先锋，试图笼络中国周边国家以意识形态划线，形成一个以“价值观外交”为基础的

---

① “提升软实力，为民族复兴强筋壮骨”，载《解放军报》，2011年3月9日第10版。

所谓“自由与繁荣之弧”。2007年8月，安倍晋三担任日本首相的第一任期就呼吁印度、澳大利亚和美国同日本组成新的四国战略与经济联盟，在欧亚大陆外围形成一个“自由与繁荣之弧”。2012年12月，第二次担任日本首相的安倍试图再次以“价值观外交”为基础构建“自由与繁荣之弧”展开对华外交，特别提出要拉拢越南等东南亚国家，将南海争端复杂化。2012年，上任不到一周的日本首相安倍称：“通过与日本有共同价值观的国家以及越南等战略性的重要国家构建信赖关系，（日中关系）也会有新的进展。”[①] 2005年初被曝光的美国国防部《亚洲的能源未来》的内部报告称，中国正采取一种“珍珠链”式的战略：“中国正在从中东到南中国海的海上航道沿线建立战略关系，表明了它保护中国能源利益并同时为广泛的安全目标服务的防御与进攻态势。”报告还列出了所谓“珍珠链战略”中的六颗“珍珠”：首当其冲的是巴基斯坦的瓜达尔港，[②] 该报告称中国正在那里修建一个新海军基地，并列出的其他“珍珠”是：孟加拉国、缅甸、柬埔寨、南海、泰国，后来又增加了斯里兰卡的汉班托塔港。这份报告不仅表现为意图防范中国，更重要的目的是提醒其他国家以孤立中国，同时给中国一个明确的提醒：如果发生中美对峙或美国支持下的周边国家与中国对峙，中国的贸易通道特别是石油通道难以得到保障。中国外向型经济需要安全的海上贸易通道，经济安全存在极大隐患。马六甲海峡是中国最重要的贸易通道，也是外部势力遏制中国的咽喉之地。这里不仅有与中国存在争端的菲律宾、越南等南海声索国及其背后支持者美、日等大国，而且其余外部势力染指意图十分明显。印度已启动安达曼—尼科巴群岛的海军基地扩建计划，目的是全面监视国际海上咽喉要道马六甲海峡。

---

① “构筑‘中国包围网’，再推‘价值观外交’，日本外交旧瓶装旧酒”，载《人民日报》，2012年12月30日第3版。

② 巴基斯坦瓜达尔港具有重要的地缘经济政治价值。此港紧扼非洲、欧洲经红海、波斯湾通往东亚、太平洋地区数条重要航线的咽喉，距离全球石油供应通道霍尔木兹海峡仅有400公里左右。

印度媒体毫不掩饰地声称，中国从中东和非洲进口的八成原油要通过马六甲海峡，而建成后的海军基地俯瞰马六甲海峡入口，印度由此大大增加在这一地区的海上军事活动，对“觊觎印度洋”的中国形成有效威慑。[①] 为此，中国必须构建“两洋战略”。就中国的地缘政治而言，“两洋战略”的“两洋”无疑是太平洋和印度洋。中国处于太平洋西岸，太平洋海道是中国的咽喉要道。中国每年近 3 万亿美元进出口货物的大部分都经过此，太平洋的安全尤其是西太平洋的安全，是中国强国战略的前提。而构建“印度洋战略”则是中国“两洋”战略的重点。印度洋是中国通向南亚、中东、西亚和欧洲、非洲重要的交通、贸易、能源通道。印度洋是中国走向海洋、发展海洋战略的重要通道。构建“两洋出海”的战略互动格局，打破马六甲海峡困局，进一步增加中国海上通道的安全系数性。

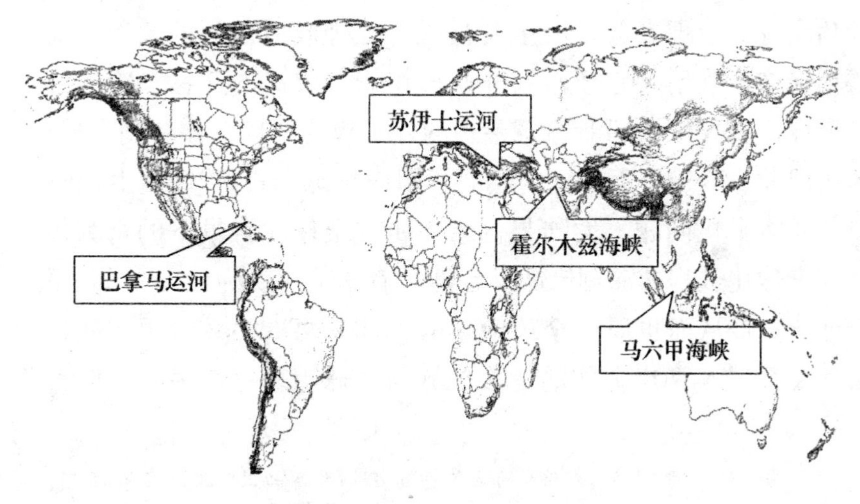

图 1.4　中国四大海上贸易通道

① “印度监视马六甲‘反制中国’”，载《环球时报》，2012 年 7 月 11 日第 3 版。

四、台海地缘经济政治的发展与中华经济圈的构建

"两岸四地"局面的出现，是帝国主义在中华民族肌体上留下的创伤，不应当，也不可能永久保留。[①] 两岸统一是世界发给中国参与世界事务第一张"资格证书"。东部沿海一带是中国的工业重心，统一后的台湾是保护中国东南沿海经济"软腹"的屏障。[②] 但中国的国家统一无疑是一个漫长的过程，受到多重因素困扰，既不能操之过急，也不能无所作为。两岸治理推动全方位一体化发展进程是最为可行的战略选项。

（一）"一个中国"为原则，台海关系进入两岸治理新阶段

两岸治理源于全球治理，全球治理又伴随全球化而产生，全球化发端于经济全球化，经济全球化又伴随世界多极化而发展。"从全球角度说，治理事务过去主要被视为处理政府之间的关系，而现在必须作如下理解：它还涉及非政府组织、公民的迁移、跨国公司以及全球性资本市场。"[③] 全球治理的外延极为宽广，涉及到全球层面、地区层面、双边层面和国内层面，因而全球治理既涉及国际化问题，也涉及本土化问题。大陆与台湾均属于全球化背景下的行为体，均受到全球化进程的深刻影响。台湾学者李英明认为："两岸关系属于全球化范畴从而也属于全球治理的一环，两岸关系本质上就是一种治理关系。"[④] 两岸合作的诸多领域与全球治理存在关联，但并非两

---

① 梅新育："两岸四地经济整合大跨越"，载《世界知识》2003 年第 15 期，第 17 页。

② 张文木：《世界地缘政治中的中国国家安全利益分析》，中国社会科学出版社 2012 年版，第 263 页。

③ ［瑞典］英瓦尔·卡尔松、［圭］什里达特·兰法尔主编，赵仲强、李正凌译：《天涯成比邻——全球治理委员会报告》，北京：中国对外出版公司 1995 年版，第 2 页。

④ 李英明："两岸关系已是一种治理关系"，载《中国时报》2011 年 3 月 10 日（A19），http://www.npf.org.tw/post/1/8878。

岸关系的所有问题都能纳入全球治理范畴，这是因为：

首先，大陆和台湾均属于经济全球化进程中的国际行为体。大陆与台湾尚未统一的现实本身就说明了两岸都属于单独的国际行为体，而任何一个国际行为体在全球治理方面均可以发挥着自身的独特作用。大陆作为经济规模第二的国际行为体，无论从国际政治还是从世界经济视角看都已经处于世界舞台的中心地位。台湾经济规模虽不如大陆，但人均 GDP 高于大陆，也高于世界上大多数国家和地区，总体经济规模亦排名世界第 24 位。台湾经济的特点是对外依赖很深，对大陆的经济依赖更深。两岸作为经济全球化下的经济实体，经济合作必然拓展到其他领域，特别是同文同种，血脉相连，两岸联合并形成“合力”参与全球治理，才能有效应对全球化风险，趋利避害。

其次，大陆和台湾均面临全球性问题的威胁。具体到大陆和台湾所涉及的全球性问题主要有：经济合作与危机应对、能源短缺与合作、移民与通婚、流行疾病预防与治疗、生态环境保护、海上救助与海洋利用、跨境犯罪等等。这些全球性问题可能会涉及三个层面：一是属于全球层面但直接影响两岸或影响大陆和台湾其中一方；二是属于地区层面但也直接影响两岸或影响大陆和台湾其中一方；三是只影响两岸层面但仍属于全球性问题范畴。这些问题直接威胁到两岸经济社会稳定，威胁到两岸人民生存与福祉。两岸尚未统一的现实又使这些问题的解决不可能完全通过政府层面的合作来实现，在处理主权之外的问题上，两岸治理无疑是一种有效形式，因为“治理指的是一种由共同的目标支持的活动，这些管理活动的主体未必是政府，也无须依靠国家的强制力量来实现”。[①]

再次，两岸关系的特殊性使两岸治理面临两难困境。两岸关系不同于全球治理下的一般双边关系，最核心的是“主权”和“主体

① 吴志成：《治理创新——欧洲治理的历史、理论与实践》，天津：天津人民出版社 2003 年版，第 9 页。

性”问题。目前的现实是，中华人民共和国是被包括联合国在内的国际组织和世界上绝大多数国家所承认，“中华民国”只被国际社会的极少数小国所承认。即便是两岸均参与主权之外问题的治理，无论在全球层面、地区层面或者两岸层面治理中担当的角色也不是同一重量级的，如今即使主张两岸治理参与全球治理的台湾方面学者，也依然要求坚持台湾主体性。台湾学者张亚中认为：“参与治理并不丧失自己的主体性，反而可以让自己的主体性得到更大的利益。”[①]

（二）两岸机遇与挑战并存，安全合作亟待建立制度化平台

和平与安全问题一直是两岸乃至全世界最为关注的重点和热点问题。两岸都面临传统安全和非传统安全威胁，两岸安全合作与治理是现实需要，也是形势所迫。

1. 共同应对非传统安全威胁，拓展两岸合作是大势所趋。

近年来，两岸在“一个中国原则”基础上已达成共识。首要问题就是加速在非传统安全领域的合作，并逐步建立两岸应对非传统安全威胁的合作机制，保障两岸交流正常进行，保障人民财产和生命安全。

第一，两岸合作防范和打击“三股势力”。宗教极端势力、民族分裂势力、国际恐怖势力等“三股势力”是最直接的非传统安全威胁，不仅威胁世界和平与发展，也同样威胁两岸和平与发展。对大陆来说，要维护国家的统一与尊严，就必须反对“疆独”、“藏独”、“台独”等分裂势力。台湾地区国民党荣誉主席吴伯雄认为，2008 年国民党上台执政后，坚持“九二共识”、反对“台独”，有信心促进两岸良性互动，期待开拓两岸关系的新局面。[②] 大陆绝不能容忍“藏独”、“疆独”分裂势力以台湾为舞台从事分裂活动。

---

① 张亚中：《全球化与两岸统合》，台北：台湾联经出版事业股份有限公司 2003 年版，第 263 页。

② “胡锦涛会见吴伯雄”载《人民日报》，2012 年 3 月 23 日第 1 版。

第二，两岸联手打击跨境犯罪。两岸跨境犯罪主要有贩毒、洗钱、走私、绑架、敲诈勒索、伪造货币、拐卖人口、卖淫，甚至抢劫、杀人等，另外还有在台湾遭到通缉的经济犯、刑事犯潜逃到大陆以逃避法律的制裁。2009 年 4 月，海协会和海基会在江苏南京签署《海峡两岸共同打击犯罪及司法互助协议》，为两岸司法部门共同打击跨境犯罪、开展全面的司法合作提供了法律依据。2011 年“3·10”特大跨境电信诈骗案成功告破就是两岸警方精诚合作的成果。①

第三，两岸共同合作进行海上救护和海洋环境保护。关于两岸海上救助合作，2010 年 9 月 16 日，两岸海事部门举行由在厦门和金门海域大规模海上联合搜救演练，就是建立海上应急救助与协调机制的成功尝试。② 两岸还可商谈签订保护海洋环境的协议，制定“休渔”制度，保护渔业资源的可持续利用。2009 年 11 月 8 日，两岸农渔水利合作交流会提出《两岸农渔水利合作交流会共同倡议》，规范了两岸在重大自然灾害的监测、预测、预警、防范、救援、重建等领域的合作。

第四，两岸合作进行自然灾害预警与救助。目前两岸在气象预报和自然灾害的预警方面的合作主要有两项：一是每年定期召开“海峡两岸灾害性天气分析与预报研讨会”、“海峡两岸气象科学技术研讨会”，分享经验，促进提高预报水平；二是福建省气象台与台湾有关方面也建立了重要的天气电话会商机制，开展天气的会商，互通联防信息。两岸还将加强两岸在气象灾害风险管理方面的深入合作，加强两岸在基层气象灾害防御方面的交流与合作，加强气象信

---

① 这起案件的幕后操纵者为台湾人，被骗区域涵盖大陆近 30 个省区市，涉及大陆、台湾以及柬埔寨、印尼、马来西亚、泰国等多个国家和地区，受骗金额已达人民币 7000 多万元。

② 徐祖远：“加强两岸海上救助合作 共建平安海峡”，中国台湾网 2010 年 9 月 17 日，http：//www. chinataiwan. org/xwzx/la/201009/t20100917_ 1531507. htm。

息的实时共享。[①]

2. 携手面对领土主权挑战，共担中华民族复兴大任。

目前，两岸四地经济实力正处于快速上升之时，而面临的威胁不仅没有减弱，而且日益复杂，更加难以应对。不仅依然面临着列强的遏制，而且面临周边小国的不断挑衅。历史呼唤大陆与台湾地区合作破解中华民族复兴的困局。

其一，两岸在现阶段须均对南海九段线内领土和领海宣示主权。目前，两岸均无意武力解决南海问题，并坚持“主权在我”的前提下“共同开发”。马英九执政后确立“主权在我、搁置争议、和平互惠、共同开发”原则。台湾淡江大学王高成教授认为，如果两岸共同宣示维护南海主权，将会引起美国和东盟的疑虑与关切，也会影响台湾和美国之间的信任，所以台湾和大陆对主权各自宣示，是比较恰当的做法。[②]

其二，两岸可以进行实质性合作。短期内两岸建立官方合作机制的确存在难度，而实质性合作势在必行。台湾政治大学高永光教授提议，两岸可以商讨保护双方渔民捕鱼之安全、展开联合的军事演习、预拟如何对付东南亚各国不合理的军事行为、在太平岛的使用上相互合作，“彼此若能互助合作，共同守护两岸的南方门户，更可以为两岸和平发展开创一个探索的模式”。[③]

其三，两岸合作共同开发南海油气资源。大陆与台湾在南海问题上的对策几乎都是搁置争议、共同开发，但菲律宾、越南等国却不断抢夺南海岛礁，大肆掠夺南海资源。两岸都面临石油短缺问题，

---

① “国台办：两岸需建立互助机制共同应对自然灾害”，中国新闻网 2009 年 8 月 19 日，http://www.chinanews.com/tw/tw-lajl/news/2009/08-19/1825188.shtml。

② “快评：两岸各自对南海宣示主权，并无妨碍”，中评网中评电讯，2011 年 6 月 17 日，http://www.chinareviewnews.com/doc/1017/3/4/4/101734481.html?coluid=7&kindid=0&docid=101734481。

③ 张文生：“两岸开展南海合作有先例”，载《环球时报》，2012 年 4 月 1 日第 7 版。

合作开发南海油气资源意义重大。早在1996年，台湾中油公司与大陆中海油公司就共同签订了在东沙岛附近共同开发的合约，两岸具备合作开发海洋资源的基础。加紧两岸南海石油开发合作，也可以与跨国石油公司合作开采，坚持利益共享，建立统一协调机制，逐渐形成两岸合作开发的双赢局面。

其四，两岸民间可尝试建立南海科学考察机制以宣示主权。20世纪90年代，一些外国业余无线电爱好者开始向中国申请登上黄岩岛，由于外国人不能在中国独立设置业余电台，因此需要中国无线电爱好者加入合作。1994年，中国无线电运动协会联合美国、日本等多国无线电爱好者组织了第一次“黄岩岛远征”。中国无线电爱好者前后四次登上黄岩岛（分别是1994年、1995年、1997年和2007年）。[①] 目前，两岸可通过学术机构等民间形式联合进行南海考察，以彰显中国南海主权。

其五，两岸均应以大局出发开展实质合作。美国反对在南海和钓鱼岛问题上两岸合作，但美国又将有关东南亚国家作为其同中国博弈的小卒，为其“重返亚洲，围堵中国”的大战略服务。[②] 美国将台湾地区作为其战略和军事上关系暧昧的“准盟友”，台湾当局处于两难境地，经常受到菲、越等国的欺凌（如2013年5月9日菲律宾枪杀台湾渔民事件），但这种“准盟友”关系又有效淡化了美国在南海争端中的作用，让本是“利益系统间”的博弈变成“利益系统内”的博弈。[③]

（三）中华经济圈无法回避，经济一体化推动全方位一体化

1980年，香港学者黄技连先生提出“中国人共同体”概念。当时的想法是，把港、澳、台联合起来，利用大陆丰富的劳动力和资

① “中国无线电爱好者四登黄岩岛”，载《齐鲁晚报》，2012年4月14日B02版。

② 李学江：“罔顾史实的声索绝不会得逞”，载《人民日报海外版》，2012年4月24日第1版。

③ “两岸‘能源合作’或可破南海困局”，载《经济观察报》，2011年7月1日。

源，台湾充裕的资金和技术，香港的信息和各类专门人才，形成一个经济联盟，发挥各自的比较优势，共同参与国际分工。[①] 台湾知名人士萧万长先生认为“两岸共同市场”就是“一中市场”。他认为：“现在全世界经济学家、跨国公司，都把我们这个市场称为大中华市场，也就是‘一中市场’。大中华市场是什么？是把海峡两岸和港澳统统合在一起，他们觉得这个市场将来的发展是很快的。这个现在已经在成型，因此，我认为这是‘一中市场’，因为它是一个经济发展的必然趋势。”[②]

“一个中国”原则是中华经济圈的政治基础。两岸四地经济一体化是客观趋势，但两岸分治的现实又对经济融合形成阻力。ECFA 的签署正值中国—东盟自由贸易区正式运转，如果两岸不建立经济合作的制度化平台，两岸经贸关系将受到中国—东盟自由贸易区的极大挤压。如今，两岸执政者均坚持“九二共识”，不仅实现了“大三通”，而且营造了一个经济融合的制度化平台，即海峡两岸经济合作框架协议（Economic Cooperation Framework Agreement，简称 ECFA，2010 年 9 月 12 日生效）。值得重视的是，经济上的 ECFA 也缓和了两岸政治关系。[③]

两岸四地不仅有 WTO 框架内的合作，而且又在经济一体化进程中不断创新合作形式。2003 年，内地与香港、澳门特区政府分别签署了内地与香港、澳门《关于建立更紧密经贸关系的安排》（Closer Economic Partnership Arrangement，简称 CEPA），其后又陆续签订一系列补充协议。CEPA 的实施加强了内地与港澳地区的经贸关系与合作，内地与港澳地区的经贸交流结出丰硕果实。2001 年至 2012 年，

---

① 林江：“探索一个更为宽广的发展体系——从‘中国人共同体’与‘西太平洋产业协作系统’说起”，载《未来与发展》1989 年第 3 期。

② 《海峡都市报》，2005 年 9 月 10 日。

③ 2011 年 6 月 9 日，美国商业环境风险评估公司（BERI）的全球投资风险环境评估报告显示，台湾地区排名维持全球第四、亚洲第二，而台湾地区在“政治风险指标”方面的排名从第十一名跃为第八名。

内地与港澳地区的进出口贸易总额从569亿美元增加到3414.9亿美元，香港地区为内地第四大贸易伙伴。而海峡两岸经济融合程度也在不断加深。2010年6月，大陆海协会与台湾海基会签署《海峡两岸经济合作框架协议》，标志着两岸经贸关系进入历史新阶段。两岸经济“大交流、大合作、大发展”的格局已经初步显现。[①] 2012年全年，两岸贸易总额1689.6亿美元，台湾地区贸易顺差954亿美元。截至2012年底，大陆累计批准台资项目88001个，实际利用台资570.5亿美元，台资在大陆累计吸收境外投资中占4.5%。2012年，大中华区GDP已达90428亿美元。

表1.5　2005—2012年两岸贸易额　　（单位：亿美元）

时　间	2005	2006	2007	2008	2009	2010	2011	2012
数额（亿美元）	912	1078.4	1244.8	1290	1062.3	1453.7	1600.3	1689.6
增长率（%）	—	18.2	15.4	3.8	-20.8	36.9	10.1	5.6

现行的两岸经济合作框架既充满机遇，也面临挑战。以中国大陆与香港和澳门（CEPA）、台湾（ECFA）地区营造的大中华经济圈的曙光已经初现。中国经济一体化战略有三个层次：大中华经济圈将成为中国经济一体化的核心层；而中国—东盟自由贸易区，以及将来可能构建的东亚自由贸易区是中国经济一体化的第二层；再到亚洲自由贸易区的第三层。两岸经济合作不断加深的趋势不可阻挡，但期间难免会出现这样那样的曲折，因而必须凝聚共识，抓住机遇，建立两岸经济合作与两岸治理的基本构架。

其一，关于两岸四地经济一体化的形式。当今世界经济一体化形式共有六类：特惠关税区、自由贸易区、关税同盟、共同市

---

① “国企垄断特征明显，市场化改革需加大”，载《人民日报海外版》，2012年4月6日。

场、经济联盟和完全的经济一体化。两岸经济一体化刚刚起步，ECFA 已经具有特惠关税区和自由贸易区的多重功能，正在向关税同盟、共同市场方向迈进，两岸四地建立关税同盟和共同市场指日可待。

其二，关于与其他国家签订 FTA 问题。ECFA 与 FTA 是两个问题，ECFA 的背景是“一国两制”的问题，而 FTA 是国家间经济合作的问题。这需要双方认真协商，或参照两岸参加 WTO 模式，或两岸创新性模式，如建立中华经济共同体，台湾可以在中华经济共同体（台湾地区）的名义下在其他国家或国际经济性机构派驻代表处以及参加区域性经济合作组织。[①] 两岸中国人有智慧妥善解决台湾地区国际经济空间问题。

其三，关于行业协会磋商机制的建立问题。多元主体和多轨道治理是全球治理的基本特点。两岸治理以政府为背景的海协会和海基会为主要管道，不仅形式单一，而且难以改变全球治理背景下的两岸多轨道治理现状。建立两岸行业协会沟通与磋商机制刻不容缓，既能摆脱政府出面的敏感性，又能实现两岸的互利共赢。

其四，关于建立区域国际经济中心问题。区域国际经济中心由中心城市、节点城市、前沿城市组成，对周边区域形成辐射，促进与周边国家和地区互利共赢，且不涉及主权问题，是两岸内部局部之间的合作，且只局限于经济领域。不仅在两岸区域层面实现一体化，而且在两岸经贸方面产生较大的创造与扩大效应。[②]

中华经济圈的建设将是一个漫长的过程，也是一个系统工程。首先，ECFA 的早期收获清单涉及领域还不够多，与两岸的贸易量不成正比，发展空间还很大，但随着两岸经济合作的不断加深。截止 2012 年已签署的 18 项协议大多属于经贸议题，两岸政治协商停

---

① 程必凡：“建‘中华经济共同体’或创两岸新局面”，载《环球时报》，2013 年 6 月 17 日第 14 版。

② 唐永红：“当前两岸制度性经济一体化实现路径探讨”，载《厦门大学学报（哲学社会科学版）》2007 年第 6 期。

止不前，ECFA 的后期谈判将更为复杂和艰难。其次，两岸的金融合作将是下一步两岸经济合作的重点。“当前两岸实体经济关系已经十分密切，但金融关系却相对滞后，有必要加以提速和深入。”建立长久的金融交流制度，能促进实现两岸经贸往来正常化、两岸投资正常化、两岸金融业务往来正常化。[①] 再次，台湾必须依据 WTO 规则放开对大陆的贸易和投资限制。大陆对台湾履行了对其他所有世贸组织成员方的全部义务，但台湾对大陆投资贸易却保留诸多限制。尽管还存在着诸多困难，但大中华区的经济规模已经达到 90428 亿美元，两岸四地经济整合的愿望极为迫切，经济合作的趋势不可逆转。只要坚持从中华民族整体利益的高度把握两岸关系大局，坚持在认清历史发展趋势中把握两岸关系前途，坚持增进互信、良性互动、求同存异、务实进取，坚持稳步推进两岸关系全面发展，必将增进对中国人命运共同体的认知，中华经济圈的构建指日可待。[②]

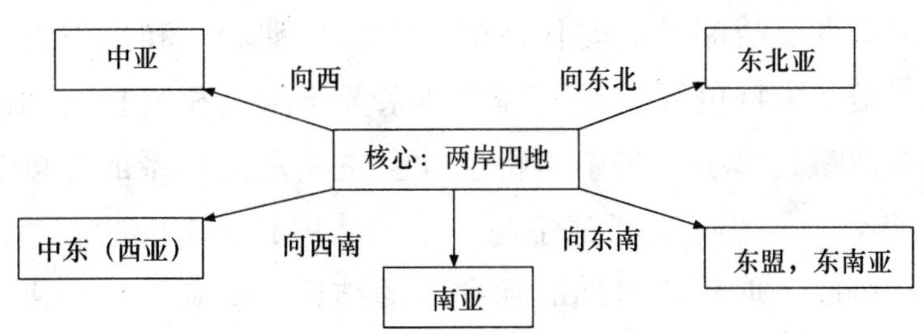

图 1.6　中华经济将更具有影响力和辐射力

---

① “两岸专家聚会共谋金融关系更紧密”，载《人民日报·海外版》，2012 年 4 月 16 日第 3 版。

② “习近平就坚定不移走两岸关系和平发展道路提出 4 点意见”：第一，坚持从中华民族整体利益的高度把握两岸关系大局；第二，坚持在认清历史发展趋势中把握两岸关系前途；第三，坚持增进互信、良性互动、求同存异、务实进取；第四，坚持稳步推进两岸关系全面发展。参见“中共中央总书记习近平会见中国国民党荣誉主席吴伯雄”，载《人民日报》，2013 年 6 月 14 日第 1 版。

第三节　全球视野看中国地缘经济政治

中国崛起是不以人的意志为转移的客观趋势，而中国崛起之路不可能一帆风顺，将面临着诸多挑战和不确定性。古人云：不谋大势者，不足以谋一时；不谋全局者，不足以谋一域。关于周边地缘经济政治问题，将在以后各章分别探讨，也是全书的重点。研究全球视野下的中国地缘经济政治走势并作出准确判断，不仅是中国大国定位的基础，也是实现中国和平发展和战略布局的前提。

一、和平与发展仍是世界主题，两大问题一个也没有解决

中国特色社会主义理论体系以辩证思维和宽广眼界观察世界发展，分析国际局势演变，从世界大局、发展大势、发展战略的角度回答了全局性、战略性、时代性的重大历史课题。和平与发展的世界主题正是中国特色社会主义理论体系关于未来相当长时期国际环境的基本判断。邓小平是中国特色社会主义理论体系的开创者。20世纪80年代，邓小平关于战争与和平的认识有了重大的调整，最终得出了“可以争取较长时期的和平”的结论。要利用这个机会，借助一切力量，把经济搞好。[①] 我们有一个基本判断，就是世界大战可以避免，至少可以大大推迟。

首先，世界和平力量的增长超过了战争因素的增长。两次世界大战给各国人民留下了极其惨痛的教训，无论战胜国还是战败国，都在战争中付出了巨大代价。第二次世界大战后，维护世界和平、促进共同发展成为各国人民的共同愿望。在强烈的反战浪潮面前，战争的发动者不得不顾忌己方和对方的伤亡。越南战争、伊拉克战

① 《邓小平文选》第3卷，北京：人民出版社1993年版，第388页。

争，都是美国在反战浪潮中不得已结束的。邓小平关于战争的判断依然适应当今世界，即“世界很大，复杂得很，但一分析，真正支持战争的没有多少，人民是要求和平、反对战争的”。① “维护世界和平是有希望的。”②

其次，核武器“恐怖的平衡”使世界大战的可能性大大降低。现代武器的发展带来了一种与其研制和生产的直接目的相反的结果，即制约战争。当今世界上拥有核武器的国家有近10个，接近核门槛的国家近50个，主要核国家特别是美、俄的核武器不仅可以摧毁对方，而且可以将地球毁灭数十次，实际上也把自己置于被毁灭的危险境地。由于超级大国的核垄断被打破，大部分有核国家都具有第二次核反击能力，致使任何一个有核国家都不敢轻举妄动，尤其不能轻而易举地发动世界性的战争，核武器实质上已成为一种威慑工具。

表1.6　2010年的世界核力量状况③

国家	第一次核试验	部署弹头	其他弹头	弹头总量
美国	1945年	2468	约7100	约9600[1]
俄罗斯	1949年	4630	7300	约12000[2]
英国	1952年	160	65	225
法国	1960年	300	—	300
中国	1964年		200	240
印度	1974年		60—80	60—80
巴基斯坦	1998年		70—90	70—90
以色列		—	80	80
总计		约7560	14900	22600

注释：[1] 美国弹头总数约9400个，其中约5200个属于国防部核武库（约2700个属于实战弹头，约2500个属于储备），4200个弹头计划到2022年拆除。

[2] 俄罗斯弹头总数约13000个，其中约8166个属于储备弹头或等待拆除。

---

① 《邓小平文选》第3卷，北京：人民出版社1993年版，第233页。

② 《邓小平文选》第3卷，北京：人民出版社1993年版，第127页。

③ SIPRI, *SIPRI Yearbook 2010*: *Armaments, Disarmaments and International Security*, London: Oxford University Press, 2010, p. 448.

再次，经济全球化的发展趋势凸显“和平与发展”的时代主题。其一，世界经济的纽带把各国利益越来越紧密地联系在一起，“你中有我，我中有你”，世界经济出现了多层面的相互依赖关系，其中包括发达资本主义国家间的关系、发达国家和发展中国家的关系，以及不同社会制度国家间的关系。各国在经济竞争与合作中形成一荣俱荣、一损俱损的利害关系。其二，国际竞争的重点逐渐从军事领域转向经济和科技领域，综合国力决定着各国特别是大国在世界格局的定位。其三，经济全球化为各国提供了前所未有的发展机遇。经济全球化背景下，国际分工更加明确，客观上要求各国在资金、技术、劳务和知识产权等方面进行国际间的联合，各国的比较优势能够得到发挥。

第四，冷战后的世界多极化趋势成为制约军事集团的重要因素。冷战结束后，世界各种政治力量开始了分化组合，经历着重大而深刻的调整。20 世纪 90 年代中后期，大国关系的调整朝着伙伴化方向发展。大国关系的变动必将引起世界政治格局的变动。美国与俄罗斯建立了“和平伙伴关系”，中国与俄罗斯建立了“战略协作伙伴关系”，中国与美国决定共同致力于建立“面向 21 世纪的建设性战略伙伴关系”，中国与法国建立了“全面伙伴关系”，中国与日本共同构筑“面向 21 世纪的中日睦邻友好合作关系”，日本与俄罗斯建立了“和平的战略伙伴关系”，欧盟与俄罗斯建立了“伙伴关系”。这种多边之间的“伙伴关系”已经完全不同于冷战时期的军事对抗性，而更主要体现在竞争与合作层面。

第五，唯一的超级大国力量部署过于分散，面临多重挑战。美国与中国发生直接军事对抗的可能性极小。原因至少有三个方面：一是美国深陷国际金融危机，其实力不足以支撑一场大规模战争，包括为支援日本或东南亚国家的大规模地区性战争；二是美国与俄罗斯仍然存在对抗的可能，特别是2012 年普京在俄罗斯大选中胜出，美国更加担心俄罗斯东山再起，这无疑可以分散美国遏制的注意力；

三是“阿拉伯之春”后的中东地区泛伊斯兰势力兴起，反美力量呈上升趋势。即使东南亚某些国家（甚至包括菲律宾、越南等国）希望美国平衡中国，而并非愿意担当美国的马前卒与中国军事对抗。

改革开放以来，中国一直坚持以经济建设为中心，将中国建设成为现代化国家。为此，中国的对外战略的核心就是维护世界和平，促进共同发展，特别是营造和平稳定的国际环境。进入新世纪，中国党和政府将本世纪前 20 年定性为战略机遇期。基于当今世界经济政治发展态势和中国经济发展现状及前景分析，中国战略机遇期仍然可以延长 30 年乃至更长时间。总体看，机遇大于挑战。但有一点可以肯定，那就是中国地缘经济政治总体环境后 30 年将不如前 30 年。所以，中国更加珍惜和平稳定的国际环境和国内环境，以保证实现经济发展方式的转变和民生问题的缓解，从而提升综合国力。

二、中国作为世界性大国，利益和权力已延伸至全球范围

根据国际政治学的一般分类，世界上的国家可分为世界性大国、地区性大国、中等国家、小国等类型。世界性大国是世界经济政治的中心，不仅综合国力领先世界上其他国家，而且能够对包括地区性大国在内的其他国家及国际关系产生决定性影响。而地区性大国是指综合国力较为强大，对地区事务有重要影响，对全球事务也有一定影响，甚至能够对超级大国产生制约作用的国家。由此推断，中国不仅属于地区性大国，而同时兼具世界性大国的诸多功能，权力和利益延伸至全球范围，在国际关系中有着很大的回旋余地。

中国已是经济规模世界第二的大国，是对世界经济增长贡献最大的经济体。如今，中国国内生产总值和对外贸易额占全球比重均超过 10%，中国经济对世界经济增长的贡献率超过 20%，是拉动世界经济增长贡献最大的国家。2011 年，中国进口额占世界总量比重

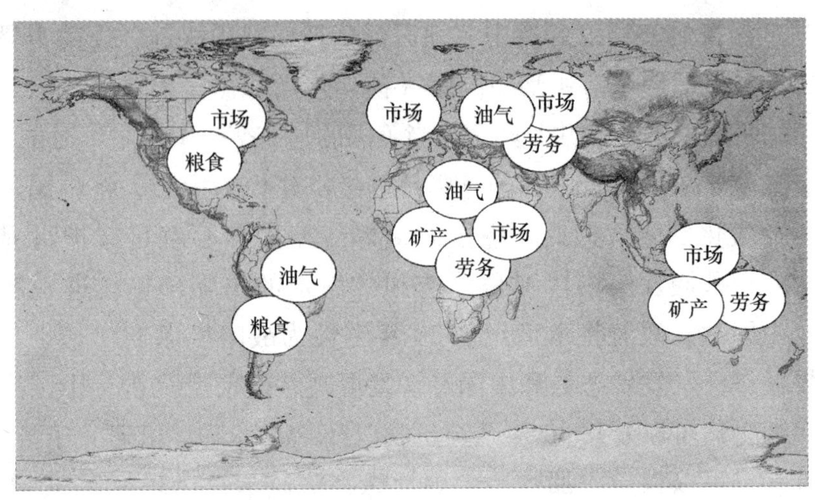

图 1.7　中国海外利益分布示意图

达到 10.2%，美国则下降至 12.32%，中国对世界进口总额增长的贡献率为 13.03%，而美国为 8.63%，中国贡献相当于美国贡献的 1.51 倍。中国出口额占世界总量比重达到 10.42%，美国则下降至 8.13%。中国对世界出口总额增长的贡献率为 14.02%，而美国为 5.94%，中国贡献相当于美国贡献的 2.36 倍。2010 年中国的制造业增加值占世界总量比重的 19.8%，已经超过了美国的 19.4%，打破了美国自 1890 年以来 120 年的“世界第一工业大国”地位。2012 年，中国货物进出口总额 38668 亿美元，比上年增长 6.2%。其中，出口 20489 亿美元，增长 7.9%；进口 18178 亿美元，增长 4.3%。2012 年，我国境内投资者共对全球 141 个国家和地区的 4425 家境外企业进行了直接投资，累计实现非金融类直接投资 772.2 亿美元，同比增长 28.6%。其中股本投资和其他投资 628.2 亿美元，占 81.4%，利润再投资 144 亿美元，占 18.6%。对外劳务合作派出各类劳务人员 51.2 万人，较 2011 年同期增加 6 万人，其中承包工程项下派出 23.3 万人，劳务合作项下派出 27.8 万人，截至 2012 年底，累计派出 639 万人。

中国不仅相对经济与贸易规模大，且长期保持高增长，然而全球经济进入相对低速增长期，中国对外贸易已经难以持续保持高速增长，保份额将成为主要目标。2012 年，中国非金融领域新批外商直接投资企业 24925 家，比上年下降 10.1%；实际使用外商直接投资金额 1117 亿美元，下降 3.7%。随着"十二五"规划的贯彻落实，转变经济增长方式，实现包容性增长和全面持续平衡的发展，中国将为世界经济注入更大的发展动力。国际货币基金组织 2011 年 9 月 2 日发布的《综合外溢报告》认为中国经济的外溢影响主要通过实体经济传导，中国在采取诸如降低储蓄率、推进价格市场化改革等更广泛的改革措施后，其给世界经济带来的积极影响将更加显著。

表 1.7　2012 年中国非金融领域外商直接投资及其增长速度

行　业	企业数（家）	比上年增长（%）	实际使用金额（亿美元）	比上年增长（%）
总计	24925	-10.1	1117.2	-3.7
其中：农、林、牧、渔业	882	2.0	20.6	2.7
制造业	8970	-19.3	488.7	-6.2
电力、燃气及水的生产和供应业	187	-12.6	16.4	-22.6
交通运输、仓储和邮政业	397	-3.9	34.7	8.9
信息传输、计算机服务和软件业	926	-6.8	33.6	24.4
批发和零售业	7029	-3.2	94.6	12.3
房地产业	472	1.3	241.2	-10.3
租赁和商务服务业	3229	-8.2	82.1	-2.0
居民服务和其他服务业	192	-9.4	11.6	-38.2

中国仍然是全球最大的外国直接投资目的地之一。2012 年 10 月 23 日，联合国贸发会议发布《全球投资趋势监测》指出，2012 年前 6 个月，中国继 2003 年之后再次超过美国，成为全球最大外国直接投资目的地。截至 2013 年 4 月底，中国累计实际吸收外资金额 1.3 万亿美元，在全球排名中居第二位。自 2010 年以来连续 3 年突破

1000 亿美元。近年来，关于中国人口红利衰减引发劳动力成本上升将导致外资撤离争议不断，但各方面的数据表明，中国对外资企业来说最具吸引力的仍然是国内劳动力成本优势。而有所变化的是，外商投资企业的产业链逐渐向高端延伸。截至 2011 年底，设在中国的外资研发中心已达 1600 多家，其中，从事先导技术研究的近 50%，60% 以上的研发中心将全球市场作为其主要服务目标。以苏州为例，目前已培育和引进各类具有地区总部特征或共享功能的外资企业 180 多家，金光、丰田、强生等跨国公司已在苏州建立了研发中心、配送中心。再以西门子公司为例，目前，西门子已在上海、南京、成都建立了研发中心。中国已成为西门子全球重要的研发基地。2012 年 3 月 15 日，西门子公司在四川成都高新区开工建设又一座现代化数字工厂。新建成的工厂，不仅负责工业自动化产品生产，而且还将担负研发基地的功能。这是西门子不断加大在华投资和研

表 1.7　2012 年中国吸引外资情况

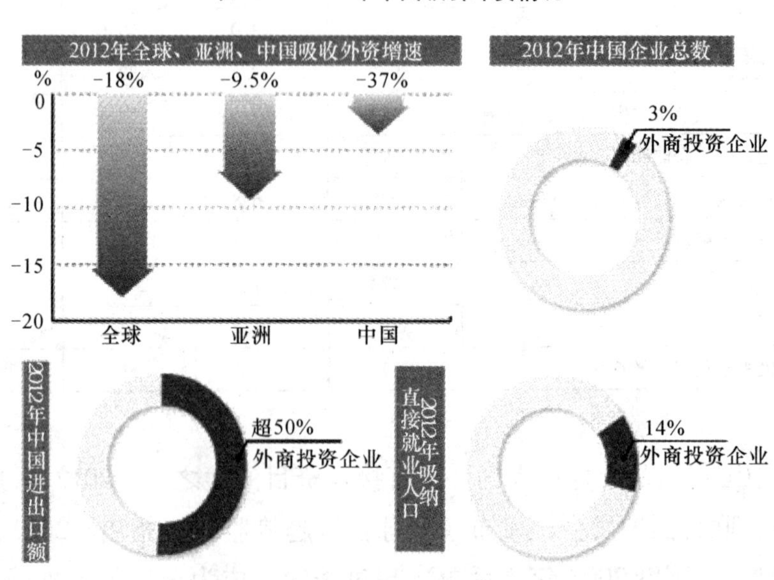

注：“我累计吸收外资 1.3 万亿美元”，载《人民日报》2013 年 6 月 5 日第 10 版。

发力度的一个重要举动。如今，中国的服务贸易开放部门已经超过100个，达到发达国家水平。旅游、运输、通讯、保险、金融、咨询和广告等新型服务领域成为吸引外资新的增长点。[①] 截至2012年7月，仅上海一个城市累计已吸引了超过300多家外资研发中心落户。

中国是对外贸易大国，为世界提供了大量物美价廉的商品。2012年，中国出口20489亿美元，增长7.9%；进口18178亿美元，增长4.3%，顺差2311亿美元，比上年增加762亿美元。中国已经连续4年保持世界第一出口大国和第二进口大国的地位。2000—2011年，中国进口额占世界总量比重由3.35%提高至9.94%，美国则从18.73%下降至12.32%，中国这一时期对世界进口总额增长的贡献率为13.03%，而美国为8.63%，中国贡献相当于美国贡献的1.51倍。中国出口额占世界总量比重由2000年的3.86%提高至2011年的10.42%，美国则从12.11%下降至8.13%；这一时期，中国对世界出口总额增长的贡献率为14.02%，而美国为5.94%，中国贡献相当于美国贡献的2.36倍。2011年中国已经成为世界78个国家的第一或第二大贸易伙伴。自2001年加入世界贸易组织后的10年间，中国年均进口商品额约7500亿美元，为相关国家和地区创造了1400多万个就业岗位，在华外商投资企业从中国累计汇出利润2617亿美元，年均增长30%。中国作为负责任的经济大国，经济稳定增长，扩大了从主要贸易伙伴的进口，成为拉动有关国家和地区经济复苏的重要动力。目前，中国是日本、韩国、澳大利亚、巴西、南非等国的第一大贸易伙伴和出口市场，是欧盟第一大贸易伙伴、第二大出口市场，是美国第二大贸易伙伴、第三大出口市场。欧盟、日本、东盟、韩国、中国台湾地区和美国是中国大陆前六大进口来源地。[②] 仅

---

① “对外开放，中国迈上新舞台（创新发展，十年跨越）”，载《人民日报》，2012年11月6日09版。

② 2011年，中国前六大的进口来源地对华出口：欧盟对中国出口2112亿美元、日本对中国出口1940亿美元、东盟对中国出口1924.7亿美元、韩国对中国出口1620亿美元、中国台湾地区对大陆出口1249.2亿美元和美国对中国出口1222亿美元。

以2011年，美国对中国出口首次突破1000亿美元，达到1221亿美元，同比增长19.6%。

中国与欧盟经济合作不断加深。进入新世纪，中国与欧盟双边的关系进一步提升为全面战略伙伴关系。目前，欧盟是中国最大贸易伙伴、出口市场和技术引进来源地。中国目前是欧盟第二大贸易伙伴、第二大出口市场和第一大进口来源地，欧洲是中国第一大贸易伙伴，2011年中欧双边贸易总值达到5672.1亿美元创新高，同比增长18.3%。受欧债危机影响，2012年中国贸易额略有下降（下降3.7%），基本面仍然向好，中德贸易总额只下降0.3%，中英货物贸易额还增长7.5%。在国家层面上，中国与欧盟主要国家均建立了相应的全面战略伙伴关系，中国与欧盟各个新老成员国的经贸关系在新的框架下得到进一步的发展。2011年，德国与中国的贸易额达到1400亿欧元，德国对中国的出口首次超过对意大利出口。中国从德国第七大出口国跃至第五位，同时也是德国第二大输出国。2012年2月6日，英国48家集团俱乐部主席斯蒂芬·佩里强调指出，英国应正确面对中国经济复兴带来的挑战，抓住战略机遇，使英国从中获益。佩里认为，中国30年来按本国设计、本国特色发展取得了非凡经济成就，应该视为中国的复兴，英国政府应不失时机与中国建立长远关系。[①] 美欧存在产品同质性的矛盾，而中欧经济互补强，合作潜力大。中国与欧盟在全面战略伙伴关系框架下的合作是卓有成效的，双方在重大的原则问题上并无实质性的分歧。欧盟是世界上运用贸易保护措施最频繁和严格的地区之一，目前形成了包括约300多个具有法律效力的欧盟指令和10万多个技术标准的双重结构的技术性贸易措施管理体系。欧盟不断提出对中国产品进行反倾销调查，同时欧盟经济非常依赖中国，和中国进行贸易战，将严重损害欧盟利益。欧盟对中国关系定位是“经济贸易利益居首，战略利益居

① “英国48家集团强调正确面对中国经济复兴”，载《人民日报》，2012年2月8日第3版。

次”。目前，欧盟内部在对华军售解禁以及欧盟承认中国市场经济地位上存在分歧，这成为制约中欧真正建立全面伙伴关系的两大瓶颈。

中国与非洲经济合作属于南南合作的范畴。近年来，非洲经济迅速回升，平均增长在5%以上，全球经济增长最快的10个经济体有6个在非洲。2009年起，中国已成为非洲第一大贸易伙伴。卢旺达总统卡加梅在2012年10月30日的第七届非洲经济大会指出，过去5年间非洲经济持续增长，贫困率下降了12%。世界银行《2013年全球营商环境报告》也显示，全球营商环境改善最好的50个国家中有17个位于撒哈拉以南的非洲地区，撒哈拉以南的非洲地区有22个国家达到中等收入国家水平。2011年中非之间贸易额达到1663亿美元，其中，中国对南非的双边贸易进出口总值为454.3亿美元，增长76.7%（大大高于同期中国总体进出口增速）。2012年，中非贸易额达1984亿美元（2000年双边贸易额只有100亿美元）。中国与非洲国家以2000年成立的中非合作论坛为基础，中国与非洲国家的贸易和投资发展迅速。中非经贸合作，为非洲人民带来实实在在的利益，[①] 2013年博鳌亚洲论坛还专门设立非洲分论坛，邀请非洲领导人向参会代表介绍非洲正在发生的变革及其带来的商机。非洲已成为中国第四大海外投资目的地。截止2012年6月，中国对非洲各类投资达到450亿美元，其中直接投资超过150亿美元，制造业、金融业和建筑业投资占60%，采矿业投资约占25%。截至2010年底，中国已为非洲培训3万多名官员和各类技术人员。从2010年7月1日起，中国开始对26个非洲国家减免60%关税，涉及4700多个税目。非洲已经是中国第二大原油进口来源地，第二大承包工程市场和第

① 中非合作不仅仅限于能源领域，更不是西方某些言论所说的是为了能源。南非标准银行网站刊发一篇题为《对当前中非关系一些主要批评的反驳》提供了具有说服力的数据：2009年化石燃料占非洲对美国出口的85%，占对德国出口的56%。国际金融危机爆发后的2009年，非洲对华出口同比下降22%，而对日本、美国和法国的出口同比则分别下降了56%、45%和30%。参见“中国融入非洲并不排他”，载《人民日报》，2012年5月16日，第3版。

四大投资目的地，非洲也成为中国经济可持续发展不可或缺的海外支撑。然而，非洲有 54 个国家，不同国家、不同地区之间的差异性很大，中国与非洲经济往来短期内难以在所有非洲国家展开，加之西方宣扬所谓中国在非洲推行新殖民主义等因素的影响，中国在与非洲经济贸易往来时必须进行综合评估，不要仅仅只从某些经济数据出发认识非洲。

表 1.8　中非贸易额占中国对外贸易的变化

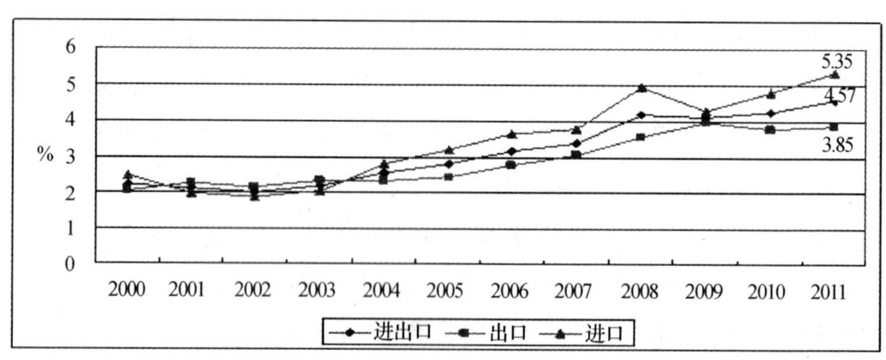

拉美部分国家已形成对华贸易的一定依赖。当今国际金融危机背景之下，绝大多数发达国家经济低迷，拉美国家逐渐将目光投向中国，中国成为拉美国家走向复苏重要因素。1990 年中拉贸易额只有 22.9 亿美元，2012 年已达到 2612.43 亿美元，22 年增长了 100 多倍，2012 年，中国在拉美累计投资将近 650 亿美元，为拉美国家创造了大量就业岗位。中国已同智利、秘鲁、哥斯达黎加三国签署自由贸易协定（占中国已签署自由贸易协定的 1/3）。中国已成为拉美第二大贸易伙伴国和主要投资来源地之一，拉美部分国家已经形成对华出口依赖。据有关专家预测，在未来的十年内，中拉贸易仍将保持以年均 15% 的速度增长。委内瑞拉和墨西哥的石油、巴西的铁矿、智利的铜矿、巴西和阿根廷的粮食等都在世界上占有重要地位。中国对拉美出口的产品中工业制品占 90% 以上，进口的产品中初级产品占 60%。中拉在国际事务中沟通良好，在全球治理、气候变化、

粮食安全等全球性问题上合作日益密切。英国汤姆森路透基金会评论认为，拉美主要在经济增长、创造就业和基础设施建设等三个方面受益于中国投资。联合国拉美经委会等机构指出，“中国因素”已成为推动拉美经济发展的重要力量。① 2013 年 6 月 15 日，尼加拉瓜国民议会以 61 票支持、21 票反对、1 票弃权的表决结果，批准政府与中国公司“香港—尼加拉瓜运河开发投资公司”签订排他商业协议，修建尼加拉瓜大运河。② 该运河建成后，将承担世界贸易运输量的5％。同时，中国与拉美国家在发展目标和发展理念上也有很多相似之处，如巴西的“壮大巴西”计划、阿根廷的“2020 发展战略”都与中国的“十二五规划”有着诸多契合点。

图 1.8　尼加拉瓜运河示意图

① 钟声：“中国企业，在拉美展现成熟形象（国际论坛）”，载《人民日报》，2013 年 5 月 24 日第 2 版。

② 中国企业参与修建尼加拉瓜运河存在着很大风险，主要原因有二：一是美国历来视拉美为其后院，对中国企业（虽然是民企）可能存有戒心，不仅担心 400 亿美元的项目，关键是担心具有军事价值；二是尼加拉瓜政局不稳定，经济不发达，而且与中国没有外交关系。

2013 年博鳌亚洲论坛首次增设拉美分论坛，中国与拉美国家关系议题深受关注，并在拉美引起积极反响。美国智库伍德罗·威尔逊国际学者中心的一份调查结果显示，20% 的受访者认为中国是世界上最有影响力的国家之一，23% 的民众认为中国即将成为最有影响力的国家。22.3% 的民众认为本国与中国的关系将会更加紧密，发展潜力大于与美国关系的发展潜力。16% 的受访民众认为自己所在的国家应学习中国的发展模式。秘鲁总统乌马拉在 2013 年博鳌亚洲论坛发表演讲时指出，中国与拉丁美洲国家之间合作框架的创新和互利模式，值得其他国家借鉴。当前中国与拉美国家经济合作存在的问题是，中拉合作尚缺乏制度性合作平台，不少拉美国家的政策多变，政权更迭很有可能导致重大项目生变。阿根廷、委内瑞拉、玻利维亚等国就多次把美欧外资企业收归国有；阿根廷、委内瑞拉的金融管制非常严格，外资企业想把利润汇到母公司很困难；汇率和税收政策多变，企业成本难控制；拉美多数国家工会组织较强，劳资矛盾多发等等。同时，美国一些官员和媒体经常抱着怀疑或警惕的心态来审视中拉经贸关系的发展，担心中国势力进入“美国后院”。①

表 1.9　中国与拉美国家双边贸易增长情况（单位：亿美元）

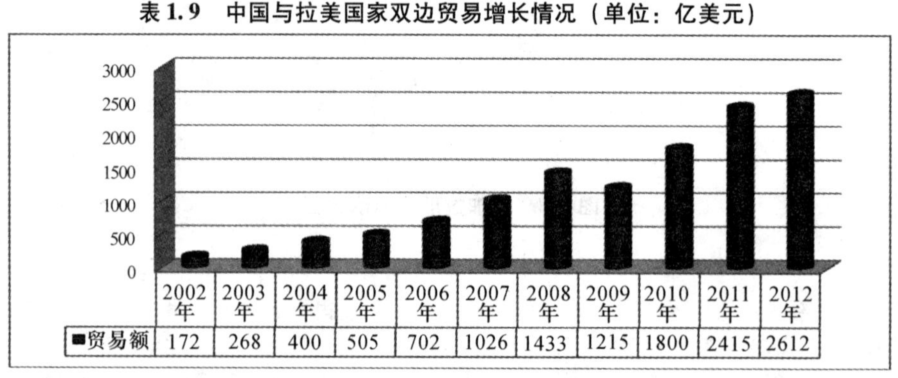

① “‘中国因素’助力拉美增长”，载《人民日报》，2013 年 4 月 13 日第 3 版。

三、中国作为“金砖国家”机制重要成员推动国际秩序新变革

2001年，美国高盛公司董事长兼首席经济学家吉姆·奥尼尔首次提出“金砖四国”概念（英文简写BRIC，这四个字母分别是巴西、俄罗斯、印度和中国的英文首字母缩写，因该词与英文中的砖brick类似，故称“金砖四国”）。奥尼尔还预测世界经济格局将重新洗牌，到2050年，“金砖四国”将超越包括英国、法国、意大利、德国在内的西方发达国家，与美国、日本一起跻身全球新的六大经济体。2010年4月，第二次“金砖四国”峰会在巴西召开。会后四国领导人发表《联合声明》，就世界经济形势等问题阐述了看法和立场，并商定推动“金砖四国”合作与协调的具体措施，“金砖国家”合作机制初步形成。2010年12月，南非加入“金砖国家”合作机制，“金砖四国”即变成“金砖五国”，并更名为“金砖国家”（BRICS）。“金砖国家”是新兴发展中国家的代表，在世界经济舞台上发挥举足轻重的作用。“金砖国家”国土面积占世界领土总面积的27%，人口之和占世界人口的40%，国内生产总值占世界总量近20%，外汇储备占全球总量的75%，对外贸易额占世界的15%，“金砖国家”在国际货币基金组织中的份额已经超过15%的否决比例。“金砖国家”还有着经济互补的天然优势，巴西被称为“世界原料基地”，俄罗斯被称为“世界加油站”，印度被称为“世界办公室”，中国被称为“世界工厂”，南非被称为“非洲经济引擎”。2010年以来，“金砖国家”对全球经济增长的贡献超过了50%，是新兴经济体中最有代表性的国家，五个国家的合力已经成为影响世界经济政治格局的重要力量。

“金砖国家”合作机制已经成为中国地缘经济政治战略的重要组成部分。“金砖国家”不仅包括了中国的两个重要邻国俄罗斯和印度，而且包括南美第一大经济体巴西和非洲第一经济大国南非，属

于南南合作领域。中国与其他“金砖国家”的贸易额超过3000亿美元，并已成为巴西、俄罗斯、南非的最大贸易伙伴，印度的第二大贸易伙伴。中国对其他“金砖国家”的投资累计达到235亿美元。同时，“金砖国家”还是南北合作的中介，可以发挥重要的桥梁作用，建立“金砖国家”之间、发展中国家内部、发展中国家和发达国家之间的包容性合作关系，这对于缩小南北差距，有着重要的现实意义和深远的历史意义。随着国际金融危机不断蔓延，“金砖国家”已经成为引领世界经济的“领跑者”。“金砖国家”需要增进互信，继续拓展经贸合作的规模和深度，展开全方位、多领域的合作，在现有经济增长的基础上提高质量，并向全面、平衡和可持续方向发展，这对世界经济的稳步复苏和可持续增长具有非常重要的意义。[①] 根据国际货币基金组织《世界经济展望》预测，2012—2013年，新兴和发展中经济体的增长率预计平均将为5.75%，而发达经济体的平均增长率预计为1.2%；从已经公布的数据看，“金砖国家”在2012年的经济增长率普遍远高于发达国家，中国是8.2%，印度7%，巴西3%，南非2.5%，俄罗斯3.3%；反观发达经济体，美国为1.8%，欧元区-0.5%，日本1.7%。[②]

“金砖国家”最初只是代表新兴市场力量的一个概念，现已发展成为引领新兴发展中大国合作的实质性机制，在国际舞台上有了更多的发言权，并开始推进建立全球经济新格局。自2009年以来，“金砖国家”领导人已经进行了五次会晤，从叶卡捷琳堡到巴西利亚，从三亚到新德里，再到德班，“金砖国家”领导人会晤机制不断完善，已经形成多层次、宽领域的合作架构。

---

① 石建勋：“金砖国家务实合作大有可为（望海楼）”，载《人民日报·海外版》，2012年3月28日第1版。

② 杨洁勉：“从概念转向机制”，载《人民日报》，2012年3月28日第14版。

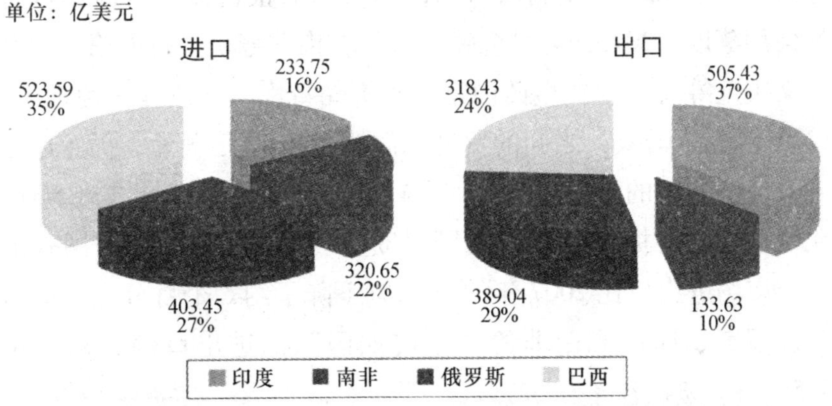

图 1.9　中国与其他“金砖国家”之间货物进出口额（2011 年）

资料来源：金砖国家联合统计手册（2012）国家统计局网站，http：//www. stats. gov. cn/tjsj/qtsj/JZSC2012/。

经济上，“金砖国家”积极筹划货币合作，构建多元化的国际货币体系。2012 年 2 月，金砖五国财长在 G20 峰会上提出设立合作开发银行。未来可通过建立双边或五国多边的货币挂牌交易、相互贷款，共同设立贸易投资合作基金，构建“金砖国家”之间多层次货币合作体系；可通过五国金融合作框架内的倡议或宣传，进一步推进贸易本币结算，不断扩大双边或五国多边货币互换的范围和规模，提高双边贸易和投资便利程度，推动“金砖国家”之间金融合作与互相投资等。[①] 巴西开发银行、俄罗斯开发与对外经济活动银行、印度进出口银行、中国国家开发银行与南非南部非洲开发银行等五国发展类银行，共同签署了《金砖国家银行合作机制多边本币授信总协议》以及《多边信用证保兑服务协议》。《金砖国家银行合作机制多边本币授信总协议》旨在减少金砖五国之间可兑换货币的交易需求，从而有助于减少金砖五国内贸易的交易成本。《多边信用证保兑

① 石建勋：“金砖国家务实合作大有可为（望海楼）”，载《人民日报·海外版》，2012 年 3 月 28 日第 1 版。

服务协议》则有利于便利出口国，出口国的银行或进口商银行所要求的信用额度。2013 年，“金砖国家”在南非德班进行的第五次峰会上，又决定筹备建立“金砖国家”外汇储备库，并成立工商理事会。2012 年“金砖国家”之间的贸易总额超过 3100 亿美元，仍然远远低于五大经济强国的潜力。为此，金砖五国提出到 2015 年实现 5000 亿美元贸易额的目标。2012 年我国对欧盟、美国、日本、中国香港四个传统市场进出口比 2007 年的 50.2% 下降了约 6 个百分点，而与巴西、俄罗斯、印度和南非等“金砖四国”的进出口额分别增长了 188.5%、83%、72% 和 327%。

表 1.10　金砖国家 FDI 流入额和外汇储备

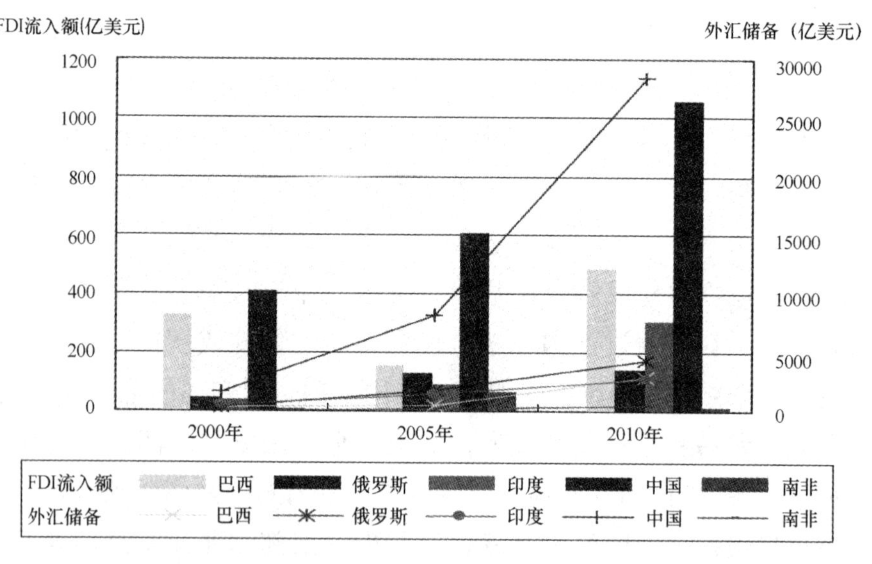

注：柱状图为 FDI 流入额，折线图为外汇储备。

资料来源：《金砖国家联合统计手册（2012）》，国家统计局网站。

政治上，“金砖国家”合作机制的建立，有利于国际关系民主化，有利于世界多极化，有利于建立公正合理的国际经济政治新秩序。在“金砖国家”合作机制的背景下，将会引领一大批新兴市场国家和发展中国家经济快速发展，成为维护世界和平、促进共同发展的重要力量。“金砖国家”坚持走和平发展、合作发展、和谐发展之路，是全球共同发展的重要组成部分，有利于世界经济更加平衡、国际关系更加合理、全球治理更加有效、世界和平更加持久。[①] 西方媒体甚至也提出“看看谁在拯救世界”这样的问题，并以此来说明“金砖国家”对外援助已经打破了西方的垄断。2005 年到 2010 年，巴西、印度对外援助涨幅超过 20%，中国、南非的涨幅超过 10%，俄罗斯对外援助也有 5 亿美元，而美国同期涨幅只有 1.6%，英、法、德涨幅小于 5%。[②] “金砖国家”成为影响世界地缘经济政治新兴力量。而今，“金砖国家”已经制定出新的共同目标：继续推进全球经济治理改革，落实国际货币基金组织份额改革方案，推动建立公平、公正、包容、有序的国际金融体系，深化“金砖国家”在金融、能源和粮食安全、环境保护、气候变化、联合国千年发展目标等领域合作，加强在重大国际和地区问题上的协调和配合，推动以和平对话方式解决巴以、叙利亚、伊朗等热点问题，推动国际关系民主化，维护世界和平稳定。[③] “金砖国家”正在积极推动全球经济治理改革，增加新兴市场国家和发展中国家代表性和发言权；要共同推动南南合作、南北对话，做发展中国家利益的维护者，加强在二十国集团、联合国等多边机制中的沟通和协调，体现“金砖国家”对多边主义的重视和支持。中国坚定支持“金砖国家”合作，坚持同广大发展中国家风雨同舟、和衷共济。[④]

---

① “出席金砖国家领导人第四次会晤前夕，胡锦涛接受金砖国家媒体书面采访”，载《人民日报·海外版》，2012 年 3 月 28 日第 1 版。

② “金砖展示政治肌肉引热议”，载《环球时报》（引自美国《基督教科学箴言报》2012 年 3 月 26 日文章）。

③ “金砖峰会施压 IMF 和世行改革”，载《第一财经日报》，2012 年 3 月 30 日第 8 版。

④ 胡锦涛：“加强互利合作，共创美好未来——在金砖国家领导人第四次会晤大范围会谈时的讲话”（2012 年 3 月 29 日），载《人民日报》，2012 年 3 月 30 日第 2 版。

表 1.11 “金砖国家”在世界事务中地位上升①

职位	国籍	姓名	当选时间
世界贸易组织总干事	巴西	阿泽维多	2013 年
世界银行首席经济学家兼高级副行长	印度	考希克·巴苏	2012 年
国际货币基金组织副总裁	中国	朱民	2011 年
联合国粮农组织总干事	巴西	若泽·格拉齐亚诺·达席尔瓦	2011 年
世界卫生组织总干事	中国	陈冯富珍	2006 年（2012 年再度当选）

部分国家在国际货币基金组织中的份额和投票权占比　　单位:%

		份额	投票权			份额	投票权
金砖国家	中国	4.00	3.81	部分发达国家	美国	17.69	16.75
	俄罗斯	2.50	2.39		日本	6.56	6.23
	印度	2.44	2.34		德国	6.12	5.81
	巴西	1.79	1.72		英国	4.51	4.29
	南非	0.78	0.77		法国	4.51	4.29

四、全球性问题日渐突出，中国成为全球治理的重要力量

中国的地缘经济政治影响呈不断扩张趋势。全球性问题，从经济安全、可持续发展到反对恐怖主义、再到环境气候问题等，甚至朝核问题和伊核问题的解决，都离不开中国的参与。参与全球治理，有利于中国自身的发展，有利于国际新秩序向公平合理的方向调整。在国际政治领域，是坚持联合国宪章的基本原则，还是任由解释宽泛的“保护责任”大行其道；在国际经济领域，是通过治理发展的不平衡来改变世界经济的不平衡，还是以汇率和逆顺差为要素来建

① “发展中国家正在转变角色（国际视野）——从‘观众’到‘配角’再到‘要角’”，载《人民日报》，2013 年 5 月 21 日第 23 版。

立强制性指标体系；在国际文化领域，是主张文化多元、文明多样，还是仅按一种文化一套价值观把世界各国分为三六九等……说到底，“全球治理”平台上讨论的很多问题实际上是国家利益和发展空间问题。[①] 中国不仅作为联合国安全理事会五大常任理事国之一发挥着举足轻重的作用，而且在G20、国际货币基金组织、世界银行等国际组织和国际机制中的地位越来越重要。从某种意义上说，中国是第三世界国家的一员，与绝大多数第三世界国家有着共同的利益、相同或相似的价值观，在主权、人权等问题上有着长期合作的历史。中国作为新兴发展大国（如“金砖国家”），发展潜力巨大。发达国家，即使超级大国——美国在处理重大国际事务，如反恐、应对突发性国际事件等问题上也同样离不开中国的合作。发达国家并不是铁板一块，特别是欧美之间的矛盾随着国际金融危机蔓延日益突出。美国“重返东亚”，也使欧洲倍感冷落，长此以往，欧美离心力必然加剧。中国外交的回旋余地非常大。欧债危机爆发后，欧洲国家部分人士希望中国参与救助，这无疑都说明了中国突出的国际地位和与日俱增的国际影响力。诸如“中美国”（Chimerica）[②]、“中印国”（Chindia）[③] 等称谓都说明了中国已经成为国际格局中重要的一极。

中国提出走和平发展道路，实际上就是通过和平发展实现和平崛起，将现代化规律和本国国情有机结合，走出了中国特色社会主义道路。和平发展道路为世界上绝大多数国家所认同。中国的崛起

---

① 曲星：“在全球治理中释放‘中国能量’”，载《人民日报》，2013年1月9日第5版。

② Chimerica，“中美共同体”，“中美国”。2008年9月，美国哈佛大学著名经济史学教授弗格森（Niall Ferguson）和柏林自由大学石里克教授共同创造出的新词“Chimerica”，称中美已走入共生时代。这个概念主要是指最大消费国（美国）和最大储蓄国（中国）构成的合作关系，以及这个合作关系对全世界经济的影响。

③ 关于Chindia，有两种说法：1. 美国《商业周刊》撰稿人皮特·恩加迪奥（Pete Engardio）对中国和印度的崛起深信不疑，将China和India合成创造了Chindia一词；2. 印度商务部长、著名经济学者贾伊拉姆·拉梅什曾发明了“中印度”（Chindia）一词，认为“世界工厂”与“世界办公室”应该加强合作，为构建新的国际经济新秩序作出各自的贡献。

无疑冲击世界原有的力量结构和秩序规范，逐渐参与到国际规则制定者的行列。中国在反恐、防扩散、打击海盗等国际事务上发挥着建设性作用成为维护世界和平、促进共同发展的重要力量。中国在世界范围尤其在亚太地区具有举足轻重的影响，许多重大的国际问题如果没有中国的参与是不可想象的。中国和谐世界的理念已经形成，使世界各国对“中国威胁”的看法和担忧有所减弱，对中国的信任、肯定和信心有所增强。

虽然美国高调“重返东亚”，剑指中国，但中国对东亚以外的其他地区的经济、政治，甚至军事影响却在不断加强。美国作为当今世界上唯一的超级大国，利益遍及世界任何一个角落，政治影响力特别是软实力呈逐渐下降趋势，而军事力量部署也十分分散。美国虽然有能力对诸如阿富汗、伊拉克、利比亚等小国实施军事干涉（一般这种干涉都是与某些盟国合作进行的），这种干涉虽然可以取得军事胜利，但未必能达到其真实目的。伊拉克战争就是一例，虽然美国发动伊拉克战争只有数十人的伤亡，但美国在伊拉克战争之后却伤亡4500人，投入8000多亿美元，而撤军后却留下了一个混乱不堪的伊拉克。美国赢得了伊拉克战争，却输在战争之后。西方舆论认为，伊拉克战争的真正得益者是伊朗，这与美国发动伊拉克战争的目的完全相反。美国曾积极支持“阿拉伯之春”。“阿拉伯之春”直接导致埃及、突尼斯、利比亚等国的伊斯兰政党上台，这绝不是美国希望看到的结果。当今叙利亚危机呈胶着状态，而美国难以真正实施对叙利亚特别对伊朗的武装干涉。一是阿拉伯联盟对利比亚问题处理不力导致北约武力干涉使其威望严重受损；二是如果美国对伊朗动武，将分裂伊斯兰世界的什叶派和逊尼派，将使美国在中东的影响力大大下降；三是如果美国武力干涉伊朗，可能进一步激化中东的反美浪潮，也使美国的盟友——以色列面临更加严峻的安全局势。美国“重返东亚”，试图通过制裁及干涉一些中小国家，实际上是间接地遏制中国崛起，但同时也在消耗其软实力。中国坚持谈判解决国际争端，一方面体现了韬光养晦的策略；另一方面也能够得到广大发展中国家的同情和支持，又做到了有所作为。

五、正在崛起的中国在当今国际背景下依然面临两难处境

中国特殊的国家属性及崛起的历史背景也使中国在处理国际事务中处于两难境地。同时中国的快速崛起不仅使美国、欧洲、日本等发达国家和地区不适应，也可能使印度这样的发展中大国特别是周边国家感到压力，而这些因素都将制约中国的经济发展，对中国崛起的国际环境产生极为负面的影响。

（一）发达国家转嫁危机，中国成为贸易保护的最大受害国

中国贸易摩擦正处于高发期，是连续 17 年全球遭受反倾销调查最多国家。2011 年，国外共对我国发起贸易反倾销、反补贴、保障措施、特保调查 67 起，增长 2%。除纺织服装等传统行业外，新能源、新一代信息技术等战略性新兴产业摩擦增多；除欧美等发达国家，巴西、印度等发展中国家发起数量也在上升；除反补贴、反倾销等传统贸易救济手段外，人民币汇率、知识产权保护、自主创新、政府采购等领域对我国外贸影响加大。[①] 美国总统奥巴马在 2012 年的国情咨文中宣布将建立新的贸易执法部门，以调查所谓中国等国的“不公平贸易”做法。奥巴马还说，执政三年来，美国政府针对中国贸易救济案是上届政府的两倍。2012 年 1 月 30 日，世界贸易组织上诉机构就美国、欧盟、墨西哥诉中国原材料出口限制措施世贸组织争端案发布裁决称中国不公平地限制了 9 种原材料的出口，为国内制造商提供了保护。美国总统奥巴马早在 2010 年的国情咨文中就提出到 2014 年底出口翻番的目标，即出口额达 3.1 万亿美元，出口增速最低需达 15%。实际上，中国面临发达国家“高端制造业”和新兴国家廉价劳动力“低端制造业”的双重挤压。

---

① “外贸企业如何‘过冬’”，载《人民日报》，2012 年 1 月 31 日第 1 版。

（二）中国面临着能源紧缺的严峻挑战，经济安全威胁加剧

中国人口众多，能源相对短缺，加之能源开发不合理且浪费严重，面临着严重的能源危机威胁。仅以石油为例，石油是一种战略物资，而作为制造业大国的中国石油对外依存度 2012 年达到 58%。2012 年，中国自己生产的原油是 2.04 亿万吨，进口是 2.8 亿万吨。中国石油进口主要来源于中东和非洲，而中东和非洲地区政局不稳又使中国石油进口存在极大的不确定性。国际能源署（IEA）的预测说，中国石油需求增速未来若保持不变，石油进口依存度升至 80%。试想，如果伊朗核问题导致战争爆发，伊朗封锁霍尔木兹海峡，中国 40% 的石油进口将受到影响（占中国石油消费的 22%），其后果不堪设想。如今，中国的石油储备只够用 46 天，而美国的石油储备可供用一年以上，日本和其他发达国家的石油储备也够使用半年以上。[①] 中国亟待增加石油储备，开发新能源，实现经济发展方式的转变。这绝不是短期可以做到的。

（三）大国插手中国周边事务，导致中国周边地缘环境复杂化

中国所在的东亚地区是当今世界上经济发展最具活力的地区，同时也是地区矛盾聚集、大国势力交叉渗透最为复杂地区之一。由于历史因素及地缘经济政治因素的影响，周边国家与中国存在着诸多矛盾。而随着美国高调“重返东亚”，有些国家如菲律宾、越南等国家主动挑起事端，另外一些国家则两面下注，试图通过“经济上靠中国，安全上靠美国”而从中渔利。日本政治逐渐右倾化，不断挑起边境冲突，试图借美国“重返东亚”修改宪法，建立正规军队，达到所谓“正常国家”的目的。2010 年 7 月 23 日，美国国务卿希拉里宣称：“美国在南海有‘国家利益’。”此后，印度也宣布与越南在

---

① “中国战略储油 1.1 亿桶现实力，2020 年将居世界第二”，载《法制晚报》，2012 年 1 月 29 日。

中国南海进行石油开发。欧洲对外行动机构东南亚分部副主管菲利普·阿默斯福特表示，欧盟不希望看到南海问题升级，愿意扮演“协调人”的角色，“协助”菲律宾解决南海问题。中国始终坚持反对域外势力参与南海事务的原则，化解矛盾困难重重。也有学者提出：中国应灵活用国际关系的多元渠道，跳到美国遏制中国防线的背后，发展与新兴经济体国家以及欧洲国家的关系，反过来制衡、化解和转移矛盾、冲突，以求周边国际环境的相对稳定。[①]

（四）中国崛起将引起游戏规则的调整，中国与发达国家博弈在所避免

2011 年 11 月 16 日，美国总统奥巴马指出，美国并不怕中国，也不试图阻止中国获得其崛起的好处。但是他同时警告说，北京必须遵守全球航行规则，必须“重新考虑”它对全球贸易的态度。[②] 中国融入国际社会，但不寻求打破国际现有秩序。不可回避的问题是，当今国际秩序的某些规则已经不能适应变化了的世界，规则的调整势在必行，关键是新规则的调整由谁参与。许多美国思想家，包括基欧汉、布热津斯基、基辛格都认为，世界并非只有靠霸权来维护才能稳定，后霸权时代的合作是可能的。“扩大的西方”更有能力制定建设性政策，应该将中国、俄罗斯和土耳其等国纳入其中，重要的是能否真心实意地接纳中国成为规则调整的参与者，认认真真倾听中国的看法和建议。[③] 美国的当权者向来认为规则是由霸权者制定的。中国与美国的规则博弈已经开始。

---

① 鲍盛刚：“中国应如何重返亚洲?”，载新加坡《联合早报》，2011 年 7 月 28 日。

② “奥巴马访澳对华摆强硬姿态”，参见新华网 2011 年 11 月 17 日，http://news.xinhuanet.com/world/2011－11/17/c_ 122294847.htm。

③ 钟声：“世界上没有一成不变的游戏规则（国际论坛）”，载《人民日报》，2012 年 2 月 1 日第 3 版。

（五）中国崛起意味着新模式的成功和老模式的衰落，引起两种模式之争

自美国2008年次贷危机开始的国际金融危机逐渐蔓延到欧元区并形成欧债危机，进而上升到国际金融危机层面，而受国际金融危机打击的世界经济短期内看不到复苏迹象。中国作为世界上最大的新兴经济体仍然保持高速增长，对世界经济发展有着稳定作用和拉动作用。与此同时，“中国模式”一词广为流传，成为很多发展中国家借鉴的样板。从某种意义上说，中国模式是对西方资本主义自由市场模式的否定，两种模式之争由此开始。2012年2月4日，美国会参议员麦凯恩在第48届慕尼黑安全政策会议上极力宣扬美国价值观，并称“阿拉伯之春”应该进入中国。可见，两种模式之争将会上升到政治制度层面，即资本主义制度与社会主义制度之争。两种制度之争，将在一定程度上恶化中国的外部环境。

第二章
中国经济社会发展的基本态势

中国的地缘经济政治发展态势既取决于周边层面地缘经济政治和全球层面上地缘经济政治走向，也取决中国自身经济社会发展对外部世界的影响。特别是当今中国经济社会发展已经为世界经济发展做出重大贡献，成为周边经济发展的发动机。当今中国的国际地位和国际作用正在发生新的阶段性变化，地缘经济政治环境也处于重大变化之中，面临着可以预见的重大机遇，同时也存在着诸多不确定性因素。科学预见中国地缘经济政治发展变化的趋向，深入把握地缘经济政治变化发展规律，判定今后一个阶段地缘经济政治条件下中国的对外经济关系，把握机遇，乘势而上，趋利避害，对于中国经济社会的协调发展、和谐发展、和平发展具有重大意义。中国的发展离不开世界，但起决定作用的还是中国经济社会的内在因素，对中国当今和未来一个阶段的经济社会发展趋势做一基本的判断与评估不仅是必要的，而且已经成为制定中国地缘经济政治战略的前提和基础。

第一节　改革开放的伟大成就及世界意义

一、中国改革开放和社会发展的伟大成就

中国的发展离不开世界，这是中国改革开放取得成功的基本经

验。30余年经济社会发展取得的伟大成就，本身就是中国经济社会改革与对外开放辩证统一的伟大实践，是党和政府根据自身承受能力融入经济全球化，并逐步参与全球经济和区域经济合作的历史进程。

其一，中国综合国力迅速上升，得益于改革开放的伟大实践。

中国的改革开放是一个迅速释放生产力的过程。始于农村的家庭联产承包责任制改革，实际上把一个个家庭迅速改造为具有较为明晰产权边界的经济实体，为中国成功地推进下一阶段的改革开放奠定了坚实的基础。国有企业改革经过“放权让利”式的两权分离改革，到初步尝试建立现代企业制度，再到分类选择改革，逐步找到了既符合社会主义本质、又适应市场经济要求的国企产权制度。与此同时，民营经济从无到有、从有到多蓬勃发展起来，与国企相互促进、相互竞争，对竞争性领域的国有企业建立法人产权制度、改革为符合市场经济要求的合格的市场主体做出了贡献。

改革与开放同步进行，相互促进、相得益彰。中国经济改革目标是建立和完善社会主义市场经济体制。而建立社会主义市场经济体制又实现与世界市场接轨，这实际上就是对外开放。中国的对外开放又使中国融于经济全球化的发展进程，促进中国借鉴市场经济国家的经济运行模式，又反过来推动经济改革一步步走向市场经济的方向。对外开放从空间演进来看，从20世纪70年代末深圳、珠海、汕头、厦门四个经济特区的建立，到14个沿海港口城市的开放，到长三角、珠三角、闽南三角、胶东半岛、辽东半岛列为经济开放区，到兴办海南经济特区，再到20世纪90年代浦东经济区的建立，进一步开放长江沿岸城市，到加速内陆省区的开放步伐，进一步开放内地延边城市，逐渐形成为全方位、多层次、宽领域的对外开放格局。这种依靠区位优势推进改革开放的历史进程，正是从改革开放总设计师邓小平到江泽民、胡锦涛、习近平等中国共产党领导人依托中国地缘经济政治优势，充分发挥天时、地利、人和的辩证唯物主义和历史唯物主义方法论，引导中国改革开放不断取得伟大成绩的历史过程。中国的对外开放密切了世界与中国的联系，中国学习西方的先进科学技术、经营管理经验，利用后发优势，使综合国力得以迅速提升。

事实胜于雄辩。1978—2008 年，中国 GDP 年均实际增长 9.9%，大大高于同期世界经济年平均增长 3.0% 的速度。

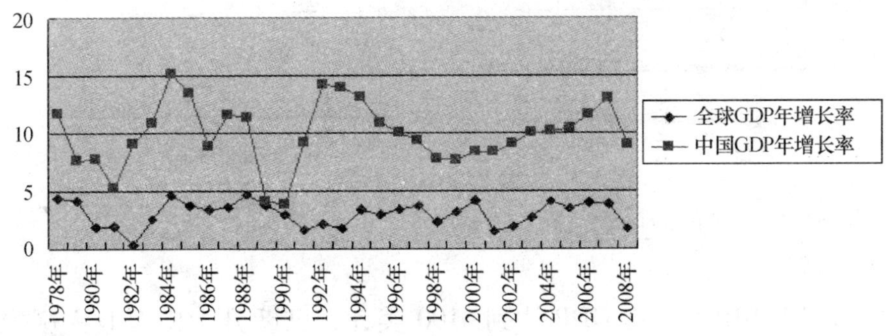

图 2.1　全球 GDP 和中国 GDP 年增长率

资料来源：根据中宏统计数据库有关数据整理。

2010 年中国 GDP 超过日本跃居世界第二，仅次于美国。经济总量占世界经济的份额也有明显上升，1978 年为 1.8%，2009 年提高到 7.3%。

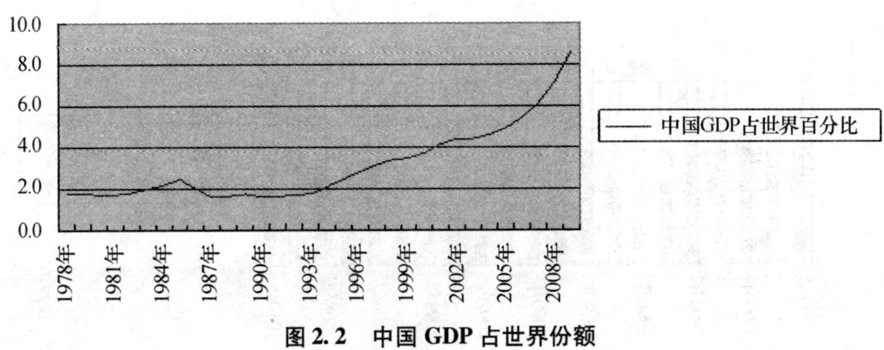

图 2.2　中国 GDP 占世界份额

资料来源：根据中宏统计数据库有关数据整理。

人均国内生产总值 2010 年比 1978 年增长近 10 倍，年均增长8.77%。

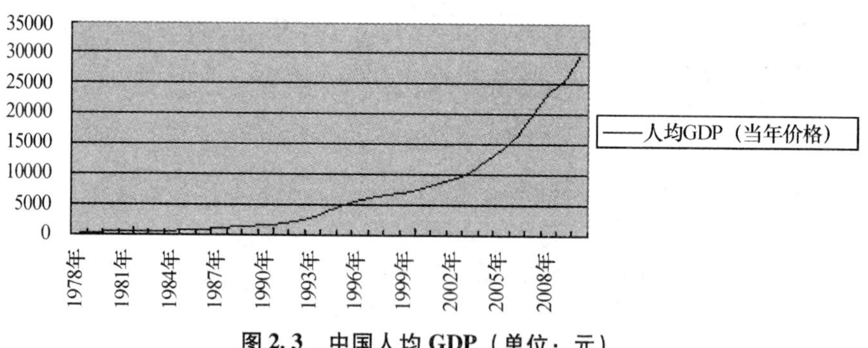

图 2.3　中国人均 GDP（单位：元）

资料来源：根据中宏统计数据库有关数据整理。

2012 年中国人均 GDP 达到 6100 美元，已跃升上中等收入国家行列，涌现出一批大型公司（企业）。《财富》杂志评出的 2012 年度世界 500 强公司中，中国内地就有 70 家入榜。

其二，改革开放助推经济结构不断优化，城镇化水平大大提高。

改革进程的加快和经济的快速增长，促进经济结构不断优化升级。第二产业、第三产业快速发展，产业结构基本实现了以工农业为主向一、二、三次产业协同发展的转变。

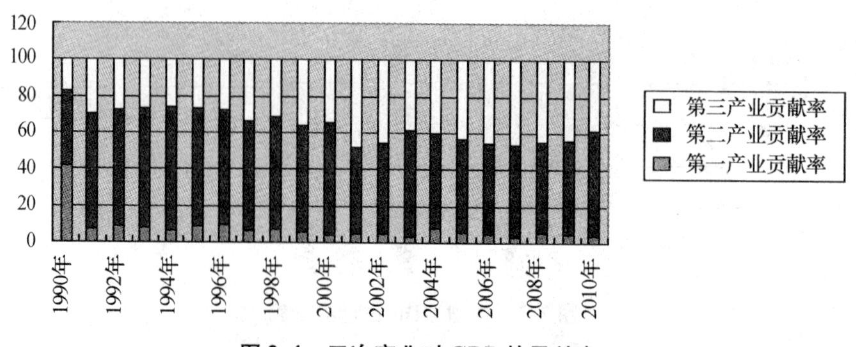

图 2.4　三次产业对 GDP 的贡献率

资料来源：根据中宏统计数据库有关数据整理。

工业结构基本实现了由技术含量低、劳动密集程度高、门类单一的结构向劳动密集、技术密集、门类齐全的发展格局转变。城镇化步伐明显加快，基本实现了由城乡分割向城乡协调共同发展的转变。城镇化水平由1978年的17.92%上升到2011年的51.27%。

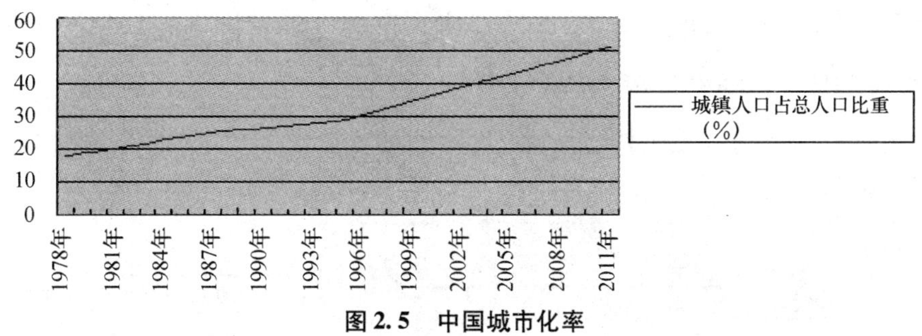

图2.5　中国城市化率

资料来源：根据《新中国60年统计资料汇编》有关数据整理。

国有经济战略性调整取得重大进展，基本实现了由单一的公有制经济向多种所有制经济共同发展的转变。分配结构基本实现了由平均主义突出、收入渠道单一，向以劳动报酬为主、资本和技术等收入为辅的多种分配方式并存的转变。

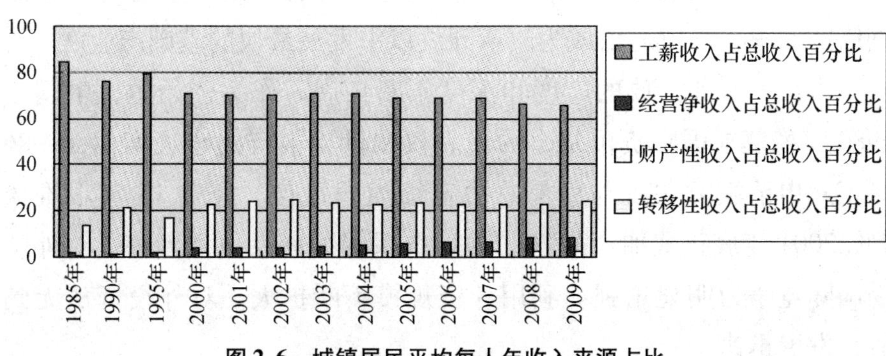

图2.6　城镇居民平均每人年收入来源占比

资料来源：根据相关年份《中国统计年鉴》整理。

其三，基础设施和基础产业加强，人民生活质量提高。

首先，中国商品和服务的供给能力明显提高。农产品供给能力稳定提高，制造业大国地位初步确立，工农业生产的迅速发展提升了我国主要产品在世界的位次。

其次，加大能源、交通、通信等基础设施和基础产业的投入取得明显效果。2009 年，我国能源生产总量达到 274618 万吨标准煤，1979—2009 年均增长 4. 7%，已经成为世界上除美国之外的第二大能源生产国，能源总自给率达到 90%。

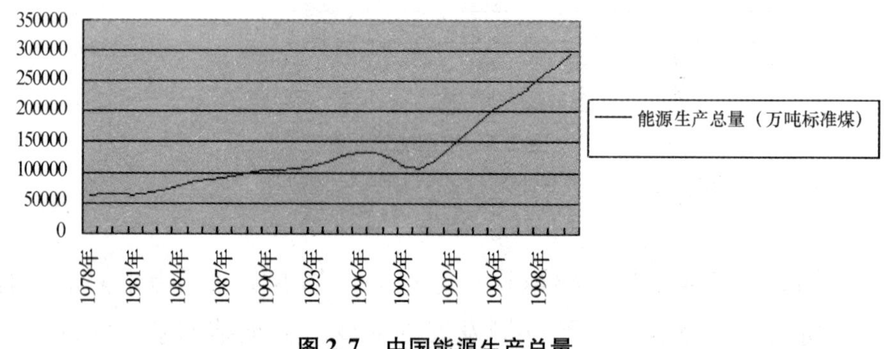

图 2. 7　中国能源生产总量

资料来源：根据中宏统计数据库有关数据整理。

工业化、城镇化、市场化、信息化的发展不断催生对通信基础网络的需求，邮电通信成为改革开放以来发展最快的基础产业之一。

再次，对外开放的广度和深度不断拓展。作为创始国，中国于 1980 年恢复在国际货币基金的代表权和世界银行的合法席位，1986 年正式申请恢复关税与贸易总协定缔约国地位，经过 15 年艰难谈判，2001 年底正式加入 WTO，中国与世界的联系更加紧密。对外贸易国际竞争力明显增强。利用外资规模不断扩大。对外投资从无到有，发展迅速。

第四，人民生活水平迅速提高，实现了从温饱不足到总体小康的跨越。如今，经济的快速发展，居民生活明显改善，居民财富呈现快速增长趋势。覆盖城乡的社会保障制度逐步建立和完善。

其四，社会事业大发展，呈现出社会经济全面协调发展新局面。

随着我国经济实力的不断增强，社会事业发展开始得到重视。在科学发展观的指导下，社会事业呈现加快发展态势，社会与经济协调发展明显增强。教育事业成效卓著。2009 年，普通高等学校在校学生 2145 万人，比 1978 年增加 2058 万人。1978—2009 年普通高等学校累计毕业生 4004.5 万人。教育普及程度明显提高，已接近中等收入国家平均水平。科技事业不断取得重大成果。国家不断加大科技投入，科技体制改革力度逐步加大。2009 年，全国研究与开发 R&D 经费支出 5802.1 亿元，排在美国、日本和德国之后，位居第四，当年研究与开发（R&D）经费支出在国内生产总值中占比为 1.70%。2011 年 R&D 经费达到 6980 亿元，比 2010 年再增长 20.3%，R&D 经费支出占国内生产总值（GDP）的比重增至 1.75%。居民预期寿命由 1981 年的 67.8 岁提高到 2011 年的 73.5 岁。文化事业得到长足发展。体育事业获得了前所未有的发展和进步。竞技体育取得历史性突破和连续跨越。2008 年，中国代表团在北京奥运会上取得了 51 枚金牌、100 枚奖牌的优异成绩，名列奥运会金牌榜首。全民健身运动蓬勃发展，越来越多的人投入到健身强体的体育运动和锻炼当中，体质得到加强。

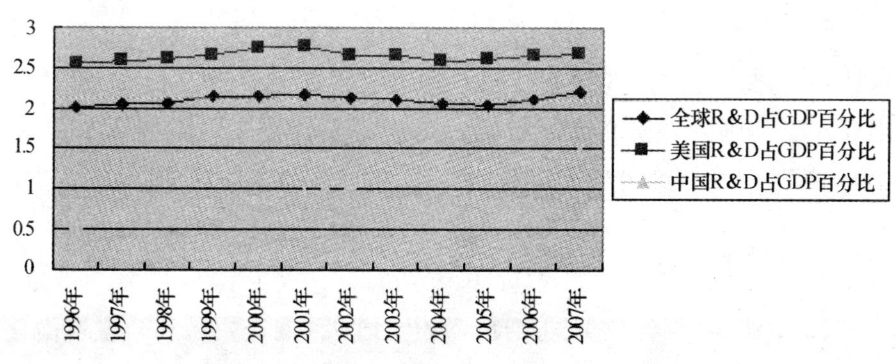

图 2.8　全球、美国和中国 R&D 占 GDP 百分比

资料来源：根据中宏统计数据库有关数据整理。

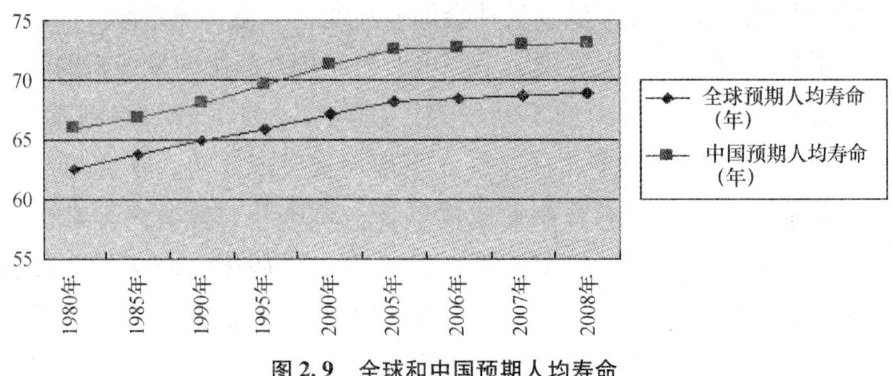

图 2.9　全球和中国预期人均寿命

资料来源：根据中宏统计数据库有关数据整理。

二、中国模式的内涵及地缘经济政治影响

中国的改革开放之所以取得上述伟大成就，与中国的发展模式是分不开的。2004 年 5 月 11 日，高盛研究专家库伯·雷默（Joshua Cooper Ramo）在英国著名思想库伦敦外交政策中心发表题为“北京共识”（Beijing Consensus）的文章，第一次提出“中国模式”概念。他认为，中国的模式是一种适合中国国情和社会需要、寻求公正与高质增长的发展途径。他将“北京共识”的内涵定义为：艰苦努力、主动创新和大胆实验；坚决捍卫国家主权和利益；循序渐进，积聚能量。创新和实验是其灵魂；既务实，又理想，解决问题灵活应对，因事而异，不强求划一是其准则。它不仅关注经济发展，也同样注重社会变化，通过发展经济与完善管理改善社会。[①] 随后，关于“中国模式”的国内外研究众说纷纭，莫衷一是。雷默“北京共识”的“中国模式”是相对于“华盛顿共识”的“拉美模式”提出的。“华盛顿共识”（Washington Consensus），是指 20 世纪 80 年代以来位于华盛顿的三大机构——国际货币基金组织、世界银行和美国政府，根据 20 世纪 80 年代拉美国家减少政府干预，促进贸易和金融自由化

① ［美］乔舒亚·库拍·雷默：《北京共识》。见：黄平，崔之元：《全球化与中国——“华盛顿共识”，还是“北京共识”》，北京：社会科学文献出版社，2005 年版。

的经验提出来并形成的一系列政策主张。"华盛顿共识"以新自由主义学说为理论依据，在20世纪90年代广为传播。该共识的内涵主要包括10个方面：1. 加强财政纪律，压缩财政赤字，降低通货膨胀率，稳定宏观经济形势；2. 把政府开支的重点转向经济效益高的领域和有利于改善收入分配的领域（如文教卫生和基础设施）；3. 开展税制改革，降低边际税率，扩大税基；4. 实施利率市场化；5. 采用一种具有竞争力的汇率制度；6. 实施贸易自由化，开放市场；7. 放松对外资的限制；8. 对国有企业实施私有化；9. 放松政府的管制；10. 保护私人财产权。[①] 在"华盛顿共识"影响下苏东国家用所谓"休克疗法"进行经济体制的转型，遭受了空前的痛苦与失败。"华盛顿"共识遂被世人诟病、质疑。

中共十八大报告在谈到中国特色社会主义道路问题时提出了七个坚持，即：必须坚持人民主体地位；必须坚持解放和发展社会生产力；必须坚持推进改革开放；必须坚持维护社会公平正义；必须坚持走共同富裕道路；必须坚持促进社会和谐必须坚持和平发展；必须坚持党的领导。[②] 这七个坚持是"中国模式"的前提条件。实际上，中共十七大报告总结的我国摆脱贫困、加快实现现代化、巩固和发展社会主义的十条宝贵经验，[③] 已经对"中国模式"做了最好阐释。当然，"中国模式"的成功挑战了西方世界的价值观，必然遭到西方国家批评和质疑。但正如十八大报告所说，我们就要"坚定这样的道路自信、理论自信、制度自信"，在新的历史条件下继续夺取中国特色社会主义的新胜利。中共十七大报告十条经验所阐释的

---

① 钮文新："法国为何拒绝'华盛顿共识'"，《中国经济周刊》，2012年第19期。

② 胡锦涛：《坚定不移沿着中国特色社会主义道路前进 为全面建成小康社会而奋斗——在中国共产党第十八次全国代表大会上的报告》，北京：人民出版社，2012年版。

③ 胡锦涛：《高举中国特色社会主义伟大旗帜 为夺取全面建设小康社会新胜利而奋斗——在中国共产党第十七次全国代表大会上的报告》，北京：人民出版社，2007年版。

“中国模式”具有世界意义：对于一般发展中国家而言，它提供了一种不同于体现“华盛顿共识”、“拉美模式”的另一种道路选择；而对于硕果仅存的几个社会主义国家而言，它提供了一种告别苏联模式、与苏东国家激进式转型模式分野的、几乎是唯一的、在当代继续发展社会主义的道路模式。

（一）“中国模式”对一般发展中国家的借鉴意义

中共十七大报告总结的中国发展道路的十条宝贵经验中，下述四个方面对一般发展中国家具有借鉴意义：

其一，把发展社会生产力同提高全民族文明素质结合起来。

当今世界，激烈的综合国力竞争越来越表现为教育科学发展水平和民族综合素质的竞争。中国改革开放 30 年的经验，就是坚持物质文明和精神文明两手抓，党的十八大又提出经济建设、政治建设、文化建设、社会建设和生态建设“五位一体”，实行依法治国和以德治国相结合。每个发展中国家都必须立足本国现实，继承本民族文化优秀传统，吸取外国文化有益成果，建设凝聚本国、本民族的精神文明，不断提高本国人民的思想道德素质和科学文化素质，为现代化建设提供强大的精神动力和智力支持。

其二，把提高效率同促进社会公平结合起来。

在“经济人”假设前提下，效率和公平是有某种程度的冲突的。中国实行社会主义市场经济体制，各种市场主体有其独立的经济利益，效率与公平问题在中国依然存在。市场经济是法制经济，首先得保证各主体在市场上竞争的公正。市场公正竞争的结果会导致社会收入分配的不均衡，这需要国家政府利用法制、行政、经济等手段的干预，使收入分配结果尽量公平一些。对于效率和公平结合点度的把握，既要保证激励竞争，又要维护社会稳定。对于一般发展中国家而言亦是如此，怎么把握效率和公平的问题可以说是一个国家经济社会发展成败的关键。

其三，把坚持独立自主同参与经济全球化结合起来。

当今区域经济一体化和经济全球化都迅猛发展。这两个方向上的发展看似矛盾，实际上它们都统一于各个国家为自身发展的基础上。在人类资源稀缺性约束条件下，各国为自身经济利益的争斗将不会停止。独立自主体现的是一国的自身利益，对于发展国家而言需要自主思考和自主掌控。同时，一国参与全球化是为了与世界各国互相激励、共同发展。作为一般发展国家而言，参与经济全球化的程度越深，政治上就越安全，因为经济基础决定着政治上层建筑。当然，对于中国这样一个大的发展国家而言，随着经济的发展，保护本国安全的军事力量也应该相应发展，因为军事是政治的延伸，政治解决不了的问题可能诉诸于武力。而对于一般较小的发展中国家，可以考虑政治立场的中立，这样的选择恐怕更具有相对的安全性。

其四，把促进改革发展同保持社会稳定结合起来。

中国渐进式改革始终把改革、发展与稳定的统一当作经济工作的指导方针，以实现改革、发展与稳定之间的良性循环。一国国内的民族纷争、政治对立，甚至军事冲突等等不稳定状况，不可能使一国发展起来。发展中国家首先在保证国内社会稳定的基础上，才能谋改革、求发展。就中国来说，比如，在宏观经济政策的选择上，中国实行的是总量政策、结构政策和体制政策的结合，促进经济增长、调整经济结构和体制政策的结合，促进经济增长、调整经济结构、防止经济滑坡是宏观政策关注的焦点。中国实行改革、发展和稳定相统一的宏观经济政策，可以通过经济快速发展来大幅增加国民收入，创造较多的就业机会，提高各经济主体对改革的承受力。这既有利于发展，也有利于改革和稳定。而改革的逐步推进又可以增强经济的活力和动力，反过来推动经济快速增长。这对于一般发展中国家而言，具有一般的借鉴意义。

（二）“中国模式”对社会主义国家的借鉴意义

对于其他社会主义国家，“中国模式”具有特殊的意义。首先，中共十七大报告提出“三个结合”，即必须把坚持马克思主义基本原理同推进马克思主义中国化结合起来，把坚持四项基本原则同坚持改革开放结合起来，把推进中国特色社会主义伟大事业同推进党的建设新的伟大工程结合起来，指明了保持中国社会主义宪法制度下发展社会生产力的前提条件，对于其他社会主义国家的借鉴意义在于马克思主义的意识形态是社会主义国家的立国之本、社会主义政党的立党之本，不能丢弃。在此前提下，各国应探求符合本国实际的、有利于社会生产力发展的、具有本国特色的社会主义发展道路。

除此以外，中共十七大报告所阐述的以下三个结合是中国改革开放的基本经验，无疑对其他社会主义国家也具有借鉴意义。

其一，把尊重人民首创精神同加强和改善党的领导结合起来。

这个结合实际上是经济学上所讲的改革开放的制度变迁过程中强制性制度变迁和诱致性制度变迁的结合。中国改革的特征和成功之处，并不在于单纯强制性，而在于强制性和诱致性的结合。在中央政府自上而下强制推进改革的同时，充分发挥了自发性改革和基层单位的主动改革精神。中国的改革首先是在中国共产党的领导下为完善社会主义制度而进行自上而下的制度变迁，党和政府通过政策法令主导着改革的方向和路径。同时，个人、企业和其他基层单位为了实现自身利益而在制度创新中发挥空前的主动性和积极性。

其二，把坚持社会主义基本制度同发展市场经济结合起来。

这个结合实际上讲的是公有制和市场经济的兼容性问题。现阶段，中国国有经济内部各企业之间存在着财产关系和经营权益上的明显差别，它们之间需要通过市场发生联系，受市场机制的调节。30 余年的实改革开放践也证明，国有企业在某种程度上可以成为比较独立的经营主体，具有较明确的经济利益，预算约束刚性也有了很大程度的提高，企业激励和约束机制从而有了明显改善。但是，经济改革的实践也证明，公有制与市场经济的兼容是一个复杂的、长期的任务，从总体上看，国有企业面临着所有者虚位、内部人控制等问题，需要探索很好规制的方法。

其三，把推动经济基础变革同推动上层建筑改革结合起来。

关于经济改革和政治改革的关系问题，中国的改革被称之为渐进式改革，它是以社会主义制度为基础，在共产党领导下进行的，在经济改革的过程中保持政治秩序的相对稳定和政治体制的相对集中，并在社会主义政治制度的框架内逐步改革现行的政治体制，完善社会主义民主和法制，以适应生产力的发展。

（三）“中国模式”的地缘政治经济意义

虽然国内外关于“中国模式”的声音不绝于耳，但实际上“中国模式”是尚未完成的进行时。十七大报告中十个结合的总结，也只是对中国过去30几年发展经验的概括。“中国模式”是在中国历史文化的基础上、特别是在新中国几十年发展经验与教训的基础上、在苏东国家社会主义道路模式探索的基础上，同时在借鉴西方近代以来文明发展优秀成果的基础上，借鉴一些成功发展的后进国家发展经验的基础上，不断探索的结果。因此，“中国模式”对中国地缘政治经济关系不能不产生错综复杂的影响。下面从意识形态和经济基础两个层面来分别谈谈“中国模式”的地缘政治经济意义。

1. 意识形态

在中国周边国家中，与中国政治意识形态相同的社会主义国家就有三个。除了与越南在南海礁岛有争端外，与其他几个社会主义国家，包括与中国不相邻的社会主义国家古巴，中国都与它们保持着传统的经济政治关系。而世界绝大多数国家都是资本主义政治意识形态。但中国社会主义初级阶段的主要任务是发展社会生产力，实际上在国际政治经济交往中不得不淡化政治意识形态的不利影响。经济全球化的背景下，由于中国经济的规模及中国与世界经济的紧密联系，其他资本主义国家在与中国的政治经济交往中也在淡化政治意识形态的不利影响。不容置疑的是，具有同样政治意识形态，在政治经济交往中就会减少一些重要障碍；反之，意识形态的不同，可能成为某些国家利用其实现别有用心的目的的手段。特别是对于“中国模式”某种程度的成功，以美国为代表的西方国家常视其为异己，从政治上攻击中国的国家制度，经常表现出遏制中国进一步发展的心态与现实表现。当然，中国与广大非社会主义的发展中国家一般保持着友好的政治关系，特别是对于比较落后的后进国家，“中国模式”为其提供了一种可供选择的新的发展模式，使其对中国怀有亲近感。而处于转型期的前社会主义国家，因为与中国有着某些共同的记忆，对于“中国模式”的成功理解较深，也从“中国模式”的成功中汲取经验，在政治上一般对“中国模式”有同情感，甚至一定程度的支持。

从文化意识形态来看，中国文化在历史上对东亚、东南亚国家有着深远的影响，或者说中国与东亚、东南亚诸多近邻国家有着相似的文化发展背景。这对于中国与这些国家的交往中相对易于相互理解、沟通，进而发展成较为紧密的国家关系，使其易于认同“中国模式”。同时，近代以来西方列强对中国周边地区的殖民统治，使其受西方殖民文化影响较深，在某种程度上该地区国家文化发展上产生了分化。特别是东亚的日本，明治维新后实行“脱亚入欧”，较早地脱离中国文化的辐射，发展为一种即区别于东方又区别于西方的亚文化状态，使其在经济上较早开始现代化的发动、发展，与该地区其他国家不断产生摩擦、矛盾，甚至战争，成为东亚的另类文化形态。中国与南亚诸国历史上也有相互的文化影响，特别是印度佛教传入中国，与中国儒道文化相结合，成为长期影响中国人文精神的儒道释传统。然而印度半岛受西方列强殖民统治，文化发展停滞扭曲，现在的印度敏感、自卑，对西方与东方都有着复杂的心态，即借鉴“拉美模式”，也对“中国模式”怀有兴趣。欧美诸国与中国文化传统迥异。近代以来他们资本主义市场经济发展的成功，使其怀有文化上的优越感，常以自身文化价值观强加于人，对“中国模式”不可理解，常有攻击之词。

2. 经济基础层面

“中国模式”实际上是社会主义制度加市场经济体制，也可以说是国家管理下的市场经济，这与第二次世界大战后凯恩斯理论影响下的欧美市场经济有着异曲同工之妙。只不过欧美市场经济是从自由竞争的资本主义走向了国家垄断的资本主义，而中国的市场经济是从社会主义计划经济体制转型为国家管理下的社会主义市场经济体制。20 世纪 70 年代西方新自由主义的兴起，对政府在市场中的干预功能进行了新的限制，但基于对没有限制的资本主义的惨痛记忆，凯恩斯主义的影响不可能消除。因此，“中国模式”的市场经济融入世界经济体系，便是自然的事情。“中国模式”的市场经济基于改革开放的基本点，亚洲“四小龙”出口替代的发展模式给中国提供了宝贵的经验，使“中国模式”一开始便具有与东南亚发展模式接轨的特征。随着中国改革开放的逐步展开，中国经济与东南亚经济日益融合，不可分割。南亚国家特别是与中国同是新兴发展中大国的印度，与中国有着相同的历史经历和发展经济的共同目标，因此“中国模式”亦为南亚国家提供借鉴。至于转型期的前社会主义国家，由于其激进式的经济转轨带来的经济倒退，加上其中一些发展中国家对西方模式整体水土不服，转而借鉴“中国模式”的某些做法，比如俄罗斯重新加强国家对经济的干预力度，便是借鉴中国国家管理下的市场经济的经验。“中国模式”实际上为现存的其他社会主义国家提供了几乎是仅有的一种新的发展模式。其中，越南经济在其他几个社会主义国家中发展最快、最好，从某种意义上说，是越南较早地学习了“中国模式”的原因。

地缘政治经济意义上，“中国模式”经济基础层面的意义，不仅在于为一些国家提供了发展成功的经验，更在于使中国融入了世界经济的发展中，积极参与经济全球化和区域经济合作，使得世界的发展离不开中国，中国的发展也离不开世界，这是为中国经济政治的安全提供了相当的保证，为中国的发展提供了良好的国际背景。

第二节　中国经济社会发展的机遇与挑战

一、中国经济社会发展仍处于重大战略机遇期

当今中国经济发展是否仍然处于战略机遇期，学术界存在着多种见解，特别是海外学者对此看法相差更大。大多数学者认为中国经济发展潜力巨大，特别是中国处于工业化的中后期发展阶段，城镇化的发展将极大推动中国经济保持快速发展，对内需拉动更大。也有部分学者特别是西方学者认为中国经济面临难以克服的结构性问题，甚至有学者认为中国经济面临崩溃的威胁。所以，必须从中国经济的客观发展趋势与世界经济的互动角度对中国经济社会发展的机遇期问题做一较为深入的探究。

（一）从国际环境来看

“国际金融危机并没有改变经济全球化的基础或根本趋势。信息通讯和交通运输技术的迅猛发展仍是经济全球化的强劲动力。除了技术进步，产业转移和贸易自由化等重要因素也在推动经济全球化发展，全球产业转移将再趋活跃。据联合国贸发会议分析，在国际金融危机中，企业投资和经营的国际化进程仍在持续。大型跨国企业海外产值降幅大大低于总体经济降幅。”① 同时，“当前，世界经济形势复杂多变，一些主要经济体增速下滑，一些国家主权债务问题突出，国际金融市场动荡不已，新兴市场国家通胀压力加大，各种形式的保护主义明显增多，世界经济复苏的不稳定性、不确定性上升。同时，国际和地区热点此起彼伏，粮食安全、能源安全、气候变化、重大自然灾害等全球性挑战日益突出，世界经济发展面临严

---

① 卢中原：“‘十二五’时期我国经济社会发展的国际环境”，《人民日报》，2011年1月12日。

峻挑战”。[1] 经济全球化不是轻易就可以发生逆转的，随着世界经济和金融状况改善，全球投资迟早会复苏。在全球投资复苏的过程中，跨国并购会持续上升。“后国际金融危机时期，全球供应链分工体系将继续发展，新技术、新市场将成为新的海外投资热点。同时，贸易、投资自由化和区域经济一体化潮流不可阻挡。世界各国经济开放度和相互依存度不断提高，越来越多的经济体希望以合作、务实的态度，积极推进双边、多边或区域内的贸易和投资自由化。”[2] 从当前看，世界经济虽然还未摆脱经济金融危机的影响，但从中长期看，联系日益紧密的世界经济将给未来中国社会经济的发展继续带来战略机遇。

另一方面，即便在国际金融危机背景下，中国也可以利用发达经济体的危机，推动企业更好地“走出去”。其实，金融危机给中国企业“走出去”收购国外优质企业和知名品牌带来难得的历史性机遇，也为中国企业“走出去”开展能源资源领域的合作开发提供了难得的历史性机遇，还为包括中国银行在内的金融机构“走出去”开展跨国经营带来新的机遇。腾中收购“悍马”、北汽收购“萨博”和吉利收购“沃尔沃”等汽车行业著名收购案，都表明中国汽车企业充分利用金融危机带来的机遇，试图通过跨国并购方式整合资源、技术和品牌，以提升自身的国际竞争力。同时，中国企业抓住时机，有组织、有计划地扩大海外能源资源互利合作开发，在石油勘探开发、天然气管道建设、铁矿石和铝土矿开发等领域通过股权收购、共同开发、合作建设等方式建设了一大批重要项目，有效地增强了中国能源资源供应安全，为建立长期稳定可靠的海外能源资源供应基地和供应渠道奠定了坚实基础。另外，金融危机重创发达国家金融体系，大批金融机构资产损失巨大、经营陷入困境，业务量明显

---

① 胡锦涛：“转变发展方式 实现经济增长——在亚太经合组织第十九次领导人非正式会议上的讲话”，《中国青年报》，2011年11月15日。

② 卢中原：“‘十二五’时期我国经济社会发展的国际环境”，《人民日报》，2011年1月12日。

萎缩，为我国的金融机构“走出去”开展跨国经营带来新的机遇。[1]

国际金融危机后，世界经济开始新一轮调整。我们必须未雨绸缪，开拓新领域，大力推动发展新能源、节能环保和低碳技术等新兴绿色产业，抢占未来技术创新和产业发展的制高点。同时进一步挖掘国际贸易投资的新地区，加大与迅速发展的非洲和拉美地区经济合作。经济合作总是祸福相依，客观要求中国从似乎不利的国际环境中寻找机遇，同时，应该高瞻远瞩，为未来新领域、新地区的发展、抢滩打好基础。

（二）从国内条件来看

从国内条件来看，我国依然处于非常重要的战略机遇期。

其一，改革开放30年积累的财富、经验以及建立起的市场经济体制。

改革开放30余年，我国经济社会发展取得了举世瞩目的成就（图2.1、图2.2），同时也积累了丰富的发展经验，这些都是我国进一步发展的重要基础。改革开放30余年，中国改革开放摸着石头过河，进行社会主义市场经济取向的改革，基本建立起中国特色的社会主义市场经济体制。与此相适应，经济调节机制也由改革开放前计划调节机制，逐渐转变为以市场为基础的调节机制。这为我国未来经济社会长期健康、稳定发展奠定了坚实的基础。

其二，发展的空间还比较大。

中国还是一个发展中国家。2012年我国人均GDP为6100美元，全球排名84。尽管中国经济总规模超过了日本，排名世界第二，但是最穷的老二，发展中国家的基本特征，诸如城乡二元经济结构、地理上的二元经济结构都还明显。劳动力价格的优势也还存在。在工业化、城镇化的快速推进过程中，引致国内投资需求和消费需求

---

① 毕吉耀：“国际金融危机给我国扩大对外投资带来新机遇”，《中国金融》，2010年第3期。

持续增长。2011 年我国工业化率近 40%，城镇人口比重为 51. 27%，远低于高收入国家 70% 以上的水平，与世界城市化率平均水平基本持平（见图表 2. 5，2. 10）。工业化和城镇化发展空间依然巨大。如果再接再厉、不出大的差错，经济的快速增长还可以持续一段时间。

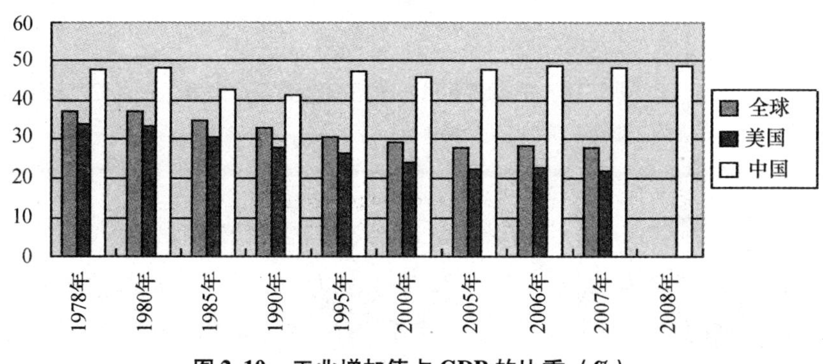

图 2. 10　工业增加值占 GDP 的比重（%）

资料来源：根据中宏统计数据库有关数据整理。

其三，经济结构快速升级。

中国人均国内生产总值 2012 年已达到 6100 美元，步入世界上中等收入国家的行列。居民消费结构开始从生存型消费向享受型消费转变。2011 年城镇居民家庭每百户家用汽车拥有量达到 18. 58 辆（10 年前为 1999 年为 0. 34 辆）。三次产业结构中，第一、第二产业比重逐渐下降，第三产业比重逐步上升，服务业比重不断提高（图 2. 4）。三次产业 GDP 比值 1979 年、1989 年、1999 年、2009 年和 2011 年分别是 31. 3∶47. 1∶21. 6、25. 1∶42. 8∶32. 1、16. 5∶45. 8∶37. 8、10. 4∶46. 3∶43. 4、10∶46. 6∶43. 4。制造业内部高附加值和高技术产业比重不断上升。经济结构的快速升级，促使新兴产业快速发展，这将会形成新的消费热点和经济增长点，不断推动经济持续发展。

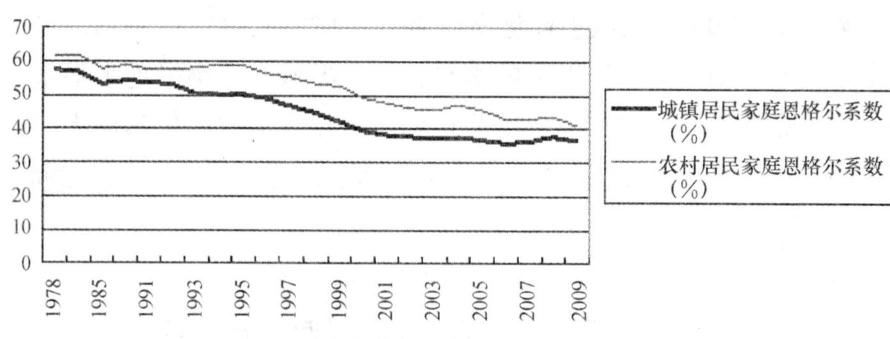

图 2.11　中国城乡恩格尔系数趋势资料来源

资料来源：根据中宏统计数据库有关数据整理。

其四，基础设施、生态建设、社会事业发展助推经济增长。

中国基础设施建设具有巨大发展潜力（表 2.12）。2009 年，我国每万人铁路、公路线路长度分别为 0.6 公里和 28.9 公里，而 2007 年美国每万人铁路、公路线路长度分别超过 5 公里和 200 公里。基础设施的建设不仅是许多项目的新建，而且也是许多老旧设施的改造；不仅只是数量的增长，也是质量和层级的提高。在节能环保和低碳经济领域，中国发展迅速。生态环境保护已成为社会共识，越来越受到国家和全社会的重视（表 2.13）。此外，2011 年，我国公共教育支出超过 GDP 的比重已达到 4%，就业和社会保障体系在不断探索和完善中，文化体育事业蓬勃发展，潜力巨大。总之，基础设施、生态建设、社会事业具有助推经济增长的巨大潜力。

表 2.1　基础设施情况（2009 年）

	每百人手机用户	每百人宽带包月用户	信息通信技术支出占 GDP 百分比	R&D 占 GDP 百分比（07）	公路密度（05）	公路线（公里/万人）	铁路线（公里/万人）
全球	60.85	6.21	6.01	2.21			
美国	88.96	24.05	7.36	2.67	68	200（07）	5（07）
中国	48.41	6.29	5.97	2.49	34.85	28.9（09）	0.6（09）

资料来源：没有标明的项目数据是 2008 年数据（根据中宏统计数据库有关数据整理）。

表 2.2　生态环境情况

	能源消耗占比	矿产消耗占比	生物多样性指数	能源人均使用量（07）	人均可循环使用的淡水资源（立方米）	森林面积比例（07）	人均耕地面积（07）（公顷）
全球	3.88	0.48		1819.35	6442.42	30.32	0.21
美国	1.93	0.11	94.22	7766.41	9208.71	33.12	0.57
中国	6.74	1.7	66.61	1484.02	2123.57	22.02	0.11

注：没有标明的项目数据是 2008 年数据（根据中宏统计数据库整理）。

二、中国经济社会发展的国际挑战与自身困境

（一）国际挑战

中国的和平崛起为一些国家不理解，甚至将遭受到某些西方国家和周边国家的遏制，在崛起过程中自身也会逐渐凸显一系列矛盾。在安全领域，中国与周边国家的领土争端会不断出现。某些周边国家试图拉拢大国制衡中国，以谋取自身利益。与中国在南海有岛礁领土争端的菲律宾、越南等国，会利用美国“重返亚太”的机会与中国叫板。菲律宾在南海与中国的叫板既有国家安全利益的原因，也有南海蕴藏丰富的石油、天然气能源资源等经济利益背景。越南在南海与中国的叫板主要是经济利益的原因。日本因为在钓鱼岛问题上与中国争端，利用美国“重返亚太”遏制中国的时机，想拉美国下水，谋取自身利益。美国等国家出于遏制中国崛起的目的，会利用中国与周边国家的领土争端矛盾，给中国的发展制造障碍。奥巴马上台后高调“重返东亚”，其主要目的是遏制中国的发展。因为自美国陷入伊拉克战争，特别是 2008 年美国次贷危机引发世界金融危机后，中国在世界上的崛起态势强劲。而美国出于全球战略考虑，决不允许另一个超级大国的存在，与它在全球范围内展开竞争，并分享利益。中国周边存在着诸多不利因素，无疑为中国的经济发展

带来不利影响。另外，国际上的反华势力也会利用中国国内持不同政见者，煽动暴力、制造障碍。

除了安全领域的困境外，中国在经济领域也面临诸多挑战。地球资源是稀缺的，围绕着稀缺资源各国会展开竞争。这种竞争可以是市场的，也有政治的，甚至上升为军事的冲突。从近年世界经济的发展趋势来看，还未走出经济危机的阴影，形式不容乐观，这对中国经济社会的发展带来挑战。总体来看，近年世界经济发展趋势表现为这样几个特点：第一，全球经济增长明显放缓、发达国家复苏乏力；第二，发达经济体主权债务危机尚未解决，经济下行的风险依然存在；第三，发达经济体宏观经济政策调控空间有限，这对于其控制经济下行风险、巩固复苏成果带来困难；第四，发达国家失业率居高不下，宏观经济政策调控的目标主要是促进就业；第五，经济问题和社会问题的联动关系进一步加强，各国经济复苏和政策运用的复杂性加大。[①] 世界总体经济形势、特别是发达经济体不容乐观的经济形势，给中国带来的主要经济影响是出口导向性的发展模式开始面临越来越大的挑战。这就需要中国逐渐扩大内需、建立消费性经济，而这又需要调整国内产业结构，甚至可能会出现两三年时间的经济滑坡为代价。但我们还必须看到，在旧的世界格局中，处于危机困境中的那些既得利益国家，不会眼看着世界经济版图的重组，它们会想尽一切办法阻挠中国的崛起。中国必须做好准备应对这些不同寻常的国际挑战。

（二）自身困境

第一，农业基础薄弱。

随着工业化和城镇化的加速发展，我国人地矛盾日益突出（表2.1），在人均面积不到世界平均水平40%的耕地上，养活着世界1/5

---

① 张宇燕、徐秀军：“2011—2012 年世界经济形势分析与展望”，《当代世界》，2011 年 12 期。

的人口；我国农业受灾情况严重，农业损失巨大，而农田基础设施差，其建设落后于经济发展水平，同时现有的农田水利设施，因长年缺乏维护与人为损坏已显得不堪重负，全国434个大型灌区骨干工程完好率不足50%；我国农业科技力量也不足，实用人才和后备人才都短缺，且农业成果转化率低，导致农业科技发展滞后；另外，我国农业资金投入不足且投资效益低下，缺乏对农业资产的有效管理，中低产田比重大。未来随着我国社会生产的发展，居民生活水平的提高，工业和饲料对粮食的需求日益增加，粮食供需缺口将不断加大。而出于粮食安全的考虑，我国也不能完全依靠国际市场的调剂，在此战略领域受制于人。因此，可以说我国农业基础薄弱，粮食安全存在隐忧。

第二，经济结构不平衡。

改革开放以来，我国经济不平衡发展战略的实施，使经济结构性矛盾长期累积。

一是内需与外需、投资与消费的不平衡。外向型经济发展战略，使我国经济对外依存度不断上升，经济增长对国际市场依赖程度不断提高。

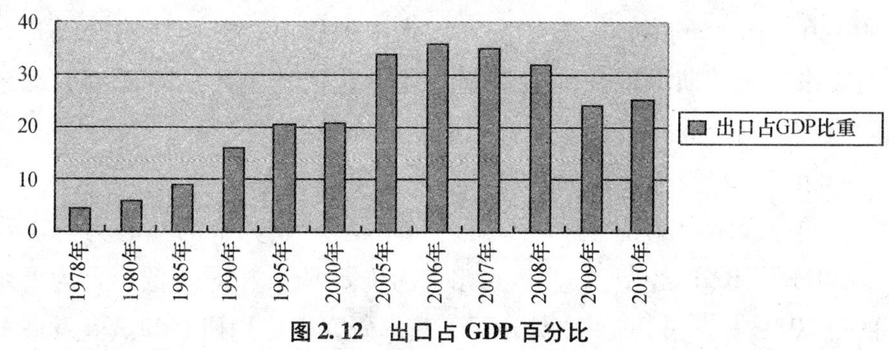

图2.12　出口占GDP百分比

资料来源：根据中宏统计数据库有关数据整理。

同时，经济发展的政府主导型，加上长期对GDP增长率的追逐，使经济增长对投资依赖过大。2006—2009年，投资对经济增长的贡献率在40%以上。

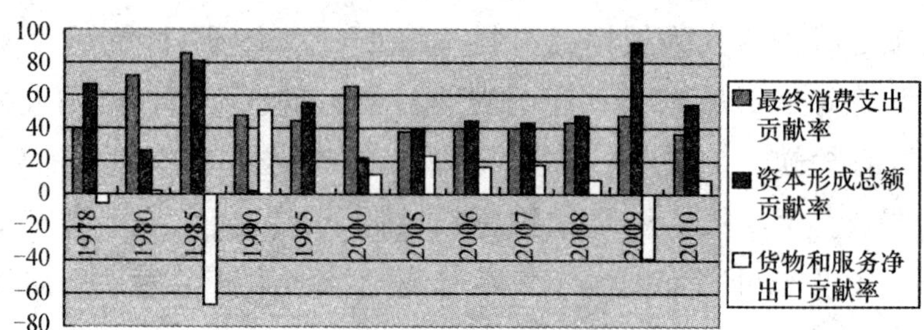

图2.13 三驾马车对GDP的贡献率

资料来源：根据中宏统计数据库有关数据整理。

二是城乡、区域经济发展不平衡。作为发展中国家固有的二元经济结构的存在，加上我国长期实施的城乡隔离的户籍制度，使我国城乡发展不平衡；改革开放以来，我国实施的区域经济不平衡发展战略，强化了原本就不平衡的区域经济。2011年，我国城镇与农村居民收入之比为3.13∶1，东部地区与中西部地区人均国内生产总值之比为1.86∶1。

三是产业结构不合理。2011年，我国服务业占国内生产总值的比重为43.35%，而中等收入国家、高收入国家服务业比重分别超过50%和70%。同时，随着经济发展水平的提高，产业结构升级是客观要求，而长期以来我国大量制造业企业依然主要从事低端劳动密集型加工制造业，制造业没有完成相应的升级。

第三，科技创新能力不足，产业竞争力较弱。

科学技术是第一生产力，是一个国家产业竞争的核心力量。我国2011年R&D经费占GDP的比重为1.84%，相对较低。更为重要的是2011年我国R&D经费分配于基础研究、应用研究和试验发展上的比分别为4.7%、11.8%、83.5%，而美国2009年分别是19.0%、17.8%、63.2%。该数据显示我国用于基础研究和应用研究上的R&D经费偏低，这与我国发展为创新性国家的要求存在较大距离。另外，2011年国内发明专利申请受理量和授权量占全部专利申请受理和授权总量的比重仅为32.2%、17.9%；在规模以上工业企业中，有研究与开发活动的企业比重仅为11.5%；R&D经费内部支出与主营业务收入之比仅为0.71%。科技创新能力弱制约着我国产业竞争力的提高。2011年我国高技术产业总产值占全国规模以上工业企业总也总产值的比仅为10.5%，部分重要产业领域的关键技术和产品还依赖进口。高技术产品贸易顺差占工业制成品贸易顺差的比约为13%。我国依然是世界工厂，而不是科技创新大国，这使我国在日益激烈的国际经济科技竞争中处于不利位置。

表2.3　科技情况

	R&D占GDP比(07)(%)	每百万人中研究人员数(05)	高技术产品出口额占制成品出口额百分比(08)	居民专利申请数量(单位：件)(07)
世界	2.21		17.32	1012033
高收入国家	2.45	3756.4	17.80	826389
中等收入国家		604.4	16.54	189167
中国	1.49	852.5	28.66	153060

资料来源：根据《2011国际统计年鉴》整理。

第四，粗放式资源使用使生态环境压力加大。

中国长期以来由于经济增长率导向的激励方式，高投入、高产出粗放式经营生产使资源消耗过大，加大了生态环境的压力（表2.2）。2009年，我国国内生产总值占世界的8.5%，而消费的煤炭占世界的46.9%、钢占46.4%、石油占10.4%。与生产的高消耗相伴随的是高强度的污染物排放。2009年，我国调整后储蓄：二氧化碳损害、颗粒物排放损害、能源消耗占国民总收入比例分别为1.11%、0.79%、2.94%，而世界平均分别为0.41%、0.21%、2.05%。我国主要污染物排放高于世界平均水平。随着资源环境约束不断加大，以大量消耗资源、高排放高污染为特征的传统发展方式越来越难以持续。

第五，各种社会问题和社会矛盾凸显。

中国计划经济向市场经济转轨仍没有彻底完成，各种利益群体分化组合，重新洗牌，各种碰撞激烈，出现了诸多社会问题和各种社会矛盾。劳动力市场的运行表现为买方市场的特征，加上生产经济结构持续快速变迁的特征，使劳动力就业结构性矛盾突出。收入分配制度在体现效率原则和公平原则上的度的把握的困难，造成社会成员收入差距过大，城乡之间、地区之间、行业之间的收入差距不断拉大，使各种利益集团矛盾激化。社会保障体系不完善，存在覆盖范围比较窄、城乡发展不平衡、保障水平低等问题，导致人们对未来的恐惧和对现实的不满。此外，安全生产、环境污染、征地拆迁、住房、教育、医疗等领域也产生了各种矛盾和问题，化解的难度在加大。

第六，一些体制机制障碍制约着科学发展。

我国社会主义市场经济体制已初步建立，但仍然面临体制机制的障碍，如政府职能转变不到位，社会管理和公共服务与社会需求不相适应；收入分配制度改革滞后，国有企业和垄断行业改革有待进一步推进；城乡二元体制依然存在，户籍制度有待进一步完善；农村金融发展、中小企业融资仍面临体制机制障碍；财税结构体系不尽合理，民生和公共服务方面支出占比偏低，中央及地方财力和事权不匹配；反映市场供求关系、资源稀缺程度、环境损害成本的资源要素价格形成机制和环保收费机制尚未建立等等。这些机制障碍需要制度创新去克服，需要克服现实中各种既得利益集团的掣肘。制度的创新需要在各种社会利益集团的不断博弈中进行，在中国这样一个发展中的社会主义市场经济初级阶段的国家，这就需要一个强政府、好政府去不断协调、引导、迂回，最终达到既定目标。

第三节　中国经济社会发展的地缘环境走势

中国经济社会发展取得的伟大成就举世瞩目，国际地位不断提高。中国的利益已延伸到全球范围，对地缘经济政治影响不断加深。为此，必须在总结过去经验并充分利用现有信息的基础上，必须从地缘经济政治视角对未来我国经济社会发展的基本态势做一分析。

一、未来中国经济社会发展的经济政治走势

其一，欧洲—大西洋时代趋于式微。

欧洲—大西洋时代是从16世纪开始的，“大西洋时代的内容，是欧洲（以后还有北美）资本主义近代文明的发展、繁荣与演进”。[①]从16世纪到18世纪是世界性资本原始积累的重商主义阶段。在此阶段，欧洲的葡萄牙、西班牙、荷兰、英国先后称雄世界。它们依靠武力为后盾，在全世界进行不平等交换，对殖民地原料、产品、金银大肆掠夺，积累起了资本主义发展所需的巨额资本。十七八世纪是资本主义工场手工业时期，在此时期先后爆发了英国资产阶级革命、北美独立战争和法国大革命，从而推翻了各自国家的封建制度，建立起了近代资本主义制度。从18世纪后期开始，在欧美主要国家先后展开工业革命，到1870年前后，英、法、美、德等国基本实现了工业化，这为资本主义制度的确立和巩固奠定了经济基础，也为资本主义世界经济体系和殖民体系在全球的扩张提供了物质基础和技术手段。到19世纪末20世纪初，随着资本主义制度在欧美各国的确立，科学技术的迅猛发展引发了第二次工业革命。而第二次工业革命促进了资本和生产的集中，从而引起了垄断资本的发展，资本

① 何芳川：“太平洋时代和中国”，《北京大学学报（哲学社会科学版）》，1995年第3期，第4—15页。

主义过渡到了垄断资本主义阶段。在此时期，世界市场、资本输出和国际性垄断组织等不断发展，促使资本主义世界体系得以形成。而到了20世纪，特别是第二次世界大战后，资本主义世界体系进入了一个全球化时代。然而，在此过程中欧洲逐渐衰微，欧洲—大西洋时代趋于终结。

20世纪上半叶，欧洲经历了两次惨烈的世界大战，两次大战之间是资本主义全球性的衰退。而发生于其间1917年的俄国十月社会主义革命，使第二次世界大战后的世界进入了冷战时期，垄断资本主义的欧洲遂被置于新帝国主义美国的领导之下。由于两次世界大战的创伤，福利国家制度在20世纪下半叶成了西欧社会的时代精神和基本制度。此后，这一福利国家理念被推广到欧洲其他国家。而美英在20世纪70年代后，开始走上新自由主义道路，进行了削减福利制度的改革。正是尾大不掉的国家福利制度，使欧洲国家财政不堪重负，也使其经济发展的创新性走向式微。而冷战时期的社会主义国家，特别是中国，利用斯大林模式的计划经济制度，在国家整体的层面上迅速进行了资本的原始积累，为后冷战时期的发展奠定了经济基础。亚洲四小、八小等经济体，也利用出口导向性的经济政策，创造了经济的奇迹。美国在回归新自由主义的道路上，也使其经济发展表现充满活力。20世纪90年代初，苏联的解体是一个契机，世界经济朝着全球化方向发展对亚洲来说是一个机遇，而年迈的欧洲步履姗姗。当环太平洋国家在全方位开放时，欧洲却在打造自己的欧洲联盟以图自救。

欧盟是一个经济和政治共同体的27成员国，其中21个成员国使用共同的货币欧元。而“当欧盟国家宏观经济政策更为趋同之时，民族经济和政治结构与文化继续保持着不同的特点。也许，当全球化的压力上升之时，那种差异的效用可能会使欧盟各成员国之间的分歧更大。”① 当美国在发展维持高生活水准所需的新兴工业与服务

---

① ［美］戴维·卡莱欧：《欧洲的未来》，上海：上海人民出版社2003年版，第237页。

业时，中国积极参与国际分工凸显劳动力成本优势成为世界工厂时，欧盟的精力却被牵扯在整合其会员国的差异上。同时，欧盟与美国政治、军事上的同盟关系，将欧盟绑架在美国反恐战争、以违反人权为由对各种所谓“无赖国家”经济制裁的战车上，失去了许多政治、经济的自主性和经济利益的损失。同时，第二次世界大战后特别是苏联解体后美元的强势地位，使包括欧洲在内的某些国家为美国的经济失误买单。欧洲一方面想通过一体化与美国相抗衡，一方面却又不得不跟着美国的指挥棒走。当美国从伊拉克战争、阿富汗战争挣脱出来，为了拯救下滑的经济而面向朝气蓬勃的环太平洋国家寻求新的经济利益时，欧洲发现经济的全球化使其处于一个相当不利的地位。而且，由于欧洲自身的上述弱点，不可避免地承接了美国次贷危机引发的全球性经济危机的恶果。欧洲要重放光彩，必须要进行深刻的反思与改革。

美国与欧洲加速推进建立跨大西洋贸易与投资伙伴协定（TTIP），似乎给日渐衰微的欧洲带来了一线希望之光。然而，美国和欧盟同为发达经济体，它们之间经济的互补性不强。比如，美国服务商品出超 1433 亿美元，而物质商品入超 5493 亿美元；欧盟服务商品出超 1985 亿美元，物质商品入超 1451 亿美元。美国物质生产产业空心化现象比欧盟更为严重。即使 TTIP 谈判如期成功，其贸易转移效应亦远大于贸易创造效应。欧盟想借 TTIP 提振经济恐怕只是一厢情愿，搞不好弄巧成拙，拯救了美国而使自身加速地衰败。美国加速推进 TTIP 的意图很明显，目的是联合欧盟，在国际贸易和投资新规则的制定上增加筹码。美国的主要目光还是放在亚太，跨太平洋伙伴关系协议（TPP）的谈判是它的重点。美国同时在大西洋和太平洋搞这样两个谈判，其主要目的是试图强化保持全球经济的主导的地位，拆散东亚现有合作架构，重构亚太和全球贸易版图，同时扭转美国在国际竞争中的颓势，遏止中国等新兴经济体的崛起。如果欧盟随着美国的指挥棒起舞，很可能成为美国进军亚太谋求自身利益的牺牲品。

其二，亚洲—太平洋时代缓缓到来。

太平洋时代的提法并不是苏联解体后才有的提法，甚至也不是第二次世界大战后或20世纪才有的提法，早在19世纪中叶美国国务卿西华德就曾预言，“太平洋……将成为很久以后世界的主要舞台。”20世纪初美国政治家西奥多·罗斯福更是指出，“地中海时代随着美洲的发现而结束了。大西洋时代正处于开发的顶峰，势必很快就要耗尽它所控制的资源。唯有太平洋时代，这个注定成为三者之中最伟大的时代，仅仅初露曙光。”[①] 无疑，西奥多·罗斯福的观点是富有远见的，但其站在美国立场上的预见是以美国为中心的美国—太平洋时代。20世纪60年代，日本开始热衷于太平洋时代的构想，先后提出了“太平洋共同体”、“环太平洋经济圈”的构想，试图担负起将亚洲与太平洋各国联接起来的任务。然而，随着东盟的发展、韩国的进步、中国的崛起，而日本在政治、军事上庇荫于美国的状况，使其受制于美国而无法施展手脚，如今，日本想在亚洲当雁头的雄心已成为过去。实际上，包括美国、中国、日韩、澳大利亚、东盟诸国都对太平洋时代抱有认同和期待的态度，就连欧洲也开始对“太平洋时代”的问题越来越采取重视的态度。从现实的发展来看，“太平洋时代”确实正缓缓走来，特别是东亚的表现日益突出，“太平洋时代”将凸显为“亚洲—太平洋时代”。

20世纪80年代以来，环太平洋国家和地区之间贸易的增长，已明显超过它同外太平洋地区贸易的增长。按贸易百分比计算，1978年美国对太平洋地区的输出占其对外输出的40%，输入则占50%；日本则分别为55%和58%；澳大利亚为65%和55%；新西兰为53%和56%；菲律宾更高达82%和90%；泰国也有72%和63%，等等。[②] 2009年，美国对北美和亚洲的出口额和进口额占其世界出口总

① 何芳川：“太平洋时代和中国”，《北京大学学报（哲学社会科学版）》，1995年第3期。

② 何芳川：“太平洋时代和中国”，《北京大学学报（哲学社会科学版）》，1995年第3期。

额和进口总额的比分别是86.26%和64.02%；加拿大则分别为86.26%和77.40%；中国大陆为63.88%和67.12%；日本为75.66%和64.66%；韩国为69.89%和63.00%；马来西亚为80.60%和79.57%等等。不仅环太平洋国家和地区之间的贸易显著增长，而且亚洲地区，特别是东亚、东南亚地区的经济发展速度也超过了世界其他地区。按2000年不变价格计算，世纪之初的2001年，美国、欧元区和东亚的中日韩GDP占世界GDP的比分别是30.25%、19.59%、20.07%，而到了2010年其比分别是28.24%、16.92%、22.02%，美国下降了近2个百分点，中、日、韩上升了近2个百分点，欧元区下降了2.67个百分点。可见，不仅“太平洋时代”确实正缓缓走来，而且“太平洋时代”确将凸显为“亚洲—太平洋时代”。

“亚洲—太平洋时代”的缓缓到来也体现在这一地区活跃的区域经济一体化的发展上。亚太经济合作组织（简称APEC）是全球最大的区域经济合作组织，有成员国和地区21个。APEC是一个区域性的官方经济论坛，在此合作模式下，不存在超越成员体主权的组织机构，成员体自然也无需向有关机构进行主权让渡，加上其成员体社会政治经济体制多样性、文化传统多元性、利益关系复杂化的现实情况，因此其表现为开放性、自愿性、松散性的显著特点。虽然APEC还想进一步实现亚太自由贸易区（简称FTAAP），但由于各成员方意见不一致，多年来几乎没有什么进展。因此，美国目前热衷于推动TPP，试图通过TPP不断吸收APEC成员，将TPP自动转换成FTAAP。此外，与该区域经济一体化组织相并行的还有北美自由贸易区和亚洲地区的东南亚国家联盟，东盟“10+3”、“10+1”会议，它们都比APEC国家间的联系更紧密、发挥的作用更大。近年来东盟又首次提出区域全面经济伙伴关系（RCEP），即由东盟十国发起，邀请中国、日本、韩国、澳大利亚、新西兰、印度共同参加（“10+6”），通过削减关税及非关税壁垒，建立16国统一市场的自由贸易协定。若RCEP谈成，将涵盖约35亿人口，GDP总和将达23万亿美元，占全球总量的1/3，所涵盖区域也将成为世界最大的自贸区。虽然，亚太地区这些区域经济一体化组织的发展掺假了本地区各国的一些政治意图，但其迅速、活跃的发展态势也正好说明了“亚洲—太平洋时代”缓缓到来的迹象。

正如前述，近期美国热衷于推动TPP、TTIP两个自由贸易谈判协定，正是在亚洲地区经济发展活力强劲、区域经济合作取得长足进展之时。美国认定亚洲—太平洋时代正缓缓到来，担心被边缘化，因此高调“重返亚太”。为了能继续主导世界经济的发展，谋取自身全球的经济利益，美国在政治上拉拢欧洲和中国周边国家，维持和强化美欧日及亚太军事外交同盟，并以此为筹码，企图拆散东亚现有合作架构，“重构”亚太和全球贸易版图。美国的如意算盘是以排挤中国、遏制中国为核心的。然而，作为世界第二大经济体的中国，已经与世界融为一体，并成为世界经济增长的引擎。特别在东亚，没有中国参与的任何贸易安排，都会因为各方经济利益的损失而不会成功。未来在一个相当长的时期内，中美两国在全球范围里的斗法将不可避免，但任何阻滞亚洲—太平洋时代到来步伐的企图注定是不会成功的。

其三，中国国际政治经济环境趋于复杂化但总体向好。

美国的高调重返亚洲会给中国带来新的挑战。目前，中国所面临的在南海和东海与相关国家领土争端激化问题，都与美国的高调重返亚洲有直接关系。日本和菲律宾都是美国的盟国，美国的“重返”亚洲无疑给这两国壮了胆，使之敢于在与中国的领土争端上不断挑衅。但是，美国“重返”亚洲的根本目的在于自身的经济利益，与中国的战略对抗不仅会损害其自身利益，而且也会引起其他大国特别是亚洲国家的不安，这不是美国所愿。因此，中美在亚太的竞争中会产生各种摩擦，但这种摩擦仍然会局限于不可控的范围。同时，中国仍然积极参与经济全球化，其经济已深深融入全球经济，发达国家从中国的发展中分享了不可替代的经济利益。发达国家与中国交往，并不存在协同关系，它们之间虽然存在着激烈的竞争，但也有着密切的合作。如果中国经济出现问题，影响将是全球性的，会使发达国家经济蒙受巨大损失。中国与西方国家相互间经济依存关系越紧密，政治对抗的风险就越小。即使美国有遏制中国的企图，但也已经无力结成类似于冷战时期的反苏同盟。因此，维护大局的稳定将是中美关系未来的基本走势。

美国高调重返亚太给中国带来的挑战将更多是经济方面的。目前亚洲地区重要的区域一体化组织东盟，东盟“10+3”、“10+1”会议，及RCEP谈判，中日韩自贸区谈判，都将美国排除在外。唯一美国参加的APEC又步履维艰，近年来毫无建树。2008金融危机以来，亚洲经济在世界经济中的地位不断提升。亚洲货物出口在北美和欧洲所占的份额不断下降，而亚洲区域内贸易一直在不断增长。数据显示，亚洲商品贸易依存度从2007年的53.1%上升至2009年的53.4%，2010年进一步增至54.9%，在2011年小幅回落为54.1%。亚洲经济体的区内直接投资依存度由2008年的23%上升至2011年的29%。亚洲经济体的商品贸易依存度比欧盟要低，但比北美高很多。而作为世界第二经济体的中国，2009年在亚洲的商品出口额和进口额分别占其世界出口额和进口额的比分别是42.95%、57.80%。中国与亚洲国家的经济联系日益密切。亚洲国家在合作共赢中共同创造了一个繁荣的亚洲。而美国在2008年危机后，为了走出危机的影响，急于分享亚洲的繁荣，高调“重返”亚洲。美国重返亚洲的一个目的是削弱中国经济在该区域的影响力，确保其东亚地缘政治、经济和安全利益。为了重塑并主导亚太区域经济整合进程，美国选择了通过参加并主导TPP谈判的方式。美国以遏制中国谋取自身经济利益为目的的高调重返亚洲，在亚洲地缘政治经济环境上给中国制造了一些麻烦。但美国“重返”亚洲是为了经济利益而来的，主观上想遏制中国的经济发展，而其客观的利益所在又需要一个不断发展的中国，同时，亚洲的动乱也不是其所愿看到。甚至，中国是美国在亚洲最大的利益所在，最终它将邀请中国参加TPP谈判。

其实，美国与中国的竞争具有全球性。美国与欧洲搞的TTIP谈判，如果谈成对中国也有负面影响。主要的负面影响在于欧美通过TTIP制定为其全球经济战略服务的规则，而这些规则可能不利于中国。但是，美国与欧盟的TTIP谈判如果谈成，对它们双双的经济影响不一定很大，但对欧盟政治一体化的推进可能具有阻滞作用。因为，欧美同为发达地区，自由贸易区的贸易安排所造成的贸易转移效应会大于贸易创造效应，原来欧盟内部的贸易额就有可能一部分被美国夺走，对欧盟内国家贸易紧密度产生不利的影响，使其更难于协调各国之间的政治一体化推进步调。美国搞TTIP具有一箭双雕的效果，一方面分化欧盟各国，因为它害怕一个更为强大的欧洲与其竞争；另一方面与欧盟抱团取暖，应对蓬勃发展的新兴经济体。但应该看到，在经济因素和政治因素的影响下，TIPP短期内谈判成功的可能性不大。美国搞TIPP谈判的目的恐怕醉翁之意不在酒，其目的主要还是对在亚洲TPP的谈判施加影响，给还在观望的亚洲盟国一个压力，同时也对中国参加TPP谈判增加筹码。其最终目的是为了主导世界新经济秩序的构建。但美国与中国的全球性竞争是一个动态化的过程，在其对中国产生挑战的同时，也会带来机遇。如果中国加入TPP的谈判，中国难免要在农产品、劳资、国有企业等方面遇到困难，但另一方面这也可能正好刺激中国进行经济的转型升级。

正如上述，由于美国因素，中国未来国际政治经济环境一定程度上趋于复杂化。但如果美国要企图遏制作为世界第二经济体的中国的发展，其结果将是两败俱伤。美国不会置自身利益于不顾而去做伤人一千而自损八百的事情。当然，由于历史的因素，中国在东海钓鱼岛问题上与日本会有一些摩擦，在南海与相关国家在岛礁之争中也会有一些摩擦，但不至于局势失控。中国在南亚与印度也有领土争端，但同为发展中国家的印度首要的问题与中国一样，是经济发展问题，需要一个稳定的国际环境，不至于与中国挑起不可控的领土争端。至于中亚，这里有着上海合作组织，中国与俄罗斯的边界划分也已完成，在这里合作共赢将是国家交往中的主基调。若从广义地缘的概念来看，中国与欧盟经济互补性强，即便美国主导的TIPP谈判成功，对中国造成的伤害也不是致命的，更何况谈判成功与否还在两可之间；另外，中国在非洲的存在有着历史的基础，只要中国本着合作共赢的目的在这里发展，西方发达国家的挑拨离间终不会成功；而拉美地区被美国视为自己的后院，但中国与拉美诸国的经济合作证明，拉美欢迎一个强大的中国与其展开经济合作，以对美国的影响形成制衡。其实，全球化时代的世界各国，经济上已经深深联成一体，谁也不愿伤人害己。因此，我们对中国地缘经济政治环境的基本判断是，只要应对得当，在未来一个相当长的时期里，其将形势虽趋于复杂化但总体向好。

综上所述，我们对未来中国经济社会发展的国际政治经济环境的基本判断是，欧洲—大西洋时代趋于式微，亚洲—太平洋时代缓缓到来，中国国际政治经济环境趋于复杂化但总体向好。但中国要想在未来赢得亚洲—太平洋时代，还必须练好内功。那么，未来中国经济社会发展的基本趋势又是什么呢？

二、未来中国经济社会发展的基本发展趋势

（一）不良趋势

其一，资源和环境约束将进一步加剧。

中国现有自然资源表现为总量丰富但人均稀缺，时空分布不平衡、资源分布与经济区域分布亦不平衡，低劣资源比例较高、资源缺口较大等三大特征。同时，中国自然资源的消耗又表现为消耗量大而绩效较差，水资源消耗总量增加但利用效率偏低，作为能源消耗主体的煤炭资源前景不容乐观，石油消耗量不断增加导致对外依存度也不断加大，废弃资源回收率低等五大特点。随着中国工业化进程的进一步加速，未来对资源的需求也将进一步加速，这将势必进一步引起经济发展资源“瓶颈”的强力约束。

中国过去30余年的快速发展，在迅速增加国力的同时也带来了严重的环境问题，突出表现在水土流失面积和流失量均居世界第一，沙漠化治理取得一定效果但形势依然严峻，中国已成为世界三大酸雨区之一，水旱灾害严重同时又是缺水大国，大气污染治理成效显著但然落后与世界平均水平，水污染形势依然严峻等方面。未来随着中国工业化、城市化的进一步推进，环境污染形势不容乐观。随着全球环境治理呼声越来越高，发达国家所敦促的全球低碳经济运行体系逐步完善，对我国进一步发展的环境污染治理将提出挑战，环境约束“瓶颈”将进一步加剧。

其二，人地矛盾将进一步突出。

中国人口已经超过13亿，是世界人口最大的国家。虽然人口自然增长率小于10‰，实际上2011年仅为4.79‰，但人口基础大，近年每年净增人口超过600万。而中国工业化、城市化还未完成，2012年城市化率为53%左右，加之城市化发展滞后于工业化水平，未来城市化的发展势必进一步加速。中国未来城市化的加速发展需要城市建设土地供给的增加，这会形成对农业生产用地的挤占，如不统筹合理安排用地，会对农业生产构成安全威胁。同时，工业化的进一步发展会继续带来对土地的污染和破坏，加上迫于人口压力，长期以来对土地的开垦过度，对耕地重用轻养，虽然由于亩产持续增加使粮食产量不断增加，但土地的质量也持续下降，若考虑土地的透支使用，我国土地资源已严重短缺，对粮食安全构成严重威胁。可以肯定地说，未来20年我国人地矛盾会继续突出，这就对国土资源的合理开发和使用提出严格的管理要求，凸显出国土资源管控的重要性。

其三，社会矛盾将越来越凸显。

我国过去30余年快速的经济增长，在带来人民普遍收入提高的同时，也带来了收入分配不均的问题，近年来，城乡、区域、不同收入群体之间的收入差距持续扩大。孔子有云：“不患寡而患不均”，收入分配差距的拉大带来了许多社会问题。未来一段相当长的时期，我国继续要完成工业化、城市化发展的任务，在公平和效率的选择上，在注重公平分配的同时依然需要凸显效率原则。由此，贫富不均所引起的一系列社会矛盾依然要存在一段相当长的时期。同时，我国在人均 GDP 刚刚进入中上等国家行列的时候，已提前进入老龄化社会阶段，这种“未富先老”的状况会持续一个相当长的时期，会带来可以预见的许多社会问题。在此期间中国是否能够跨越“中等收入陷阱”，步入高等收入国家的行列，过早进入老龄化社会带来的障碍是显而易见的。再者，我国公共服务不到位、基本公共产品短缺，公共服务在城乡、地区之间的反差较大，因此如何解决好社会保障、义务教育、基本医疗、公益性文化等公共服务和公共产品方面的问题，是进入新时期后必须面对的重大问题。总之，今后一个时期，我国在人口、就业、老龄化、收入分配、公共服务等方面的矛盾和问题将越来越突出，极易引起社会部分成员的心理失衡甚至利益冲突，处理不好会影响社会稳定。

其四，国际竞争压力将越来越加大。

改革开放 30 余年中国的国家竞争力取得了长足进展，总部设在瑞士日内瓦的世界经济论坛发布《2012—2013 年全球竞争力报告》，中国排名第 29 位。在经济全球化的大背景下，作为世界工厂的中国全方位参与国际竞争，在世界经济中的地位与日俱增。但是，我们也应该看到，我国参与国际经济竞争，在世界产业链中总体还处于比较低端的位置。我国出口产品具有比较优势的产业依然主要集中在资源密集型和劳动密集型行业，而在高附加值的技术密集型行业与发达国家相比还有相当差距。从 2008 年的全球经济危机我们可以预测，发端于 20 世纪 50 年代以计算机和互联网的使用为标志的信息技术革命趋于式微，世界正酝酿着新一轮的技术革命。中国要想在未来赶超发达国家、实现跨越式发展，就应该在新一轮技术革命中抢得先机。而新的科技革命总是首先垂青于发达国家，首先强化发达国家的竞争力，这就对我国赶超发达国家、实现跨越式发展的努力提出挑战。作为世界第二大经济体的中国，虽然整体上为发展中国家，但在一些新技术领域处于世界领先地位。同时，我国区域经济发展不平衡，在东部先进地区整体上已与中等发达国家并驾齐驱。加上我国社会主义市场经济在积聚国家力量，集中攻关技术项目等方面具有优势。也就是说，我国在新一轮技术革命中具有与发达国家一争高低的条件。因此，面对未来国家竞争压力加大的趋势，我们应该有清醒的认识，未雨绸缪，趋利避害。而在我国科技的整体水平不高情况下，如果跟不上未来科技进步的步伐，有可能会进一步拉大与国际先进水平的距离，甚至在新一轮的科技较量中落伍。

其五，经济安全乃至国家安全存有隐忧。

我国外贸依存度很高，2011 年出口占 GDP 比重是 26.06%，而 2006 年高达 35.87%。这样高的外贸依存度使我国经济增长受国际市场风云变幻的严重影响。2007 年中国的 GDP 增长率是 11.4%，2008 年世界经济危机后一路下滑，至 2012 年跌至 7.8%。高的外贸依存度使我国经济增长受世界经济和国际环境的影响甚巨。作为世界工厂，2011 年我国工业制成品出口占出口总额的比是 94.70%，但是与发达国家相比，我国出口制成品技术含量不足，附加值低，实际上在关键技术和主要设备上仍未摆脱受制于人的局面。随着我国经济持续增长，对能源和重要原材料的需求越来越大，由于国内供给不足，对国际市场的依赖越来越高，这构成我国持续发展的安全隐忧。我国实施“走出去”战略，2001 年 FDI 流出量占 GDP 比重为 0.52%，2009 年已为 1.02%；对外经济合作合同总金额也持续增加，世纪之初的 2001 年为 164.55 亿美元，而 2010 年已达 1430.92 亿美元。我国实施“走出去”战略开发利用海外资源，已然遭遇了各种困难和问题，在可以预测的未来困难和问题肯定会更多更大。由上可知，我国在未来发展中经济安全乃至国家安全依然存在隐忧。

（二）良好趋势

其一，消费结构的不断升级将为经济增长创造庞大的需求。

随着我国居民收入的增长、社会保障体系的逐渐完善，消费需求正由生存性消费向发展、享受型消费方向转变，从物质性消费向服务型消费方向转变。食品支出占总支出的比重明显下降，耐用消费品拥有量不断上涨，服务消费占比呈现上升态势。近年来，住宅、汽车、电信、旅游、教育、文化娱乐、医疗保健等的消费持续升温。这一切表明，我国消费结构正处于不断升级的变动过程中。消费需求的增长为经济的增长创造不断的刺激，消费结构的升级也为生产结构的升级带来驱动力量。2012 年我国的人均 GDP 已达到约 6100 美元，已步入中上等收入水平国家行列，未来一二十年间将步入高收入国家行列。这样一个时期正是消费结构快速升级时期，必将助推国内产业结构调整和升级的加快，也必将会为经济增长创造巨大空间。

其二，产业结构的加快调整将为经济增长提供坚实的供给基础。

过去 30 余年我国出口导向性的发展战略，使经济增长的驱动力高度依赖于出口拉动，产业结构的形成也深受影响。我国自觉地服从世界生产的分工体系，按自身比较优势发展劳动密集型产业，继而发展资本密集型产业，高新技术产业发展不足。随着我国步入中上等收入国家行列，尤其我国已经成为世界第二大经济体，未来应该提升各产业部门的技术构成，大力提升高新技术产业所占比重。尤其是随着信息技术革命式微，新一轮技术革命正在酝酿中，我国要想实现跨越式发展，在未来世界产业链条上走向高端，就应该主动调整产业结构，大力发展节能环保、新一代信息技术、生物、高端装备制造、新能源、新材料、新能源汽车等技术密集的战略性新兴产业，积极寻求突破点，创造新的增长点，引领世界新技术革命的潮流。同时，消费结构的升级必然推动产业结构的加快调整和升级。我国出口拉动的增长模式高度依赖于世界经济形势，给经济增长带来不确定性，因此，内需拉动的经济增长模式将是未来发展的方向。在国内居民收入不断提高，内需逐渐成为经济增长的主要引擎的过程中，要求产业结构也要适应这一变化。另外，我国过去30余年区域经济不平衡发展战略，也带来产业结构的区域间梯级分工。未来随着经济发展水平的进一步提高，我国区域间产业布局的梯级分工将逐渐为水平分工所替代，各区域按自身比较优势发展优势产业，东部地区大力发展高端制造业、金融服务业，中、西部地区结合自身区位、资源优势，推动产业升级，发展重化工、航天航空、高端装备制造、高新技术产业与军事工业。这样，区域间优势互补，转国际间贸易一大部分为国内贸易所替代，也创造了国内区域间相互需求的增长。总之，如果能够做到积极进取、因势利导，未来我国产业结构的调整必将为经济增长提供坚实的基础。

其三，城镇化发展的加速进行将为我国经济发展开辟更广阔的空间。

2011年中国的城市化率为51.27%，过去20余年间每年城市化率大概以1%的速度增长。中国城市化率持续增长，但依然低于工业化率。2012年中国人均GDP达到约6100美元，跨入中等偏上收入国家行列，历史的经验说明这一时期城市化率还会进一步快速发展。今后20年，我国大约还有3亿多农村剩余人口向城市转移。这意味着这一时期我国在完成工业化的同时，城乡二元结构将向一元结构转化，人口红利带来的经济增长还会持续一个阶段。因此，在居民人均收入进一步增加的同时，会带来人们消费观念、生活方式的迅速改变，这会引致消费结构的进一步变化，消费规模的进一步扩大，而这又会刺激经济的持续增长。在城市化过程中城市基础设施、住房、公共服务等需求的快速扩大，也将会为经济的进一步发展开辟更广阔的空间。

其四，科技进步向世界一流水平看齐将为我国实现跨越式发展带来自信。

改革开放以来，我国GDP快速增长，现在GDP规模已为世界第二，这为我国科技持续进步创造了客观条件。2000年以来，我国R&D占GDP的比逐年提高，2011年为1.84%，总量达8610亿元。

虽然，我们看到我国科技水平与发达国家相比还有一定差距，但近年来我国科技水平快速进步，整体科研水平已经与世界一流水平看齐，在某些领域还实现了领先于世界水平。“仅以2012年为例，我国科学家在高温超导、中微子震荡、量子通信、诱导多功能干细胞等方向取得了一大批世界领先的研究成果；在关系到国计民生和国家安全等重点领域，取得了像载人航天、探月工程、载人深潜等方面的重大突破。另外，在基础研究领域，我国科研人员发表的国际论文总数已经连续多年稳居世界第2位，论文影响力也逐步提高；我国科技工作者的数量和质量也得到大幅提升，一大批优秀科研人才学成回国，本土人才培养体系也在逐步完善。”① 所有这些，都说明我国已经在科技进步的一个新的起点上。未来，如果我国在实施创新驱动发展战略上不断努力，那么科技进步将为我国实现跨越式发展带来不懈动力。

其五，经济全球化的迅猛发展将为中国广泛参与国际分工与合作提供机遇。

当今世界，经济全球化与区域经济一体化并行不悖。其实，区域经济一体化发展是经济全球化发展的另一种表现形式。各个经济体通过区域经济一体化的平台参与国际分工与竞争。长期以来，我国以东亚为后盾，在APEC、“东盟+3”、“东盟+3”中发挥积极作用，立足于东亚，积极与世界各大经济体发展经贸关系。但在2008金融经济危机以来，我们也看到了世界发生的新的变化，贸易保护主义抬头使各经济体重新整合，多边贸易体制停滞不前、双边自由贸易安排趋于活跃、区域经济一体化将更加复杂。同时，2008国际金融危机后，全球化深入发展趋势依然没变：国际贸易和跨境投资快速恢复，自由化仍是主要趋势；跨国公司继续在全球配置资源和国际化生产布局；技术创新不断取得突破，全球性议题显著增加。

① 白春礼：“以科技自信助力实现中国梦”，中国共产党新闻网，2013年6月14日。

未来，在经济全球化深入发展，区域经济一体化变化莫测中，中国怎样应对将是一个挑战。但万变不离其宗，作为世界第二大经济体的中国，已经与世界经济连为一体，离开中国参与的未来世界经济将不可想象。只要中国趋利避害，积极参与全球分工与合作，那么经济全球化将给我们带来的机遇必然大于挑战。

第三章 中国与东南亚地区的地缘经济政治态势

东南亚地区位于中国大陆的东南部，属于亚欧大陆的“边缘地带”，也是中国南部地缘政治的“缓冲地带”。作为中国国家安全的缓冲地带和重要的海上通道，东南亚地区在中国崛起的地缘战略上处于极为重要的地位。东南亚国家还毗邻中国华南经济圈，是中国发展外向型经济的跳板。中国改革开放首先从东南沿海开始，临近东南亚地区，东南亚国家与中国的地缘经济政治关系极为密切。东南亚10个国家组成的东南亚国家联盟（简称东盟）作为一个整体在地区事务乃至世界事务中发挥着越来越重要的作用。[①] 2010年中国—东盟自由贸易区的启动，加速了中国和东盟国家的经济一体化进程，而经济一体化无疑将推动中国与东盟国家的全方位一体化，中国与东南亚地区国家合作空间极为广阔。东南亚地区曾是中国“海上丝绸之路”的第一站，受中国传统文化辐射影响数千年，与中国有着相近的文化传统和共同的利益关系，加之东南亚国家华人数量众多，有着难以割舍的情怀。同时，东南亚地区又是大国博弈的重点地区，特别是美国高调提出“重返亚太”，直接影响东南亚国家的战略地位和战略调整，同时又与东南亚国家的所谓“大国平衡战略”存在战略重叠。中国周边局势呈复杂化趋势。

① 东帝汶正在谋求加入东盟，现今尚不是东盟正式成员国，已列为候选成员国，巴布亚新几内亚是观察国。

第一节 中国与东南亚的地缘经济政治优势与机遇

中国与东南亚的地缘经济政治呈相互依托发展趋势。东南亚对于中国来说，既有资源价值，又有地缘价值；中国对于东南亚而言，具有可借助的中国所处的“心脏地带”优势获取自身独特的地缘经济政治权益，又担心中国经济强大对其形成地缘经济威胁和地缘政治威胁。中国与东南亚国家之间在地缘经济政治方面的联系不仅是天然的，而且随着经济全球化发展进程和方兴未艾的区域经济合作浪潮的推动，在新的基础和新的层次上呈现出新的发展趋势。

一、东南亚是中国国家安全的缓冲地带和贸易通道

东南亚地区是东亚乃至当今世界地缘经济政治的中心地带，处于海权与陆权的结合部。东南亚地区包括中南半岛、马来半岛及南洋群岛三大部分，位于太平洋与印度洋之间，同时还是亚洲和大洋洲的连接地带，不仅是亚洲、欧洲、非洲、大洋洲海上航行的必经之地，而且东南亚的马六甲海峡、巽他海峡、龙目海峡、巴士海峡、望加锡海峡等控制着进出太平洋和印度洋之间的海上通道，向北是中国、日本、韩国等东北亚工业、技术和军事大国，向西是包括印度、巴基斯坦等重要国家的南亚次大陆和中东石油产地，向南是大洋洲的澳大利亚和新西兰等国家，战略位置极为重要。仅以马六甲海峡为例，对中国的重要性绝不亚于苏伊士运河或巴拿马运河。马六甲海峡是印度洋与太平洋之间的重要贸易通道，更是西亚地区和非洲地区到东亚地区的重要能源通道。世界人口最多的 10 个大国中有 7 个国家（中国、印度、美国、印度尼西亚、巴基斯坦、孟加拉国、日本）与此地有密切往来和战略利益。马六甲海峡承担着全球 1/3 货运量和约 50% 的石油运输量。中国进口石油 80% 以上要从马六甲海峡经过，日本 90% 石油进口也必经此地，马六甲海峡也被日

本视为“海上生命线”，中日两国都将马六甲海峡视为海上咽喉。

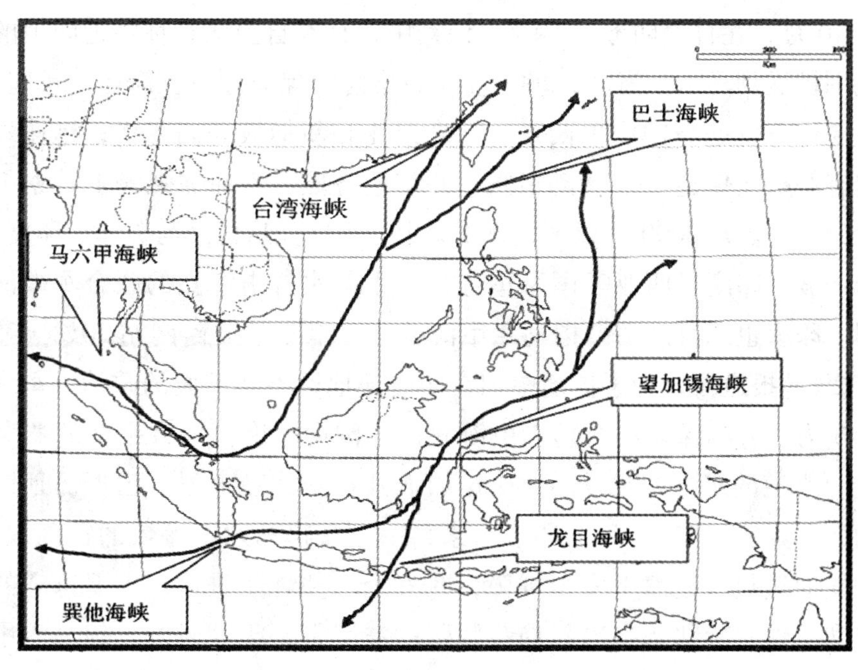

图 3.1　马六甲海峡、巽他海峡、龙目海峡、巴士海峡、望加锡海峡等海峡的战略地位

资料来源：1972 年中国地图出版社。

马六甲海峡是大国利益的交汇点和相互争夺的焦点。美国多年来一直渲染马六甲海峡面临着严重的海盗和恐怖主义威胁，试图借此介入马六甲海峡。按照美国的全球战略，马六甲海峡作为连接其在东北亚和西南亚两个重要战略地区的中心环节，是必须控制的全球 16 个海上咽喉之一。如果掌握了马六甲海峡，就可以影响和控制有关国家的海上运输航道，确保美国在国际竞争和潜在的国际冲突中的优势地位。美国多次提及马六甲海峡沿岸国海军力量难以应付海盗和恐怖袭击，希望美军能够进驻该地区，并称美国愿意与其沿岸国家组成联合巡逻队，确保马六甲海峡安全，遭到马来西亚与印度尼西亚等国的拒绝。日本的所谓“有事法制”[①] 相关七法案中假定的“周边地区可能出现的紧急事态”将马六甲海峡包括在内。2005年10月，在日美防务“2+2”谈判中，日本自卫队宣称将把防卫的范围扩展到马六甲海峡。2007年，日本海上保安厅成立海盗对策室，主要任务就是与印度尼西亚、马来西亚和新加坡等国合作，迅速地向有关机构传达海盗活动情报，并支援各国，旨在加强海上警察力量的训练。从2000年以来，日本海上自卫队先后已经与美国、印度、新加坡、印度尼西亚等国海军进行了十多次打击海盗的联合军事演习。印度也一直试图染指马六甲海峡。《印度时报》网站2012年5月29日报道称，为了抗衡中国在印度洋地区不断扩大的政治、军事影响力，并确保印度对马六甲海峡这一沟通印度洋与太平洋的“黄金”水道的实际控制，印度决定加强其在安达曼·尼科巴群岛地区的海陆空三军实力。[②] 在印度看来，一旦获得马六甲海峡的控制权，就能构筑起一道海上安全屏障，在安全上便处于进可攻、退可守的有利位置，特别是在国际局势紧张的情况下，印度通过封锁马六甲海峡，切断通往亚洲东部的航道，有效阻止区外大国海军进入印度洋。同时，印度海军便可以此为基地就能轻而易举地进入南海和太平洋，在亚太地区施加军事影响。

东南亚地区与中国有着数千年的交往历史，是古代中国“海上丝绸之路”的必经之地，中国人“下南洋”与当地人一起开发了东南亚。华侨众多是东盟与中国关系的纽带之一。1967年，东南亚地

---

① 2003年6月6日，日本国会通过所谓“有事法制”，其中包括《武力攻击事态法案》、《安全保障会议设置法修正案》和《自卫队法修正案》3项法案。2009年6月15日，日本参议院通过了“有事法制”七法案，这7项有事法案包括《国民保护法案》、《美军行动顺利化法案》、《修改自卫队法案》、《外国军用品海上运输规范法案》、《特定公共设施利用法案》、《俘虏等处理法案》、《违反国际人道法行为处罚法案》。“有事法制”是一种全面协助美国作战的法律，与日本的和平宪法精神背道而驰，意味着和平宪法名存实亡。

② “印度向印度洋基地大举增兵扼守马六甲防中国”，人民网2012年05月31日，http://military.people.com.cn/GB/18032231.html。

区出现了一个“国家集团”即东盟，现已发展到（除东帝汶和巴布亚新几内亚外）10个成员国。东盟是中国的近邻，东盟是中国地缘经济政治战略攸关的地区之一，而中国的存在又为东盟提供了美日之外的一个选择，这就给了东盟国家一个在大国博弈中进退自由而游刃有余的活动空间。东南亚地区既有资源价值（蕴藏着大量的锡、天然橡胶和油气），又有地缘价值（经济发展潜力巨大、且是石油生命线）。美日可以将东南亚作为牵制中国的战略支点，而中国也同样可以将东南亚作为制约美日牵制中国的战略缓冲区。尽管世界局势和地区局势正在发生变化，但经历过1997年东亚金融危机的东南亚国家不会轻易放弃“中国—东盟自由贸易区”这个制度性经济一体化安排，而经济一体化的深入发展又需要政治一体化来保障。而今，面临中国崛起、美国重返东亚及包括日本之内的其他大国插手，中国与东南亚国家在地缘经济政治上也被多重挑战所困扰。首先，美国“重返亚太”的战略重点是东南亚地区，然后是在东海通过美日同盟、美韩同盟来对中国实施遏制，东南亚地区无疑是美国重返东亚的战略支点；其次，“中国威胁论”在东南亚地区颇有市场，东南亚某些国家对中国存有戒心，希望经济发展上靠中国，安全保障上靠美国；再次，中国与东南亚某些国家存在南海岛屿争端，不仅影响东南亚某些国家与中国正常关系，而且外来势力有机可乘，从而影响中国与东南亚地区的地缘经济政治走势。中国与东南亚国家在地缘经济政治上也被多重挑战所困扰。退一步而言，东盟大多数国家不可能将经济合作与发展未来前景仅仅押注于美国，与中国的经济合作无疑是东盟国家的最佳选项。中国也会将东南亚地区作为世界大国起步的跳板。

东南亚地区构建陆上能源管道，是中国推行“两洋出海”战略的必经之路。中国自1993年首度成为石油净进口国，石油对外依存度逐年升高，2009年突破50%警戒线，2012年达到58%，而中国石油进口的80%来自中东和北非，而这部分原油进口只能靠海运并经过马六甲海峡。而中国海军却鞭长莫及，中国面临能源安全的“马六甲困境”。中缅油气管道2010年6月3日正式开工建设，设计年输送石油2200万吨，管道长度2000公里，总投资25.4亿美元。2013年6月，中缅输油管道的主体工程已经完成。该输油管道与马六甲海峡相比，进入中国的路程至少缩短了1200公里，中缅输油管道、中哈输油管道（年输油200万吨）和中俄输油管道（年输油1500万吨）相加，占中国石油进口量2.71亿吨的1/5，虽然还无法从根本上破解“马六甲困境”但可以缓解中国能源供应对马六甲海峡的过分依赖。虽然也有学者担心缅甸政局变动可能会影响管道安全，但该输油管道也将给缅甸带来丰厚的利润，实际上成为中缅互利共赢的一个合作项目。且缅甸本身油气资源丰富，石油储量约32亿桶，天然气蕴藏量25400亿立方米，位居世界第四。中国只有做到以政府的方式巩固，用民间的方式维系，用商务的方式规范，才可保证该

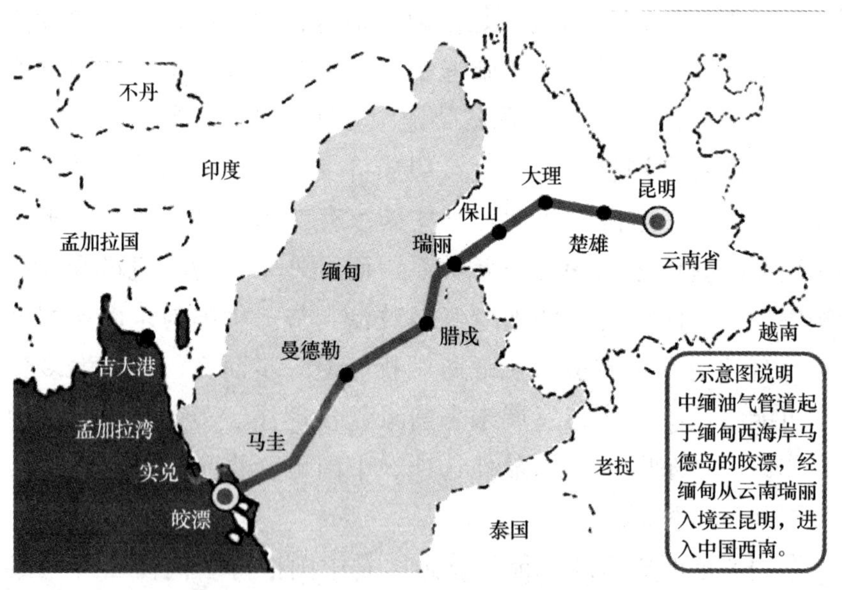

图3.2　中缅中缅输油管道示意图

资料来源：源自中国石化新闻图片网，http://www.shbtp.com.cn/index/wdetail? id=1196827。

输油管道的安全。同时，该输油管道与中印缅孟经济走廊、中巴经济走廊构成多条印度洋出海战略，真正形成中国的“两洋出海”战略，为中国作为世界大国崛起奠定坚实基础。①

二、中国和东盟有相近的文化传统和经济上的互补性

中国与东盟国家地域相连，文化观念相近，有着悠久的传统友谊并保持友好关系，都主张尊重对方的文化传统和经济发展模式，在国际社会事务方面有着广泛的共同语言和共同利益，都有保持经济发展稳定和增长的共同愿望。中国自改革开放以来，积极改善和发展与东盟及其成员国的友好关系，相互间政治关系、经济关系稳定发展。

（一）中国与东南亚国家文化观念相近，又都尊重多样性

多样性文明是世界发展的动力和源泉，也是区域经济合作进程中不可回避的现实问题。文明的多样性，主要是指各国和各地区的历史文化、社会制度和发展模式的多样性。“在我们这个星球上，由上千个民族所组成的近二百个国家，不仅存在着自然环境的差异，而且经历了不同的社会历史发展过程，这就形成了各种社会制度、价值观念、生活方式、宗教信仰和文化传统。”② 当今世界，文化同社会政治经济的关系日益密切。文化已成为人类社会发展的战略资源和财富，谁掌握了先进的知识和技术，谁就占据了全球文化发展中的主导权，谁就抢占了未来社会发展的制高点。中国与东南亚地区总体来说属于儒家文化圈，文化观念相近，大部分国家都或多或

① 当今世界强国，几乎都具有“两洋出海”的地缘优势作为对外开放的依托，所以中国必须积极开拓从太平洋到印度洋的“两洋出海”大通道，并要以此为战略依托进一步形成世界强国的发展态势。

② 江泽民：“国际形势和中日关系”，载《人民日报》（1992年4月8日第1版）。

少地受到华夏文明的影响。几千年历史的演变，特别是近代西方的侵略及各国民族独立运动的发展，各国的文化和社会生活均发生很大变化。中国与东南亚国家在社会制度、经济发展水平、宗教信仰、国家结构、发展道路和价值观念方面存在着极大差异。联合国教科文组织分别于2001年和2005年通过了《世界文化多样性宣言》和《文化多样性公约》，将文化多样性原则提高到国际社会应该共同遵守的伦理道德的高度来认识，充分体现了国际社会对文化多样性问题的高度重视。

人类文明的发展虽然经过了漫长历史的相互激荡、冲突和撞击，但多样性是各种文明在不同程度和层次上的共存、交流或融合的客观现实。区域经济合作促使更多的人思考和关注不同文明之间的融合和共处，认识到不同文明之间的差异应当成为相互联系、合作和发展的纽带。古代中国是四大文明古国之一。古代中国制度先进，经济繁荣，文化灿烂辉煌，犹如长夜的明灯，辐射并影响许多国家的发展。除直接影响到朝鲜、日本等近邻，陆路由“丝绸之路”把中国文明传播、发扬于西亚、北非、欧洲，再从欧洲传到美洲和大洋洲。海路是从东南沿海，经过台湾海峡，进入东南亚各国，然后穿过马六甲海峡，到达印度，更西到达阿拉伯半岛和非洲东海岸。东南亚地区也是中国古代文明与印度古代文明的自然与和平交汇地。中国古代文明已具有“世界主义”意识。中国自古就有“天下”一词，其意思相当于今日“世界”。《诗·小雅·北山》中所说，“溥天之下，莫非王土；率土之滨，莫非王臣。”中国历史上有过无数次民族大融合，其根本原因是中国文化是一种与对立者可以相融合的文化，是人性所固有的文化。[①] 中国没有强大的宗教力量，儒家文化没有形成组织，崇尚“道并行而不相悖。”这些思想与今天的经济全球化和区域经济合作的发展趋势完全相通。中国文化强调“修身，

---

① 徐复观：“复性与复古”，《中国人文精神之阐扬》，北京：中国广播电视出版社1996年版，第166页。

齐家，治国平天下”，“内圣外王”，以天下为己任。这种文化的深层内涵适应全球化的发展趋势，代表着全球化的发展方向。孔子曰：“君子和而不同，小人同而不和”。《吕氏春秋》中说：“天地和合，生之大经也。”中国共产党人继承了中国优秀的传统文化精华。周恩来在万隆会议上提出“求同存异”由被动变主动，说明了不同文明的国家能够在国际重大问题上达成共识，取得突破。中国主张通过对话和谈判解决国际争端，中国在制定国际经济游戏规则方面的大度和包容性也将为东南亚地区各国所认同。

东方人勤奋、节俭，具备忍辱负重的品格，是适应区域经济合作潮流的文化核心之一，也是人类社会可持续发展的重要前提。节俭不仅是东方文化的传统美德，也曾是资本主义文化的重要内容，甚至可以说属于人类文明核心内容。德国学者马克斯·韦伯在其代表作《新教伦理与资本主义精神》一书中对此作了深刻的阐述。他说：“贪得无厌绝不等于资本主义，更不等于资本主义精神。相反，资本主义倒是可以等同于节制，或至少等同于合理缓和这种不合理的冲动。”[①] 目前，中国大陆的储蓄率高达40%以上。这虽然对刺激内需不利，它却为扩大投资提供了资金积累，为世界也为地区其他国家提供了更多的物美价廉的产品。

中国与东南亚各国国情各异，发展模式与发展阶段不同，文化传统各具特色，多样性突出。只有彼此尊重，求同存异，和睦相处，互相促进，才能创造百花争妍、万紫千红的世界。文化的差异性和多样性使得不同文化之间充满了神秘色彩和相互吸引的因子，不同文化之间的学习和融合便成为自然的事。《国际文化合作原则宣言》申明：每一种文化都具有尊严和价值，必须予以尊重和保存，每一个民族都有其发展文化的权利。所有文化都是属于全体人类的共同

---

① 马克斯·韦伯著：《新教伦理于资本主义精神》，成都：四川人民出版社 1986年版，前言。

遗产的一部分。[①] 各种文化的共存是世界的需求，也是地区合作的需要，也是人类社会发展的动力源泉和动力。从国家和民族文化的角度来看，在国家和民族没有消亡之前，即在没有实现世界大同之前，不可能有一种整合的全球文化。“任何国家都不能以本国传统或文化的特殊性为理由而把对待动物的方式说成是对待人的标准。”[②] 国际经济政治运行规则本身就是多样性文明交流和融合的产物，并体现多样性世界的包容性。即使认定文明冲突不可避免的塞缪尔·亨廷顿也表示：“我所期望的是，为唤起人们对文明冲突的危险性的注意，将有助于促进整个世界上‘文明的对话’。”[③] “不承认、不尊重世界的多样性，企图建立清一色的一统天下，是必定要碰壁的。”[④] 多样性的世界必然要求适合多样性文明发展的经济政治游戏规则和管理机制，从而使各民族国家的利益得到尊重和体现。到 2012 年，中国与东盟国家人员往来超过 1500 万人次，互派留学生 17 万人。如此众多的人员交往，对相互之间的全方位交流起着极大推动作用。

（二）中国与东南亚国家存在经济上的互补性

中国与东南亚国家的经贸合作具有得天独厚的地缘经济优势。中国与东盟大多数国家都有较为丰富的劳动力资源和自然资源，在经济发展水平和产业结构方面基本上处于同一档次，除缅甸、老挝、柬埔寨等国外，东盟国家大都属于新兴工业化国家。中国与东盟国家在劳动力密集型产品以及吸引外资等方面存在着较为激烈的竞争，机电产品是东盟国家与中国竞争的主要方面，存在着产品同质化问

---

① 《国际文化合作原则宣言》第一条，转引自周勇：《少数人权利的法理》，北京：社会科学文献出版社 2002 年版，第 34—35 页。

② 徐显明主编：《法理学教程》，北京：中国政法大学出版社 1999 年版，第 397 页。

③ 塞缪尔·亨廷顿：《文明的冲突与世界秩序的重建》第 3 版言，北京：新华出版社 2002 年版，中文版序。

④ 中华人民共和国外交部政策研究室编：《中国外交》，北京：世界知识出版社 1996 年版，第 707 页。

题。但是双方的经济贸易也存在着较大的互补性。

首先，中国与东盟国家存在自然资源的互补性。中国与东盟国家自然资源丰富，产业各具特色，东南亚地区除海洋资源外，还拥有丰富的农业、林业和矿产资源。东南亚的天然橡胶产量占世界总产量的85%，中国虽然也是橡胶生产大国，但也是世界第一大天然橡胶消费国和进口国，天然橡胶自给率只有32%。东南亚地区锡矿储量占世界总储量的55.6%，特别是印尼和马来西亚丰富的木材、印尼的矿物燃料、老挝钾盐矿、越南富磷矿及铁铜矿、菲律宾的铜等都是中国需求的产品。而中国的谷物、蔬菜和锌、铅等矿产品都是东盟国家需要进口的产品。中国近年来原材料需求不断增加，扩大了对东盟国家的进口需求。农业互补性主要表现在粮食供求、农副产品品种和农业现代化与技术管理水平方面。中国—东盟商务理事会常务副秘书长许宁宁认为，东盟有的一些农产品，中国没有；而中国有的一些产品，东盟也不适宜种植。以马来西亚为例，棕榈油产量世界第一的马来西亚，政府和商会都非常希望与中国进行合作，对棕榈油进行深加工。而中国拥有相对先进的化工技术，中国企业可以到马来西亚租用土地种植棕榈，还可以与马来西亚企业进行投资合作，建立深加工企业，把成品销往中国。[①]

其次，中国与东盟国家存在经济贸易的互补性。虽然中国与东盟国家都以生产劳动密集型产品为主，但在产品结构上却可以实现优势互补。东盟从中国进口的机电产品以通用机械电器为主，中国从东盟进口的主要是电子元器件类产品，因而双方贸易仍存在着一定的互补性。近年来，中国电子信息产业的发展，扩大了中国对东南亚国家的电子元器件的需要，增加了各国对华贸易顺差，形成了新的产业分工链条，使中国与东南亚国家形成双赢的局面。中国与东盟国家在一些劳动密集型工业制成品方面具有较强的产业内互补

① “互补性很强 中国企业投资东盟农业利润空间大”，中国新闻网2007年04月19日，http：//www.chinanews.com/cj/cyzh/news/2007/04－19/918952.shtml。

关系，如中国与新加坡在纸、及纸板（SITC64）和其他未分类的杂项制品（SITC89）方面具有产业内互补关系，中国与泰国在纺织原料及纺织品好家具及其零部件（SITC82）方面具有产业内互补关系，中国与印度尼西亚在皮革及皮革制品（SITC61）和纺织原料及纺织制品方面具有产业内互补关系。[①] 中国与东盟决定建立自由贸易区的2002年，双方贸易额为547.67亿美元。2012年中国与东盟的贸易额创历史新高，突破4000亿美元，达4000.93亿美元，同比增长10.2%，高于同期中国对外贸易平均增幅（6.2%），年均增长率超过20%，双向投资接近1000亿美元。

再次，中国与东盟国家存在高新技术上的互补性。中国与东盟虽然都属于发展中国家，但中国是新兴发展中大国，拥有完整的产业体系，基础科学研究不仅具有很大优势，而且存在极大发展潜力，在从事研发工作的人数方面排名世界前三位，这些都是东盟国家难以相比的。2011年，我国在国内申请的技术专利数量已跃居世界第一位。2012年，中国全社会用于研究开发活动的支出达10240亿元，占GDP的1.97%，研发投入占GDP比重已达到了中等发达国家水平，高技术产品出口居世界第一位。自2008年国家科技重大专项启动以来累计新增产值已超过11000亿元。2012年国家向中小企业创新基金投入40多亿元，带动资本市场、银行、金融支持超过1000多亿元。目前，中国与东盟已经成立了科学技术合作联合委员会、科技训练中心、科技研究和服务中心等，开始在科技方面进行合作。中国不断向东盟国家输出农业先进技术，每年都有来自越南、缅甸、老挝、菲律宾、柬埔寨和印尼等东盟国家的技术人员到中国学习甘蔗、水稻等种植技术。同时，中国与东盟国家在劳务和旅游方面也存在互补性。综合考察，中国与东盟在经济上互补大于分歧，合作大于竞争。

---

① 张智远、王春霞："中国与东盟各国产业结构互补性研究综述"，载《长春师范学院学报（人文社会科学版）》2010年第5期。

表 3.1　东盟国家与中国的不同贸易优势

类型	贸易产品	中国	印尼	马来西亚	菲律宾	泰国	越南	文莱	柬埔寨	缅甸	老挝	新加坡
商品贸易	农产品	▲	▲	▲	▲	▲	▲	▲	▲	▲	▲	
	原材料	▲	▲	▲			▲	▲				
	半成品	▲	▲	▲					▲			
	工业制成品	▲	▲	▲		▲						▲
	高科技产品	▲		▲	▲							▲
贸易技术	硬件技术	▲										▲
	软件技术	▲										▲
服务贸易	金融保险					▲					▲	
	旅游娱乐	▲	▲	▲	▲	▲		▲		▲		
	邮电运输			▲	▲					▲		

资料来源：▲为该国相对应的领域具有贸易优势。引自邝国良等：“中国—东盟自由贸易区的合作战略研究”，载《对外经济贸易大学学报》2003 年第 1 期，第 22—31 页。

三、中国—东盟自贸区的运行与经济一体化的发展进程

自由贸易区是两个以上的国家或地区利用地缘经济政治的客观条件进行的促进经济合作的制度安排，这种经济合作是以地缘关系为基础开展的各种政府间的经济合作活动，从某种意义上说，也是以政治为推力的经济行为。自由贸易区的经济内涵主要是相互取消绝大部分货物的关税和非关税壁垒，取消绝大多数服务部门的市场准入限制，开放投资，从而促进商品、服务和资本、技术、人员等生产要素的自由流动，实现优势互补，促进共同发展。自由贸易区

还可以产生“贸易创造”与“贸易转移”作用。①

表 3.2　全球主要地区经济合作规模比较

	人口总数（亿人）	名义 GDP 总额（万亿美元）	贸易总额（万亿美元）
RCEP	33.7	19.64	10.10
中日韩自贸区	15.2	14.01	6.40
EU	5	17.96	11.84
世界	68.7	69.66	36.16

资料来源：“东亚经济一体化呈现新亮点”，载《人民日报》（2013 年 5 月 9 日）。

中国与东盟国家地域相连，历史文化相似，经济发展水平大多相当。东盟是东亚地区参加国家最多的地区性国际组织，东盟一体化目标明确，机制完善。② 1997 年 12 月 15 日，首次东盟与中、日、韩领导人会议在马来西亚首都吉隆坡举行，东盟与中、日、韩“10 +3”机制形成，特别是东盟与中国“10 +1”合作机制以经济合作为重点，在 1997 年东亚金融危机过程中相互合作，中国坚持人民币不贬值，对东盟国家摆脱东亚金融危机起到了中流砥柱的作用。所以中国选择与东盟首先建立自由贸易区具备天时、地利、人和的主客观条件。2001 年 11 月，“10 +1”（东盟 10 国与中国）宣布 10 年

① 所谓贸易创造效应，是指由于区域贸易安排带来市场规模的扩大，有利于成员国企业在更大的市场范围内配置资源，享受规范经济，调整产业结构，更好地发挥比较优势，从而获得分工深化带来的效率提高，区内贸易将由此增加。例如，北美自由贸易区建立以来，区内贸易额年均增长 12%，其中，墨西哥对美国和加拿大两国的出口年均增长达到 20%。所谓“贸易转移”，是指由于区域经济合作组织内部逐步取消贸易壁垒，贸易流向从非成员国之间转向成员国之间转移。因此，原本区外成员对区内成员的出口，可能由于区域贸易安排的建立而转为区内成员间的贸易。北美自由贸易区建立第二年，墨西哥就取代中国成为美国纺织品市场的最大供给国。

② 东南亚国家联盟首脑会是东盟最高决策机构，由东盟各国轮流担任主席国，负责召集。主席国外长并担任东盟常务委员会主席，任期 1 年，负责主持常务委员会工作。东盟秘书长由东盟各国轮流推荐资深人士担任，任期 5 年。

内建成自由贸易区的目标。2002 年 11 月 4 日，《中国与东盟全面经济合作框架协议》签署，决定到 2010 年建成中国—东盟自由贸易区，自贸区建设正式启动。2004 年底，《中国与东盟全面经济合作框架协议货物贸易协议》和《中国—东盟争端解决机制协议》等文件的签署，标志自贸区建设进入实质性执行阶段。2007 年 1 月，第十次东盟—中国领导人会议签署了《中国—东盟自贸区服务贸易协议》、《落实中国—东盟面向共同发展的信息通信领域伙伴关系北京宣言的行动计划》等合作文件，解决了中国—东盟自由贸易区谈判的实质性问题。2009 年 8 月 15 日，《中国—东盟自由贸易区投资协议》签署，标志主要谈判结束。2010 年 1 月 1 日，中国—东盟自由贸易区正式运行。

中国—东盟自由贸易区的第一阶段（2002 年至 2010 年），是启动并大幅下调关税阶段。自 2002 年 11 月双方签署以中国—东盟自贸区为主要内容的《中国—东盟全面经济合作框架协议》始，至 2010 年 1 月 1 日中国对东盟 93% 产品的贸易关税降为零。2010 年中国与东盟老成员即文莱、印度尼西亚、马来西亚、菲律宾、新加坡和泰国建成自由贸易区。到 2012 年，越南、老挝、柬埔寨、缅甸四国与中国贸易的绝大多数产品实现零关税，中国与东盟实现更广泛深入的开放服务贸易市场和投资市场。中国—东盟自由贸易区是当今世界第三大贸易区，也是由发展中国家建立的世界上最大自由贸易区。就在中国—东盟自由贸易区建成的 2010 年，中国成为东盟第一大贸易伙伴，双方贸易额创历史新高，达 2927. 8 亿美元。中国向东盟出口达 1382 亿美元，增长 30. 1%；中国从东盟进口 1546 亿美元，增长 44. 8%。2012 年中国与东盟贸易额再创历史新高，突破 4000 亿美元，同比增长 10. 2%，达 4000. 93 亿美元，其中，中国对东盟出口 2042. 72 亿美元，同比增长 20. 1%；自东盟进口 1958. 21 亿美元，同比增长 1. 5%，中方顺差 85 亿美元。截至 2012 年底，中国与东盟累计双向投资已达 1007 亿美元，中国占 23. 4%，东盟占 76. 6%；中国企业在东盟投资增速明显快于东盟在华投资增速，中国投资占比在扩大。

近年来，东盟国家经济快速发展，不断改善的基础设施以及丰富的矿产、水电等资源吸引了越来越多的中国企业前去投资。特别是中国与东盟签署的包括《投资协议》在内的一系列自贸区协议为中国企业投资东盟提供了极为良好的条件，意味着中国企业投资于东盟十国中任何一国，其生产的产品都可按"零关税"销往东盟其他九国，还可利用东盟与日本、韩国、澳大利亚、印度等国签署的自由贸易协议，将产品销往更广阔的国际市场。除此以外，"未来中国还将结合在东盟国家建立经贸合作区的举措，鼓励和支持中国企业扩大对当地投资"。与此同时，东盟国家政府亦致力于简化外资审批程序，促进外商投资。老挝驻华公使衔参赞坎班表示，目前老挝鼓励外资企业投资的优先领域为教育和卫生，同时，房地产业已经向外资企业开放。[①] 中国对东盟投资领域已扩大到建筑、饭店、电气、矿业和运输等行业。中国—东盟自由贸易区经济合作成果初现，发展势头极为强劲。

表 3.3　主要区域经济合作组织出口额占世界出口总额的比重（单位：%）

自由贸易区	1990 年	1995 年	1998 年	2000 年
全球贸易（总）	38.9	46.3	45.3	45.2
欧洲联盟	44.1	39.8	35.5	34.7
北美自由贸易区	16.2	16.8	18.4	18.9
东南亚国家联盟	4.3	6.3	6.1	6.6
南方共同市场	1.4	1.4	1.5	1.3

资料来源：《世界银行 2000 年世界发展指标》，中国财政经济出版社 2000 年版，第 327 页。

东盟是中国吸引外资的主要来源地。随着中国—东盟自由贸易区的建立，东盟国家企业在中国的投资规模逐年扩大。2010 年达到 63.2 亿美元，同比增长 35.2%，中国—东盟博览会是中国吸引东盟

① 许宁宁："2012 年中国对东盟投资增长三成"，财经网 2012 年 12 月 20 日，http://economy.caijing.com.cn/2012-12-20/112380121.html。

投资的重要平台，每届设置投资合作专题，组织具有雄厚实力的中外知名企业参展，展示国际工程承包、劳务合作、资源开发等内容，举办国内各省及东盟10国推介会、投融资项目对接会、项目信息发布会等一系列投资促进活动，为东盟各国开拓中国市场提供便捷服务，促进了投资合作。2010年3月24日，《清迈倡议多边化协议》正式生效，总规模为1200亿美元的区域外汇储备库和7亿美元的区域投资信用担保基金也相继建成。2012年5月3日，第十五届“10+3”财长和央行行长会议决定扩大清迈倡议多边化机制的规模，将1200亿美元扩大到2400亿美元，此外，还将延长危机后贷款使用期限并新建危机预防功能。2003年，中国对东盟直接投资仅为2.3亿美元，2012年，中国企业在东盟投资额达44.19亿美元，较上年增长了52%，东盟国家已成为中国企业走出去的主要目的地。截至2012年底，中国企业在东盟累计投资236亿美元。在这236亿美元当中，80%是2008年以后的投资。中国和东盟累计双向投资总额约1007亿美元（中国占23.4%，东盟占76.6%）。中国—东盟自由贸易区的建立，一方面有利于巩固和加强中国与东盟之间的友好合作关系，有利于中国与发展中国家、其他周边国家的团结合作，也有利于东盟在国际事务上提高地位、发挥作用。另一方面，有利于进一步促进了中国和东盟各自的经济发展，扩大双方贸易和投资规模，促进区域内各国之间的物流、资金流和信息流，促进区域市场的发展，创造更多的财富，提高本地区的整体竞争能力，为区域内各国人民谋求福利。

从2011年开始，中国—东盟自由贸易区进入第二阶段（2011年至2015年）即全面建成自由贸易区阶段。东盟越南、老挝、柬埔寨、缅甸四国与中国贸易的绝大多数产品亦实现零关税，与此同时，中国与东盟国家实现更广泛深入的开放服务贸易市场和投资市场，经济政治联系进一步加深。同时，东盟决定在2015年建成东盟共同体。2012年11月第21届东盟峰会提出“东盟：一个共同体，共同的命运”。东盟共同体有三个大共同体构成，即“安全共同体”、“经济共同体”和“社会文化共同体”。东盟共同体的建成，标志着东盟将由较为松散的以进行经济合作为主体的地区联盟转变为关系更加密切的、全方位一体化的区域性组织。东盟共同体对中国来说，机遇与挑战并存。东盟经济共同体无疑是东盟共同体的基础，中国—东盟自由贸易区稳步运行，经济合作不断深入，特别是中国对东盟投资迅速增长，对中国和东盟来说，机遇大于挑战。中国—东盟商务理事会常务副秘书长许宁宁认为，中国企业在东盟投资的快速发展主要有五方面因素：一是中国—东盟自由贸易区已经建成，东盟与中国是近邻，双方经贸互补性较强；二是欧美等发达国家经济复苏缓慢，部分行业对华设置贸易壁垒，而对从东盟进口则没有那么多限制，中国企业在东盟投资生产产品后销往欧美设限国家；三是东盟国家拥有丰富的资源，中国在快速发展中需要相应的生产资料；四是中国企业走出去发展的实力、经验逐步具备；五是东盟国家近些年来加大了在中国招商引资力度。[①] 随着中国—东盟自由贸易区的深入发展，东盟将成为中国企业“走出去”的桥梁，人民币国际化的首站。中国与东盟的全方面联系不断深入已成为不以人的意志为转移的客观趋势。

四、中国不谋求支配地位，具备与东盟合作的软实力

1997 年，东亚金融危机席卷东南亚诸国。在东南亚国家一片恐慌之时，中国政府从大局出发，坚持人民币不贬值。从此，中国赢得了负责任大国的称谓。在东亚金融危机爆发后仅半年，中国就与东盟签署了《面向 21 世纪的睦邻互信伙伴关系的联合声明》。中国明确表示：中国永远是东南亚的好邻居、好朋友、好伙伴。而改革开放 30 多年来，中国经济一直保持着高速增长，这无疑也对东南亚

① “5 因素促中国去年对东盟非金融类直接投资增 50%”，中国新闻网，2013 年 2 月 5 日，http://finance.chinanews.com/cj/2013/02-05/4550137.shtml。

国家构成巨大压力。中国在世界机电产品出口中的份额不断增加，而东盟国家在这些方面的比重下降是不争的事实。竞争中有合作，合作中有竞争，已经成为经济全球化趋势发展的一个主要特点。马来西亚一位商人这样看待中国与东盟的关系："打不过他，就跟他合作。"[①] 菲律宾前总统拉莫斯把中国与东盟的关系上升到战略高度看待，他指出："中国与东盟具有很强的互补性，中国将成为东亚经济的发动机"，"我们需要找到一个契机与中国整合到一块，否则我们将在全球竞争中边缘化"。[②] 于是，东盟国家作出了"赶搭中国顺风车"、"近水楼台先得月"、"随中国繁荣而繁荣"的选择。

国家的生存和发展与周边地缘安全环境有着极为密切的关系。现代化建设需要良好的外部环境，而周边环境是我国最直接的外部环境。周边形势以及我国与周边国家的关系，又直接影响着我国的经济发展。中国政府坚持发展是目标、改革是动力、稳定是前提，这既是处理国内问题的方针，也是处理国际问题的战略基础。东南亚历来是兵家必争之地，既有重要的战略地位，又有丰富的自然资源，同时在历史文化上又与中国有着特殊渊源关系。经济上，东南亚国家是我国传统的经贸合作伙伴，是我国吸引外资的重要来源，但它们又担心中国的发展抢走其市场和分流其外资来源；政治上，周边国家是我国维护主权权益、发挥国际作用的首要依托，特别是东南亚多为发展中国家，在重大的国际问题和地区问题上与中国有较多共识，在国际舞台上一直与中国相互支持、相互配合；[③] 安全上，周边是我国维护社会稳定、民族和睦的直接外部屏障。部分东南亚国家担心中国终有一天会使用武力解决南沙问题，加之某些大国鼓吹"中国威胁论"的影响，对中国存有戒心与疑虑。经济合作和政治协商等方式是解决周边问题的基本途径。一个和平、稳定的

① 许宁宁：《中国—东盟自由贸易区》，北京：红旗出版社2003年版，第24页。

② "中国将成为东亚经济的发动机"，载《中国经济时报》（2002年11月21日）。

③ 王毅："与邻为善、以邻为伴"，载《求是》2003年第4期。

周边环境是我国社会主义现代化建设事业健康发展的重要条件。

中国发展与周边国家关系的基本宗旨是从总体上服从和服务于经济建设的根本任务，服从和服务于维护和平、促进发展。1991 年，中国与东盟开启了对话进程。1996 年，中国成为东盟全面对话伙伴国。1997 年，中国与东盟发表了《中华人民共和国与东盟国家首脑会晤联合声明》，共同决定建立面向 21 世纪的睦邻互信伙伴关系，为双方相互关系的发展特别是经济关系的发展确立了长远目标。中国与东盟经济合作取得丰硕成果的同时，政治领域内的合作也在稳步推进。2002 年，中国与东盟发表了《关于非传统安全领域合作联合宣言》。此后，中国与东盟有关国家还签署了《南海各方行为宣言》，决定致力于南海地区和平与稳定，以和平方式处理本地区问题。2003 年，建立面向和平与繁荣的战略伙伴关系，中国提出“睦邻、安邻、富邻”的周边合作政策，使中国与东南亚国家的合作战略更全面，也更具体，与此同时，中国决定加入《东南亚友好合作条约》。2004 年，双方签署了《非传统安全领域合作谅解备忘录》，把反恐、禁毒和打击国际经济犯罪确定为双方的重点合作领域，将通过信息交流、人员交流和培训、执法合作和共同研究等方式，进一步促进打击跨国犯罪的合作。2004 年，中国和东盟国家领导人签署《落实中国东盟面向和平与繁荣的战略伙伴关系联合宣言的行动计划（2005—2010）》，并在 5 年间相继实现了该框架内涉及政治安全、经济和社会文化三大支柱领域的行动计划。2006 年，中国东盟民间友好组织签署了《中国东盟民间友好合作宣言》，承诺加强民间的交流与合作，以使中国东盟友好深入人心。目前，中国与东盟间的高官磋商、商务理事会、联合合作委员会、经贸联委会以及科技联委会共同构建了中国—东盟五大平行对话合作机制。2008 年，中国外交部宣布中国政府向东盟派驻大使，资深外交家和国际法专家薛捍勤成为首任大使。2010 年，双方又制定了第二份战略伙伴关系行动计划（2011—2015 年），在更丰富的领域继续落实、促进双方面向和平与繁荣的战略伙伴关系。2011 年，中国—东盟中心正式成立，以推动中国—东盟各领域的务实合作。在机制和资金的有力保障下，中国与东盟的合作获得有效的发展动力。[①] 2013 年 6 月 4 日，中国—东南亚民间高端对话会在广西防城港市闭幕，来自东南亚 11 个国家的政要、民间组织、企业、媒体等各界代表与中国民间团体一起，围绕“和平促发展，合作求共赢——中国和东南亚人民的共同心声、共同梦想”这一主题，深入探讨了民间力量如何推动中国与东南亚地区的友好关系，形成了广泛共识。他们还从各自角度全面阐释了中国和东南亚民间合作的思路和具体行动，并表示把达成的共识带回本国，传递给政府和民众，共同推进中国和东南亚的和平与繁荣。总之，中国与东南亚国家在地理位置上唇齿相依，在国际政治舞台上有着许多共识，在国际经济领域利益基本一致，有着相互合作的内在动力。正如中国外交部长王毅 2013 年 6 月 30 日在中国—东盟（“10 + 1”）外长会上所表达的，中国和东盟是休戚相关、荣辱与共的命运共同体和天然的伙伴。[②]

第二节　中国与东南亚在地缘经济政治领域的挑战

中国是东亚大国，中国的经济、政治、军事发展都离不开东南亚地区，东南亚地区不仅是中国大国战略的跳板，而且可能成为中国的后院。[③] 营造良好的周边环境是用好战略机遇，实现中国经济社会健康发展的重要一环。为此，中国必须充分利用现有的地缘经济

---

① 中国—东盟中心是一个政府间国际组织，旨在促进中国和东盟在贸易、投资、旅游、教育和文化等领域的合作。中心总部设在北京，将不断拓展，并在东盟各成员国和中国的其他地区设立分中心。中心立足中国与东盟各国企业与民众的需求，其中特别关注双方中小企业的发展情况，主动为政府、社会、企业、个人的沟通搭建便捷桥梁，服务于社会。中心将积极推动落实中国与东盟确定的多领域合作项目。

② “中国东盟加强全方位务实合作”，载《人民日报》（2013 年 7 月 03 日第 3 版）。

③ 王志民：《全球化下的对外开放——世纪之交对外开放的若干战略抉择》，北京：北京出版社 2006 年，第 202 页。

政治环境提供的历史性机遇，提出符合中国当前经济社会发展和未来趋势的基本对策。

一、中国作为崛起的大国，中国—东盟自贸区只是起步

如今，欧洲联盟作为经济同盟性质的区域经济合作组织不仅组织机构完善，一体化水平也大大高于其他地区，而且参与国家数量众多（现有27个成员国），经济规模是中国—东盟自由贸易区的三倍。北美自由贸易区虽然只有美国、加拿大、墨西哥三国组成，但是其经济规模也相当于中国—东盟自由贸易区的三倍。即使是经济发展水平比较落后的非洲也于2002年组建了非洲所有国家都参加的非洲联盟，其目的是非洲地区经济一体化。中国作为当今世界经济规模第二的大国，又位于经济最具活力的东亚地区，中国的经济一体化目标无疑是东亚区域经济合作。东亚经济的重心集中在中国、日本、韩国。中、日、韩三国经济总量已占全球GDP的16%，超过德、英、法三国总和，占东盟和中、日、韩（“10+3”）这13个经济体总量的87%，其中，中、日两国又占13个经济体的77%。所以中日两国能否在经济上实现制度性的合作至关重要，而东亚实现区域经济的制度性合作体现了南北型区域经济合作的特点，东亚各国之间垂直分工在经济上有很强的互补性。然而，中日存在着难以解决的历史问题和现实纠葛，加之美日同盟等多种因素，中日和解之路将是漫长的。

表3.4　中国已建立和正在商谈的自贸协定情况

已签协定的自贸区	签署时间	签署协定
香港、澳门特区	2003年	内地与香港、澳门《关于建立更紧密经贸关系的安排》
	2004年	《补充协议》
	2005年	《补充协议二》
	2006年	《补充协议三》

续表

已签协定的自贸区	签署时间	签署协定
东盟	2002 年 11 月 4 日	《中国—东盟全面经济合作框架协议》
巴基斯坦	2009 年 2 月 21 日	《中国—巴基斯坦自由贸易服务贸易协定》
智利	2005 年 11 月 18 日	《中华人民共和国政府和智利共和国政府自由贸易协定》
新西兰	2008 年 4 月 7 日	《中华人民共和国政府与新西兰政府自由贸易协定》
新加坡	2008 年 10 月 23 日	《中华人民共和国政府和新加坡共和国政府自由贸易协定》
秘鲁	2009 年 4 月 28 日	《中华人民共和国政府和秘鲁共和国政府自由贸易协定》
哥斯达黎加	2010 年 4 月 8 日	《中华人民共和国政府和哥斯达黎加政府自由贸易协定》
冰岛	2013 年 4 月 15 日	《中华人民共和国政府冰岛政府自由贸易协定》
瑞士	2013 年 7 月 6 日	《中华人民共和国政府瑞士联邦自由贸易协定》

资料来源：张琳：“中国，参与中提升话语权”，载《人民日报》，2013 年 7 月 12 日第 23 版。

中国的战略抉择似乎只有一个，即东亚国家应共推东盟作为东亚区域经济合作的领头人，基本依据有三个方面：第一，东盟是东亚地区唯一的政府间国际组织，并为东亚经济合作提供了现成的合作模式（2002 年，东盟 6 个老成员国率先启动东盟自由贸易区，2015 年东盟 10 国将建成东盟共同体）。第二，东盟可以担当平衡中日矛盾的特殊角色。谁来主导东亚区域经济合作是关系到能否建立东亚自由贸易区的关键问题和难点问题。新加坡外长杨荣文认为：“即使日本主导，或者中国主导都会引起风波，东盟稳坐驾驶席才能确保亚洲稳定。”① 第三，三个“10+1”自由贸易协定“合三为一”最终成为东亚自由贸易区应是合理设想。东盟把“10+3”称为“东

① 新华社东京 2005 年 12 月 13 日日文电，转引自刘少华：“论东盟在东亚区域合作中的领导能力”，《当代亚太》2007 年第 9 期。

盟+3”，是以东盟为东道主，邀请中、日、韩三国作为客人参加，地点限于东盟成员国内，主办者为东盟成员，时间安排在东盟每年举行的领导人会议期间。东盟分别与中、日、韩签署的三个“10+1”自由贸易协定的实施，中、日、韩将分别在其背后发挥东亚区域经济合作的推力作用。泰国正大管理学院中国-东盟研究中心主任汤之敏认为，中国与东盟商贸合作总体趋势是：首先，打开“大门”后不断细化规则，以打开“小门”；其次，从关税、非关税以及投资准入政策层面走向基础设施层面的互联互通；第三，通过“区域全面经济伙伴关系”（RCEP）逐步推动“10+6”内部转变为更加统一的区域组织。[①] 中国新一轮自贸区建设成果显著，新一轮中国自贸区的推进具有以下几个新特点：第一，进入战略性提速阶段。十八大报告明确指出“加快实施自由贸易区战略”，深化加强中国的自由贸易区发展提升至战略高度。第二，立足周边，以中、日、韩和 RCEP 为抓手。中、日、韩和 RCEP 的密集式快速推进，成为近两年中国自贸谈判的亮点和焦点。第三，全面开花，贸易合作伙伴多元化。2013 年中国分别于与冰岛、瑞士签署双边自贸区，搭建了与欧洲国家合作的桥梁。[②]

二、东盟“大国平衡”战略，试图以美制华而从中渔利

东盟国家在对华战略上可以有 3 种选择：均势抗衡战略、平衡战略、追随性战略。均势抗衡战略带有明显对抗性，菲律宾和越南就带有这种倾向，这是一个危险的选择。平衡战略则是把域外大国引进来，试图以此实现力量平衡。追随性战略则是东盟国家随着中

---

① “中国东盟加强全方位务实合作”，《人民日报》（2013 年 7 月 3 日第 3 版）。

② 张琳：“中国，参与中提升话语权（观点）”，载《人民日报》（2013 年 7 月 12 日第 23 版）。

国的崛起和发展进行协调、合作，达到他们的利益最大化。[1] 东盟的“大国平衡”战略实际上是一种均势战略。东盟要做到“以小搏大”，推行“大国平衡”战略便成为最有可能选择的战略。东盟周边大国之间始终在东南亚地区进行利益争夺，从而为东盟成为权力制衡的角力场提供了可能。“东盟把与美国的特殊关系看作是自己在亚太安全机制上发挥作用的根本立足点，认为只有美国的参与才能确保亚太地区的稳定。”[2] 虽然美国也认为中国崛起是不可阻挡的客观趋势，但遏制中国过快崛起已成为美国的既定战略。东盟10国都是中小国家，位于亚欧大陆的东南部的特殊地理环境，周边存在着不同的大国，战略地位极为重要，所以东盟国家无论在政治安全方面还是经济安全方面，无论在传统安全方面还是非传统安全方面都存在着难以摆脱的困境。从东盟的角度思考，中国崛起也增添了其忧虑，“中国威胁论”在东盟地区很有市场。同时由于东盟某些国家与中国存在着领土纠纷，“中国威胁论”不仅没有呈下降趋势，反而被不断放大。东盟将一些大国拉进东亚地区以平衡中国的影响就不足为奇了。2009年10月，新加坡内阁资政李光耀与美国总统奥巴马会谈时呼吁美国制衡中国。他提出美国如果不继续参与亚洲事务、制衡日渐崛起的中国，将可能丧失世界领先地位。同时，西方国家不断渲染中国同东盟合作是为了攫取资源，不仅借传统盟国关系挑拨离间，也在借所谓人权和政治体制等问题拉帮结派。

中国的对策首先是坚持树立负责任的大国形象，构建互信机制。冷战后，东南亚一体化呈加速发展之势，“大东盟”理念迅速形成，东南亚国家逐渐以一支联合的力量出现在东亚地区。中国对外战略面临新的考验，中国不仅要处理与东南亚各国的关系，而且面临着处理与东盟这个非国家行为体的关系。中国与东盟及东盟各国之间

---

① “东南亚国家看中国越来越纠结，在中美日印间寻求平衡”,《环球时报》（2011年7月25日）。

② 陈乔之等：《冷战后东盟国家对华政策研究》，北京：中国社会科学出版社2001年版，第17—18页。

主要存在着南海领土争端问题、经济合作以及华人问题等。对于领土争端，中国历来主张通过和平谈判解决。邓小平早在20世纪80年代初就提出“搁置主权，共同开发”的主张。东南亚国家历史上受中国文化影响最深，有与中国经济合作的文化基础。东南亚国家受历史上与中国合作交往中的“朝贡体系”影响，具有小国意识，不仅希望在与中国合作中得到更多实际利益，而更重要的是希望中国作为大国承担更多的责任，试图得到中国源源不断的“恩惠”。1997年，东亚金融危机席卷东南亚诸国。中国成为世界关注的焦点：中国政府会不会使人民币贬值以应对可能带来的对外贸易下降？如果人民币贬值，东南亚经济将雪上加霜，再受打击。中国政府从大局出发，不顾自身利益受损，坚持人民币不贬值。中国此时提出树立做负责任的世界大国，实际上主要是针对东南亚国家而说的。关于安全合作，中国政府先后明确提出“以邻为伴，以邻为善”的周边战略，在中国决定建立中国—东盟自由贸易区后，又提出了“睦邻、安邻、富邻”的周边政策。中国加入《东南亚友好合作条约》，签署了《非传统安全领域合作谅解备忘录》，都是与东盟构建互信机制的重要体现。目前，需要做的工作就是针对美国重返东南亚，中国需要与美国在南海问题上就保证美国提出的“航海自由”达成共识，以避免美国在东南亚问题上节外生枝。

其次，中国在经济上可以与东盟为主体进行交往，而在政治上主要与单个国家交往。新加坡是“大国平衡”战略最早提出者，起初并没有得到大多数东南亚国家的响应。1997年爆发的东南亚金融危机，使新加坡的观点逐渐为大多数东南亚国家所接受，并成为东盟处理与区域外大国关系的一个基本战略。“大国平衡”战略要求东盟各成员国要实行以东盟为圆心实行等距离外交，保持大国在东南亚地区的整体利益平衡，东盟成员国不介入大国之间的敌对和斗争。即使在经济上东盟对外战略也体现出与大国之间平衡。在东盟对外贸易中，2010年东盟与中国的贸易占其对外贸易的11%，东盟与欧盟和日本的贸易各占其对外贸易的10%，对美贸易占9%。推行

"大国平衡"战略的同时，东盟也认识到加强与中国关系的重要的现实意义与战略意义，东盟经济上离不开中国，如果"大国平衡"战略拿捏不好，面临较大风险。特别是东盟已经与中国建成自由贸易区，经济一体化必将推动政治一体化的发展。"东盟除在区域经济合作方面与中国具有重大战略利益外，在区域安全、地区稳定等方面都有着良好的合作或对话关系"。[①] 中国坚持和平共处五项原则以及以"互信、互利、平等、协作"为核心的新安全观得到了东盟各国的高度评价，它与《东南亚友好合作条约》中的原则和精神以及以"东盟方式"为代表的不干涉内政、不使用武力、尊重主权的规范一起构成了双方合作的思想基础，从而使中国与东盟之间的安全困境一定程度上得以消解。[②]

三、外部力量干涉区域合作，制度化经济统合势在必行

东南亚地处世界经济最活跃的东亚地区，有着良好的发展前景和多方面的潜力。新加坡、文莱等国属于世界最富裕国家行列，而柬埔寨、越南、缅甸和老挝仍在努力解决温饱问题。2012 年，美国财经杂志《福布斯》公布的全球最富有的国家排名中新加坡居第三位，文莱居第五位。新加坡作为科技、制造业和金融行业的中心，2010 年的人均国内生产总值达 5.6694 万美元。文莱则凭借储量丰富的油气而积累了庞大的财富，其人均国内生产总值达 4.3333 万美元。而东南亚地区还有一些贫穷国家，如缅甸 GDP 总额为 383 亿美元，人均 GDP 约 648 美元（2010 年），柬埔寨 GDP 总额为 113.6 亿美元，

① 陈乔之等：《冷战后东盟国家对华政策研究》，北京：中国社会科学出版社 2001 年版，第 17—18 页。

② "东盟方式"的核心价值主要体现在 3 个方面：一是协商，通过协商，为各国的发展创造一个良好的环境，实现共同繁荣；二是和谐，东盟把自己定位为一个"国家的和谐体"，坚持的基本原则是尊重各国的独立、主权、平等，不干涉成员国的内政，坚持和平解决争端，不威胁使用武力；三是合作，如果把东盟的发展与欧洲的区域联合道路相比，欧洲是靠立法的"硬方式"，东盟则是采取合作的"软方式"。

人均 GDP 达到 814 美元（2010 年）。东盟内部经济发展不平衡，国家之间的贫富差距悬殊，是实现经济一体化所面临的瓶颈。东盟国家之间的贸易规模只占东盟总贸易额的 25%，而欧盟内部的贸易规模已经达到 68%。东盟国家内部市场狭小，对海外市场、资金、技术依赖度较高，容易受到外部因素干扰，地区经济的稳定性和抗风险能力亟待加强。

东盟经济一体化已进入关键阶段。2012 年 2 月 24 日，时任东盟秘书长的素林·披苏旺指出，2015 年建成东盟统一大市场所剩时间已经不多，各国应当全力以赴，努力实现这一目标。[①] 20 世纪 90 年代，东盟就提出建立统一的自由贸易区，以增强东盟整体实力。2007 年东盟在新加坡签署宣言，重申到 2015 年在东盟地区内形成统一市场和生产基地，在其框架下实现货物、服务、投资和技术工人的自由流动，以及更自由的资本往来。但无奈东盟各国经济规模都比较小，即使作为一个整体，对世界经济甚至对地区经济影响也十分有限。东盟是东亚地区唯一的政府间的国际组织，并为东亚区域经济合作提供可供借鉴的合作模式。同时，东盟还可以在政治上担当平衡中日矛盾的角色，进而实现东亚地区的和平、合作，推动东亚地区的共同发展。东盟与中、日、韩“10 + 3”模式能够发挥重要作用。而如今，东盟面临着内部一体化并拓展至“10 + 3”与 TPP 即跨太平洋战略经济伙伴关系协定的两条主线抉择。

“跨太平洋战略经济伙伴关系协定”（Trans-Pacific Partnership Agreement，TPP）的出台对东盟经济一体化形成巨大压力。东盟可以担当东亚区域经济合作的领头人，却无力对跨太平洋战略经济伙伴关系协定发挥重要作用。如今，美国主导的跨太平洋战略经济伙伴关系协定谈判进程开始加快，东盟日益感到加快自身经济一体化建设的重要性与迫切性。目前为止，东盟国家中新加坡、马来西亚、越南、文莱等四国加入了 TPP 谈判进程。虽然东盟各国最终可能会

① “东盟欲强化内部经济统合”，载《人民日报》(2012 年 2 月 27 日第 3 版)。

选择加入TPP谈判，但东盟各国应该寻求作为一个整体在TPP谈判中发挥更大的影响，目前却是部分国家先期要求加入TPP。而东盟各国经济规模相对较小，单独一国很难在TPP中发挥重要作用，因此东盟需要通过扩大合作，形成更大更统一的市场。这就决定了建设东盟统一市场要比加入TPP谈判更为紧迫。东盟国家又不能回避TPP，需要的是以东盟一体化这一整体的身份，发出共同的声音。马来西亚贸易部长姆斯塔帕就明确表示，马来西亚对外经贸关系以紧密程度排序为：东盟、“10+3”、“10+6”、TPP。马来西亚经济发展的立足点在于东盟，TPP是经济工作重心的第四层级。[①] 东盟虽然正在研究应对TPP的战略抉择，但无论如何，东盟即使作为一个整体在应对TPP经济一体化进程中也难以发挥重要作用。东盟要想在加入TPP进程中发挥应有作用，只能联合中、日、韩发挥“10+3”的作用，特别是发挥中国—东盟自由贸易区的作用。而如今不仅东盟的新加坡、马来西亚、越南、文莱等国家已经参与TPP谈判，日本也决定加入，中国如何参与TPP也使东盟难以把握的。东盟如何应对TPP，面临着诸多挑战。

区域经济合作巨型化已经成为当今世界经济的一个重要特征。联合舰队式的TPP与TTIP（跨大西洋贸易与投资伙伴关系协定）不仅冲击即将建成的东盟共同体，而且也将削弱中国—东盟自由贸易区的作用。面对TPP难以避免的挑战，东盟无疑要从自身利益出发来应对。2012年2月，东盟提出“区域全面经济伙伴关系协议”（RCEP）构想，其目的至少有两个方面：一是避免TPP将其边缘化，因为东盟即使作为一个经济体在未来的TPP中经济规模偏小，难以发挥重要作用；二是东盟的目标是试图通过“大国平衡”战略在东亚经济合作中起到中流砥柱的作用。拟议中的“区域全面经济伙伴关系协议”（RCEP）构想，将包括东盟10国和东盟的自贸伙伴国澳大利亚、中国、印度、日本、韩国和新西兰共16个国家，未来将不

① “东盟欲强化内部经济统合”，载《人民日报》（2012年2月27日第3版）。

局限于这些国家。东盟认为，TPP 是美国主导的战略性合作协议，并难以被东亚地区所有国家认同，最根本的原因是美国要将 TPP 建成区域经济合作的样板，主导 21 世纪贸易协议的新标准。而与以高度自由化为目的 TPP 相比，RCEP 充分考虑区域内经济发展较慢的国家，在降低关税等议题上给予充分的缓和条件，更适合东亚地区经济一体化的现状，贸易自由化率高达 95%，关键是要建立以东盟为中心的自由贸易协定。RCEP 允许设置关税例外措施，以及较长的过渡期，加入条件比所谓高质量、高标准的 TPP 要宽松很多，RCEP 无疑比 TPP 更容易实现区域经济整合。博鳌亚洲论坛秘书长周文重认为，中方全力支持并将积极参与谈判。RCEP 谈判过程需尽量考虑各成员国的舒适度和可行性，考虑到渐进性和过渡性，而不像 TPP 那样一上来就制定了以美国为主导的过高的开放要求。[①] 2013 年 5 月 9 日，RCEP 首轮谈判在文莱首都斯里巴加湾成功举行。RCEP 将覆盖 30 亿人口，国内生产总值 17.23 万亿美元，其规模大于当今世界任何一个自由贸易区。

东盟作为 RCEP 的倡导者，其动机虽然是多重的，但核心是要成为区域经济合作的主导。其一，东盟要致力于通过区域合作成为亚太乃至全球经济中的一极。目前，有关方面已经把“区域全面经济伙伴关系”谈判完成的目标前线确定为 2015 年，显然是和东盟推动区域合作的大目标一致的。其二，东盟已经完成了与区域内大国之间的双边自贸区协定。把多个双边自贸区协定升级为一个统一的自贸区协定，符合东盟的利益。其三，东盟要应对来自跨太平洋战略经济伙伴协定的冲击，继续充当亚洲区域经济合作的“驾驶员”。[②] 如果 RCEP 成功实施，将促进亚洲经济一体化，加快世界经济从西方向亚洲转移的进程。

---

① “抱团的亚洲更有力量”，《人民日报》(2013 年 6 月 21 日第 3 版)。

② 李向阳：“打造全球最富活力区域经济体（经济透视)”，载《人民日报》(2012 年 11 月 23 日第 22 版)。

表 3.5　2025 年 RCEP 对部分国家 GDP 贡献率（单位:%）

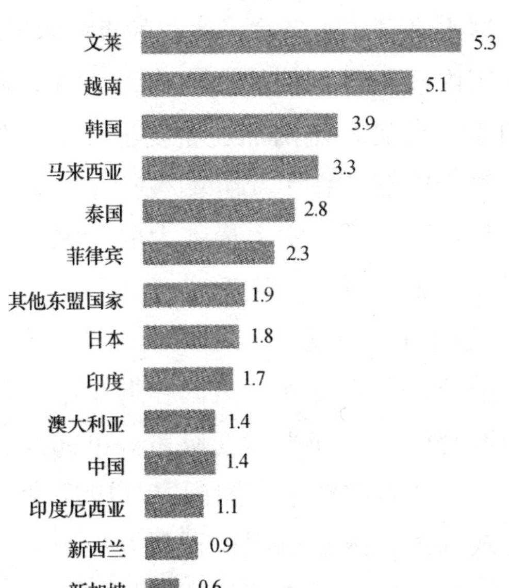

资料来源："东亚经济一体化呈现新亮点"，载《人民日报》(2013 年 5 月 9 日)。

四、东盟内部存在较大差异，一体化进程面临多重困境

东盟虽有 10 成员国，但各国之间经济发展水平存在巨大差异，有人均 GDP 超过 4 万美元以上且排名世界前列的新加坡和文莱等国，也有人均 GDP 不到 1000 美元的缅甸和柬埔寨等国。东盟 1967 年成立，印度尼西亚、马来西亚、菲律宾、泰国、新加坡是东盟创始成员国，文莱 1984 年独立后加入东盟，东盟 5 个创始会员国加上文莱被称为东盟老成员国。冷战期间，东盟创始成员国在第二次印度支那战争（1967—1975 年）到越南侵略柬埔寨及越南从柬埔寨撤军之前，老东盟成员国与后来加入的东盟新成员国之间存在深刻矛盾甚至发生过对抗。东盟将建立东盟自由贸易区的最终目标确定为零关税，东盟 6 个老成员国（印度尼西亚、泰国、新加坡、菲律宾、马来西亚、文莱）实现零关税的最后期限为 2015 年，新成员国（越

南、老挝、缅甸和柬埔寨）的最后期限为2018年。由此可见，东盟成员国经济发展水平是东盟经济一体化的重要障碍。

其实，东盟内部矛盾不仅体现在经济方面、政治矛盾、文化差异，特别是领土纠纷是东盟内部的主要方面。首先，东盟国家之间的政治矛盾短时期内难以消除。越南是东盟10国之中唯一的社会主义国家，并且是东盟中军事实力最强大的国家（越南是东盟成立时的主要防范对象，东盟成立的主旨之一是防止共产主义在东南亚扩散），而美国重返东亚后一方面试图鼓动包括越南在内的东盟国家做遏制中国的马前卒；另一方面，美国在遏制中国的同时，也会对同为社会主义国家越南推行和平演变政策。再如缅甸民主进程问题牵扯多国家利益，并且影响多个东盟国家。1997年，东盟不顾西方压力接受缅甸正式加入，虽然东盟迫于西方压力，一度不让缅甸担任轮值主席国，但始终保持了与缅甸的建设性接触，坚持了不抛弃缅甸、不孤立缅甸、促进缅甸改革的基本政策。

其次，东盟一直受到成员国之间的领土纠纷困扰。东盟国家之间不仅发生过越南侵略柬埔寨的战争（越南加入东盟之前），而且泰国与柬埔寨因领土纠纷发生过军事冲突。在南海问题上，越南、菲律宾、马来西亚、印度尼西亚、文莱五国之间也存在着争议。2010年8月13日，印尼与马来西亚两国因领海问题起争端，印尼扣留了7名马方渔民，马方逮捕了印尼3名海洋事务和渔业部工作人员；新加坡与马来西亚在“白礁岛”主权上的纠纷一直闹到海牙国际法庭，但依旧没能解决；马来西亚和菲律宾之间存在“沙巴”主权归属的争议，虽经多年谈判，但是矛盾依旧难以化解。2013年2月，菲律宾武装分子潜入马来西亚沙巴州，引发军事冲突。

再次，东盟各国政治制度存在差异，宗教信仰各不相同。在政治制度方面，东南亚国家和地区有社会主义制度、资本主义制度等各种类型的政治制度；在政体方面有共和制、君主立宪制，甚至还有实行君主制的文莱；东盟有像新加坡这样既保留东方文明传统又十分西化的现代国家，有以信奉伊斯兰教为主的马来西亚和印度尼西亚，又有以信奉基督教为主的菲律宾，也有像泰国这样以信奉佛教为主的国家。一方面，东南亚地区内部矛盾（如种族对立，分离主义等）以及外部压力（如国际恐怖主义威胁、非法移民现象严重等）的日益加大，东盟只能通过讨论协调的方式达成一致，不实行“多数票决定”原则，另一方面，东盟国家的政治、文化差异制约着一体化程度的加深，不仅难以出台像欧盟宪法那样的东盟宪法，而且也为大国分化和插手提供可乘之机。

五、美重返东亚加剧南海争端，南海争端呈复杂化趋势

布什政府时期，美国将主要精力集中在中东反恐战场，对东盟相对疏远，与之形成鲜明对比的是，在同一时期，中国与东盟关系迅速发展。与此同时，东盟倡导的东盟＋中日韩（“10＋3”）合作，逐渐成为代表东亚合作的主流概念，特别是印度、澳大利亚和新西兰随之加入东亚峰会，亚洲一体化趋势得到本区域多数国家认可。据IMF预测，到2015年，亚洲经济规模将达25万亿美元，超过北美自贸区的22万亿美元和欧盟的20万亿美元。而时任日本首相的鸠山由纪夫又于2009年提出“东亚共同体”，包括亚洲盟国的日本在内的国家离心倾向，使美国感觉到自己似乎被排除在东亚一体化之外。为此，奥巴马第二任期开始后就提出要做美国第一位太平洋总统。美国国务院负责东亚事务的助理国务卿坎贝尔表示，2011年是美国重返亚洲的关键年。奥巴马总统已接连参加APEC、东亚峰会以及美国东盟领导人峰会，全面巩固美国与亚洲国家之间的关系。2010年7月，时任美国国务卿的希拉里·克林顿在东盟论坛上高调介入南海主权争端。美国政府高调宣布美国重返东南亚，无疑是要收复“失地”。与此同时，东盟国家也急切盼望美国的重返。在制衡中国问题上，美国与东盟国家可谓找到了“共同语言”。伴随着美国重返东亚，某些国家认为可以借美国之力平衡中国的影响，在南海问题上显示出更足的底气，于是，南海争端在2010年开始逐渐加剧。

表 3.6 南沙群岛岛礁实际控制情况①

国家和地区	岛礁数量	岛礁名称
中国（台湾）	1	太平岛
中国（大陆）	8	赤瓜礁、东门礁、南熏礁、诸碧礁、华阳礁、永暑礁、美济礁、仁爱礁
菲律宾	8	马欢岛、费信岛、中业岛、北子岛、南钥岛、西月岛、双黄沙洲、司令礁、
马来西亚	5	弹丸礁、光星仔礁、南海礁、愉亚暗沙、簸箕礁
文莱	1	南通礁
越南	29	南子岛、敦谦沙洲、鸿庥岛、景宏岛、中礁、南威岛、安波沙洲、染青沙洲、毕生礁、柏礁、西礁、无乜礁、日积礁、大现礁、东礁、六门礁、南华礁、舶兰礁、奈罗礁、鬼喊礁、琼礁、蓬勃堡礁、广雅滩、万安滩、西卫滩、李准滩、人俊滩、金盾暗沙、堡南暗沙

资料来源：李金明：《南海争端与国际海洋法》，北京：海洋出版社 2003 年，第 7—8 页；国家海洋局海洋发展研究所：《专属经济区大陆架》，北京：海洋出版社 2002 年，第 125—126 页。

南海是我国南部的陆缘海（Epicontinental Sea），也是世界第三大陆缘海。[②] 中国最先发现并开发南海诸岛，对南海拥有无可争辩的主权。1946 年，中国政府根据《开罗宣言》和《波茨坦公告》精神，委派专员接管了西沙和南沙群岛。1947 年，中国在南海地图上标出了一条断续线，逐渐形成"九段线"。[③] 一些国家政府曾公开承认过中国对南海拥有主权，后又出尔反尔。如越南政府分别于 1954

① 仁爱礁是南沙群岛上的一个岛礁，位于九段线之内。1999 年 5 月 9 日，菲律宾利用前一天中国驻南斯拉夫大使馆被美国轰炸之机，故意将一艘破旧的坦克登陆舰在仁爱礁附近搁浅，试图事实占有仁爱礁，并派兵驻守该军舰。2013 年 5 月，中国军舰、海监船进驻仁爱礁，已经事实收回仁爱礁。

② 陆缘海是大海的四周大部分是由半岛、岛屿或者陆地所包围的大海。世界上三大陆缘海分别是珊瑚海、阿拉伯海和我国的南海。

③ 1947 年，当时的中国政府内政部方域司在其编绘出版的《南海诸岛位置图》中，以未定国界线标绘了一条由 11 段断续线组成的线。新中国成立后，由于与越南关系友好让出北部湾、东京湾两条线，将这 11 条改为 9 条，"九段线"因此而得名。

年和1975年承认西沙和南沙是中国领土。20世纪60年代，越南出版的地图也将南沙群岛标明为中国领土。直到1978年12月，马来西亚才在其公布的大陆架地图上将南沙群岛的部分岛礁和海域标在马来西亚境内。南海地区自发现了大量油气资源，被认为是第二个波斯湾，越南、马来西亚、文莱、菲律宾自20世纪70年代开始抢夺南海岛礁，开采南海油气资源。1982年第三次联合国海洋法会议通过《联合国海洋法公约》后，各国都试图扩大海洋主权以争取海洋资源，南海岛礁争夺达到高潮。南海大陆架预计蕴藏有300亿吨石油和16万亿立方米天然气，成为越南、菲律宾、马来西亚、文莱等国觊觎的目标，企图与中国争夺。某些国家已经获得实际利益，例如，2010年，越南国家油气集团总收入为478.4万亿越南盾（1美元约合2.1万越南盾），约占当年越南国内生产总值的24%。

表3.7　南海周边五国开采油气情况

国家	石油产出　天/（万桶）	天然气产出　年/（万立方英尺）
文莱	19.5	3340
马来西亚	75	14370
菲律宾	0.946	10
越南	35.6	190
印度尼西亚	21.5	120
合计	152.546	18030

资料来源：迟福林等：《南海开发计划与海南战略基地建设——对我国“十一五”规划的建议》，载《经济研究参考》，2005年第51期，第2—9页。

中国关于南海问题的立场自1947年来从没有改变过。改革开放后，中国政府始终坚持“搁置争议　共同开发”的原则。有关国家却不断抢夺南海岛礁，不仅不与我共同开发，而是采取了“动作—得利，再动作—再得利”的方式，大肆掠夺南海资源。2002年，我国与东盟10国在柬埔寨签署《南海各方行为宣言》，提出“直接有关的主权国家通过友好磋商和谈判，以和平方式解决它们的领土和管辖权争议，而不诉诸武力或以武力相威胁”，以及“各方承诺保持自我克制，不采取使争议复杂化、扩大化和影响和平与稳定的行动，包括不在现无人居住的岛、礁、滩、沙或其他自然构造上采取居住的行动，并以建设性的方式处理它们的分歧。”然而某些国家一再违反《南海各方共同宣言》，不仅加快了抢占本属中国的南海岛礁，而且在其强行占据的岛礁上修建机场、港口等军事设施，发展观光旅游等民用事业，建立所谓的行政管理机构并任命民事官员进行“管理”。而《南海各方共同宣言》似乎只对中国有约束力，直到2011年，不仅没有任何一个南海国家与中国共同开发，中国也未在南海打一口油井。

目前，中国在南海问题上面临的挑战不仅是美国重返东亚的压力，还有日本、越南和菲律宾等国遥相呼应，逐渐形成以美国为后盾，日本为策应，越南和菲律宾为先锋的遏制中国的新阵营。美国高调提出“重返亚太”的意图是遏制中国的快速崛起，但美国又不愿意与中国直接对抗，于是提出了所谓的“航海自由”问题。美国国务卿希拉里·克林顿在接待到访的菲律宾外长阿尔韦特·德尔罗萨奥里时表示，“我们担心，最近发生在南中国海的事件可能会破坏该地区的和平与稳定”，“美国在航海自由和遵守国际法方面的国家利益受到了威胁”。①其实，南海从来没有出现过航行不自由的问题，南海周边任何国家都没有发出过类似的警告，美国提出“航海自由”成为美国“重返亚太”的借口。正如菲律宾智库人民参政权研究中心学者博比·图亚松所说的，美国“可以利用与菲律宾以及东亚其他国家的许多防御条约来加强和调整其安全力量，以便对中国进行战略包围吗？这难道不会是南中国海更大的紧张和冲突的来源吗？”②日本自冷战后也开始从战略上逐步介入南海地区。1995年中菲美济

---

① 陈虎：“‘航海自由’的背后玄机”，载《人民日报海外版》（2011年06月29日第1版）。

② 陈虎：“‘航海自由’的背后玄机”，载《人民日报海外版》（2011年06月29日第1版）。

礁争端爆发后，日本政府多次表示关切，试图借此问题牵制中国。日本曾建议“就地区安全问题与每个东盟国家举行坦诚的双边对话”。[①] 2012 年，日本宣布向菲律宾海岸警卫队捐赠 10 艘新巡逻艇（每艘造价 1100 万美元），试图壮大菲律宾与中国军事对抗的实力。日本防卫省防卫研究所曾对 2015 年的日本安全环境做出预测，认为“中国将成为经济、军事和政治大国”，并对马六甲海峡至巴士海峡的海上航道构成威胁，南中国海有可能变成“中国海”，将极大威胁到日本海上运输线的安全，还表示愿派海上自卫队协助在马六甲海峡巡逻。[②]

大国插手南海争端导致南海局势呈越来越复杂的发展趋势。除美、日外，印度、俄罗斯都已经或者试图染指南海。2006 年，印度国有的石油天然气公司同越南政府就所谓的“127 号”、“128 号”两个区块的开采问题基本达成协议，投资金额为 2. 25 亿美元。当时，中国有关部门就通过外交等渠道向印、越表达了对这一合作开发项目的立场，希望有关国家尊重中国的主张、立场和权益，不单方面采取任何使问题复杂化、扩大化的行动，并希望有关外国公司不要卷入南海争议。该协议不仅侵犯中国主权，而且违反《南海各方行为宣言》。[③] 2013 年 6 月，印度和越南在南海进行联合军事演习。此次演习，印度派出东部舰队 4 艘军舰“萨特普拉”号导弹护卫舰、“沙克蒂”号远洋补给舰、“兰维杰伊”号驱逐舰和“科赤”号护卫舰，搭载 1200 名军官和水兵，4 日抵达越南中部的岘港。印度长期将中国作为头号敌人，并且与中国存在陆上领土争议，试图通过染指南海制约中国。2012 年 4 月，俄罗斯天然气工业公司与越南签署了开采南海两个大型天然气田的协议。越南无疑想将俄罗斯拉入南海争端之中，进而孤立中国。鉴于俄罗斯与中国

① ［日本］《每日新闻》（1997 年 12 月 10 日）。

② 张瑶华：“日本在中国南海问题上扮演的角色”，转引自《国际问题研究》2011 年第 3 期。

③ “印越油气项目部分进入中国海域”，载《人民日报》2011 年 9 月 23 日。

的友好关系，俄官方表示不介入南海领土争端的立场，但越南可能通过吸引俄罗斯重返金兰湾，① 特别是越南大量采购俄罗斯武器，使俄罗斯在越南对华战略对抗问题上处于有利地位。近年来，越南大量采购包括苏－30MK2 歼击机、导弹艇、“豹”护卫舰、“堡垒”移动式岸防导弹系统及其反舰巡航导弹等俄罗斯武器装备，增强了与中国海上对抗的实力。

第三节 中国与东南亚国家合作模式的设想与对策

中国与东南亚国家的地缘经济政治联系决定了双方在经济贸易往来上呈多层次、多形式和开放性特点，而中国与东盟已经建立起包括中国—东盟自由贸易区在内的多重合作机制。根据中国与东南亚地区的地缘经济政治发展态势分析，中国与东南亚和地区还存在着经济合作模式创新的巨大潜力。

一、在务实合作与互利共赢中打造海洋强国

中国虽横跨“心脏地带”和“边缘地带”，但长期受美国部署的三个“岛链”困扰，中国的地缘优势实际上仍主要局限于“心脏地带”。东南亚地区则属于亚欧大陆的“边缘地带”，在地缘经济政治上有着独特优势。东南亚地区部分国家虽长期与美国有着密切联系，但是东南亚大部分国家并不是美国的铁杆盟友，有些国家甚至与中国关系更为密切，中国具有可以拓展的地缘空间。如果中国与东南亚形成地缘经济政治的相互依托关系，既可以做到固本于“心脏地

① 金兰湾是连接太平洋和印度洋的战略通道，距连接太平洋和印度洋的国际航线只有 1 小时航程，具有重要的战略地位。该港入口狭窄，地势险要，便于防御，是世界上最好的天然深水良港之一。历史上，法国、日本、美国、苏联都先后使用过金兰湾港。越南还一直大量采购俄罗斯武器装备，包括苏－30MK2 歼击机、导弹艇、“豹”护卫舰、“堡垒”移动式岸防导弹系统及其反舰巡航导弹等。

带”，也有利于固城于“边缘地带”，并以贯通两大地带来扩大中国和东南亚的地缘经济政治综合优势。

中共十八大提出建设海洋强国战略，而中国拥有1.8万公里的海岸线和300万多平方公里的海洋国土，而南海面积占到中国全部海洋国土的87%，为260万平方公里。中国在南海问题上没有长远战略和宏观战略是中国被动的主要原因，而中国历来坚持通过谈判解决国际争端。南海资源开发无疑是中国建设海洋强国的战略重点。目前，中国应该采取的基本对策是立即制定南海中长期开发战略，并逐步实施以下具体措施：

其一，坚持“主权在我”为基础的合作。当今世界，经济全球化在曲折中发展，地区经济一体化呈方兴未艾之发展趋势。中国与东南亚地区国家不仅有着长期友好交往的历史，而且双方都有着不断加深经济合作的良好愿望，特别是中国—东盟自由贸易区建立后经济一体化进程进一步加快。同时，南海争端涉及“六国七方”，即中国、越南、菲律宾、马来西亚、印尼、文莱等国家和中国台湾。各方都没有通过武力解决争端的愿望和要求，存在着合作的潜力。中国一直致力于南海争端的和平解决。2002年11月，中国与东盟国家签署《南海各方共同宣言》，确认中国与东盟致力于加强睦邻互信伙伴关系，共同维护南海地区的和平与稳定，强调通过友好协商和谈判，以和平方式解决南海有关争议。《南海各方共同宣言》提出有关各方重申制定南海行为准则将进一步促进本地区和平与稳定。2013年4月召开的东盟峰会发表的主席声明提出，希望各成员国部长们继续与中国积极努力，在共识的基础上早日达成“南海行为准则”。中国外交部发言人此前也曾表示，中国和东盟国家将继续保持对话与协商，增进互信，在协商一致基础上朝达成“南海行为准则”而努力。①

① “东盟想早日与中国谈‘南海行为准则’”，载《环球时报》（2013年4月26日第3版）。

中国一直为与东盟国家进行海上合作而努力。2011 年 11 月，中国决定设立 30 亿元人民币的中国—东盟海上合作基金，从海洋科研与环保、互联互通、航行安全与搜救、打击跨国犯罪等领域做起，逐步将合作延伸扩大到其他领域，形成中国—东盟多层次、全方位的海上合作格局。中国的努力不意味着中国的让步，某些国家正是利用了中国和平解决南海问题的战略，大肆掠夺南海岛礁。1990 年，邓小平提出“主权在我，搁置争议，共同开发”的主张，“主权在我”是中国解决南海争端的原则和前提，也是今天中国与南海周边国家合作的基础。对明目张胆带头挑战中国底线的国家不仅仅要冷淡他们，而且要采取必要的制裁，[①] 果断中止与其部分乃至所有经济合作项目，甚至中断其他方面的交往，真正伤其筋骨，也对其他国家起到警示作用。对于域外国家，在可以保证海上自由的前提下，不允许他们有干涉中国主权的越轨行为。目前，东南亚国家寄希望于美国重返东亚来保障其安全，将其作为平衡因素和与中国抗衡的力量。正如德国《世界报》提出的，“会发生新冷战吗？中国想在不发生战争的情况下扩展势力，美国想在不发生战争的情况下维持现状。”[②] 东盟在解决安全问题上长期坚持自主的“东盟方式”，如果美国过分介入南海争端，并不利于美国在东南亚的“重返”战略。东南亚国家大都认同和主张“大国平衡”战略，希望中美相互制约，给自身更大的发展空间。南海周边国家并没有与中国交战的愿望，即使发生战争，也不会影响中国崛起。中国只有坚持“主权在我”的原则，并以此为基础与南海周边国家进行合作，才能在解决南海问题上有所作为。

其二，加快南海油气资源开发步伐。建设海洋强国，基础性的工作就是加快海洋开发。党的十八大报告明确指出：“提高海洋资

---

① “冷淡菲律宾，让其付出代价”，《环球时报》社评（2011 年 11 月 17 日第 14 版）。

② 米歇尔·施蒂默尔：“中国和美国争夺太平洋”，载［德国］《世界报》网站 6 月 9 日，转引自《参考消息》2013 年 6 月 11 日。

源开发能力，发展海洋经济，保护海洋生态环境，坚决维护国家海洋权益，建设海洋强国。”① 长期以来，中国坚持“搁置争议，共同开发”主张，自觉遵守《南海各方共同宣言》。而越南、菲律宾、马来西亚、印度尼西亚和文莱等国家不仅大肆抢占南海岛礁，而且无所顾忌地在南海进行油气资源开发，已经建成200多个钻井平台，从我国的南海获取巨大的石油、渔业经济利益。虽然中国政府始终坚持南海岛礁属于中国，而我国相关部门和企业却行动迟缓。“搁置争议，共同开发”实际变成了“搁置开发，共同争议”。

中国必须在南海资源开发上有实质性行动，有必要首先确定作为蓝色国土的南海领域里中国的可开发范围，并出台相应的指导性开发文件。如果自身缺乏开放的实力或缺乏开发的意愿，谈何“共同开发”？1982年1月，国务院发布的《中华人民共和国对外合作开采海洋石油资源条例》，为海洋石油的对外开放提供了法律依据。与此同时，中国政府宣布将进行海洋石油对外合作招标。数十家外国公司做出投标响应，表现出空前高涨的热情。同年，中国海油应运而生，代表中国执行对外合作业务。如今，中国已经具备了海洋开发的实力，南海争端无疑刺激了中国海洋油气开发的意愿。2012年9月，中国第一艘航母辽宁号诞生，“蛟龙”号载人潜水器7000米级海试取得圆满成功。2012年5月9日，“海洋石油981”可钻井深1500米。2012年5月15日，中国首艘3000米深水铺管起重船“海洋石油201”从青岛起航赴中国首个深海气田“荔湾3－1”。在南海海域正式开钻具有战略意义。同时，并鼓励和保护有远洋捕捞能力的中国渔民到南海海域进行捕捞作业，渔政船定期和不定期地进行巡航。特别是2012年三沙市的建立和2013年大部制改

① 胡锦涛：“坚定不移沿着中国特色社会主义道路前进，为全面建成小康社会而奋斗——在中国共产党第十八次全国代表大会上的报告（2012年11月8日）”，载《人民日报》（2012年11月18日第4版）

革重设国家海洋局，改变了过去多头管理的无序状态。南沙共有230多个岛礁、浅滩、暗沙，50个已经被他方占领和控制，我们要据理力争，争取共同开发。另外还有180多个礁滩无人控制和占领，这180多个礁滩虽然开发条件较差，但对这些地区的控制和开发，不仅可能取得较大收获，而且能够形成对他方占领的岛礁挤压乃至收回的有利条件。

中国对南海资源开发的深入，将逐渐形成共同开发的基础。大部分南海周边国家不具备在南海独立开发油气资源的实力和技术水平。他们现行的开发基本上都是与跨国公司合作进行的。中国当务之急要做的就是坚持“主权在我”，以实际行动阻止域外国家特别是跨国公司参与中国领海范围内资源开发，或者与我合作进行开发。这样的结果就是，无论是跨国公司也好，还是南海周边国家也好，要想合作开发，只有与中国合作，别无他法。另一方面，国家要将加快海洋开发技术的研究与运用作为紧迫的战略性任务，在发展军事力量为保证的前提下，最重要的是海洋综合技术的发展，如加强所实际控制岛礁的建设、提高远洋补给能力等。

同时，大陆可以尝试与台湾进行实质型合作。南海最大岛屿太平岛为台湾控制，岛上有驻军并建有机场。短期内大陆与台湾难以实现大规模合作，但并不代表不可以进行实质性合作。如能建立全面和长期合作机制，意义更重大。甚至可以探讨与台湾方面在钓鱼岛问题进行合作，开辟两岸合作解决领土问题的合作渠道。

图 3.3　中国首艘深水铺管起重船启航赴南海

资料来源：转自中新社 2012 年 5 月 15 日，王新制图。

二、区域国际中心的地缘经济政治战略抉择

建立区域性国际中心可以逐渐达到经济合作和政治整合的双重目的。就国经济合作而言，可以促进与周边国家互利共赢，加快一体化进程；就国家安全而言，可以做到固本于“心脏地带”，固城于“边缘地带”，并以贯通两大地带来扩大中国的地缘优势，整合周边地缘资源以建立安全互信机制。

（一）以云南省昆明市作为国际性城市建立区域国际中心

昆明市是南贵昆经济增长的重要一极，是中国西部地区重要的旅游、商贸、科教、信息中心和物资集散地之一，也是中国生物和信息等高新技术研发的重要基地之一。南贵昆经济区与泰国、柬埔寨近邻，并与越南、老挝、缅甸3个国家山水相连，作为中国通往东南亚、南亚国际大通道的枢纽，昆明又是中国、南亚与东盟三大市场的连结点。2011年5月，国务院下发《关于支持云南省加快建设面向西南开放重要桥头堡的意见》，对云南的发展进行了全面部署。《云南省加快建设面向西南开放重要桥头堡总体规划（2012—2020年）》已获国务院批准，按照《规划》确定的战略定位、发展目标、区域布局、重点任务，有序推进云南“桥头堡”建设。[①] 云南省正在建设的滇中城市经济圈将“一区、两带、四城、多点”作为一个有机整体，其中“一区”是核心，“两带”是双翼，“四城”是纽带，“多点”是基础。[②] 云南省独特的区位条件，使其具备参与多边外向区域合作的地理优势。2011年，云南与东盟国家贸易额为59.9亿美元，同比增长30%。其中，出口35.5亿美元，同比增长22.4%；进口24亿美元，增长43.3%。其中，云南对泰国、马来西亚、菲律宾、越南等国进出口增速均在50%以上。而云南与缅甸、越南、老挝边境小额贸易累计进出口总额17.8亿美元，占全省对东盟贸易的34%，云南对缅贸易占全省对东盟贸易的40%左右。昆明市作为国际性城市，其他边境城市（如文山、红河、普洱、西双版纳、临沧、德宏、保山、怒江等，见图3.4）为节点，构成对越南、

---

① “云南加快向西南开放，桥头堡建设规划获国务院批准”，《人民日报》（2012年11月01日02版）。

② “一区”，即滇中产业新区，“两带”，即昆曲绿色经济示范带和昆玉旅游文化产业经济带，“四城”，即昆明、曲靖、玉溪、楚雄4个城市，是滇中城市经济圈建设的主体，“多点”，指4州市辖区的42个县（市、区），是滇中城市经济圈的基础和基石。

老挝、缅甸等国家的经济辐射。仅以瑞丽为例，截止到2011年12月31日，共有1007.6万名旅客和219.2万辆交通运输工具从该口岸出入，分别增长22.6%和17.2%。[①] 同时，云南在“内引”方面业已形成规模。云南与以上海、浙江为重点的“长三角”地区的合作，也成为云南招商引资的新增长点。2011年，云南实际引进“长三角”地区资金340.9亿元，占同期省外到位资金的19%，其中，上海实际到位资金46.5亿元，年均增幅高达65%，沪滇经济社会合作保持平稳较快发展。[②] 2012年9月，云南省政府决定批准麻栗坡（天保）、

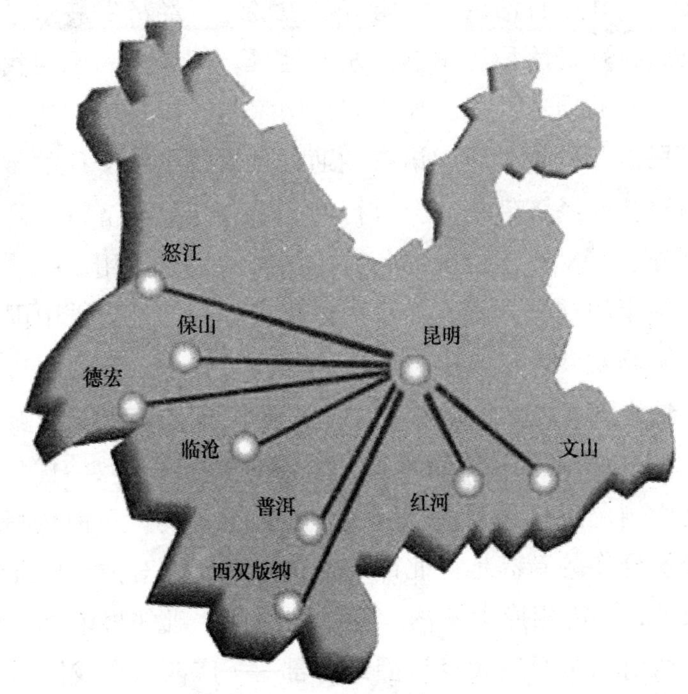

图3.4 边合区带动云南沿边崛起

资料来源：罗蓉婵：《边合区带动云南沿边崛起》，载《人民日报海外版》（2012年09月17日第2版）

① “前沿资讯”，载《人民日报海外版》（2012年1月30日第2版）

② 罗蓉婵、杨红川：“‘引进走出’，云南发展新引擎”，载《人民日报海外版》（2013年1月1日第2版）。

耿马（孟定）、腾冲（猴桥）、孟连（勐阿）、泸水（片马）和勐腊（磨憨）为省级边境经济合作区，并积极争取国家将其批准为国家级边境经济合作区。建立此区域国际中心实际可以达到经济上互利共赢的效果，而且有利于周边国家某些地区对中国的向心力，进而影响其中央政府。[①]

（二）建立大西南沿边开放带以促进边境地区辐射东南亚国家周边地区

中国广西壮族自治区、云南省等边境地区经济发展水平虽然落后于内地，特别是落后于中国的东部地区，却大大高于与我国接壤的东南亚国家的周边地区。加之周边国家与我国接壤的地区与我国周边地区民族相同或相近，语言相通，且未曾中断交往的传统，建立西南沿边开放经济带是完全可行的。沿边开放经济带与区域国际中心内联外引，发挥连接东部与周边国家的桥梁作用。一是可以实现与周边国家的互利共赢，加快一体化进程；二是促进中国东西部地区经济协调发展；三是整合周边地缘政治资源，建立周边安全互信机制。这样既可以做到固本于“心脏地带”，也有利于固城于“边缘地带”，并以贯通两大地带来扩大中国的地缘经济政治优势。以广西北部湾为例，拥有1600多公里海岸线的北部湾，正悄然崛起为国际区域经济合作的新高地。北部湾的优势在于：对内，可互动东中西部；对外，一湾相挽十一国。背靠大西南，毗邻粤港澳，地处我国华南、西南和东盟三大经济圈结合部——广西，是我国与东盟之间唯一既有陆地接壤又有海上通道的区域，区位优势得天独厚。[②]2011年，广西北部湾经济区生产总值3862.33亿元，同比增长

---

① 如缅甸新政府上台后停建了中国公司承建的密松水电站，这是对华关系的一个信号。而在缅甸境内的佤邦、果敢地区如果在对中国西南地区经济交往中受益，加之特殊历史原因，将对缅甸政府产生重大影响，从而实现“以小搏大”的目的。

② “壮乡崛起国际区域合作新高地”，载《人民日报》（2012年3月09日第21版）。

15.9%，高于全区3.6个百分点，所辖钦州、北海、防城港3市分列全区增长幅度最大的前三名。孙中山先生曾在《建国方略》中把位于北部湾的钦州港规划为“南方第二大港”。北部湾通往越南、云南、贵州、湖南、广东等地出省出边的6条高速公路已全部通车，往广东、湖南、云南的高速铁路在加快建设，北部湾经济区内正在形成“一小时交通圈”。2011年，第十次中国—东盟（“10+1”）经贸部长会议通过了《泛北部湾经济合作可行性研究报告》，标志着泛北部湾经济合作取得了实质性进展。[①] 如今，泛北部湾国家正在制定《泛北部湾经济合作路线图》，筹备共建产业园区，《泛北部湾港口物流合作专项规划》、《南宁—新加坡经济走廊陆上交通基础设施专项规划》等专项规划也在探讨之中。云南、四川、湖南等周边省区正在计划建设6个规划面积5平方公里以上的临海产业园，以“飞地经济”模式合作开发。[②] 2013年6月，根据广西凭祥市地处中越贸易主通道的地缘经济政治条件，中国决定设立广西凭祥边境自由贸易合作试验区，以此提升边境合作水平，促进边境地区跨越式发展。按照设想规划，广西凭祥边境自由贸易合作试验区位于中国广西凭祥友谊关、浦寨、弄怀与越南谅山同登国界线毗邻接壤区域，规划建设面积约11平方公里。试验区将实行“边境特区、境内关外、自由贸易、封闭运作”模式，形成人员自由、货物自由、贸易自由、投资自由、结算自由的局面。[③]

① “北部湾崛起国际区域经济合作新高地”，载《人民日报》（2012年2月26日第1版）。

② “泛北合作，路在脚下”，载《人民日报海外版》（2012年7月17日第4版）。

③ “中越边境计划设立自贸合作试验区”，载《人民日报》（2013年06月11日第5版）。

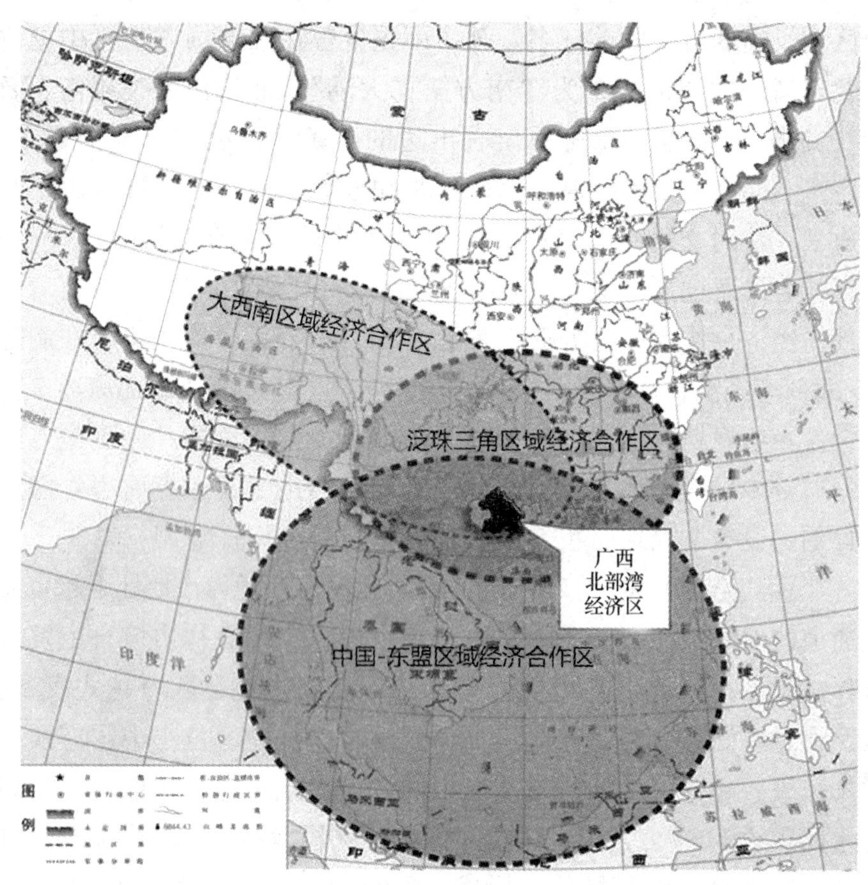

图 3.5　大西南经济区对中国—东盟自贸区的辐射作用

资料来源：中国—东盟科技合作与成果转化网，http：//www. cn-asean. cn/zt/2011qzbsq/191668. shtml。

三、中国—东南亚地区公路网和铁路网的前景

虽然联合国在 1959 年就倡导建立泛亚公路（Asian Highway, AH)，2003 年，泛亚公路跨政府协定（IGA）在跨政府会议上获得通过。但如果没有中国的大力推动，这项浩大工程难以真正实现。中国积极支持《东盟互联互通总体规划》，参与东盟国家互联互通项目

建设，涉及公路、铁路、水运、电力、通信等众多领域。2010 年 4 月，中国设立了总规模 100 亿美元的中国—东盟投资合作基金，宣布提供 250 亿美元信贷，支持东盟基础设施建设等项目，并为中国与东盟国家企业间的经济合作提供融资支持。[①] 2008 年 3 月通车的曼昆公路（6500 公里）连接东南亚多个国家，其经济价值和社会价值不可估量。中国—东南亚铁路是指从中国出发最终到达新加坡的铁路。而建立中国—东南亚高速铁路网的经济社会发展意义更为重大，可以提升各国间的物流、客运效率，也方便各国就近开拓邻国市场。为此，区内交通建设必须先行。2012 年 5 月 30 日，中越两国交通运输部签订《中华人民共和国交通运输部和越南社会主义共和国交通运输部关于建立国际汽车运输行车许可证制度的协议》，放宽限制的货车和客车可以穿行于越南河内和中国深圳之间 1300 公里长的公路，该协议的签署被亚洲开发银行誉为“区域合作的重要里程碑”。如今，泛亚铁路建设积极推进，海上互联互通建设正在启动，中国与东盟互联互通亦指日可待。以广西为例，2011 年共完成铁路建设投资 309 亿人民币，居全国第二位。2012 年，广西有 21 个在建铁路项目，区内建设里程约 2500 公里，总投资约 2000 亿元人民币。2012 年底建成并开通南广铁路、南钦铁路、钦北铁路、钦防铁路、玉铁铁路、湘桂铁路扩能、柳南城际铁路共 7 条铁路。同时，加快推进南宁铁路枢纽和柳州铁路枢纽建设，并积极推进黄桶至百色、南宁至凭祥、合浦至湛江、河池至南宁、柳州至肇庆铁路等 9 个项目的前期工作，以构筑跨省、出境、通边、达海的铁路交通网络。2012 年，广西有 7 条高速铁路建成，迎来高铁时代。

---

① “中国与东盟互联互通渐入佳境”，载《人民日报》（2012 年 9 月 18 日第 20 版）。截至 2012 年 5 月，该基金已在菲律宾、柬埔寨、泰国、老挝以及马来西亚进行了 5 个项目的投资。

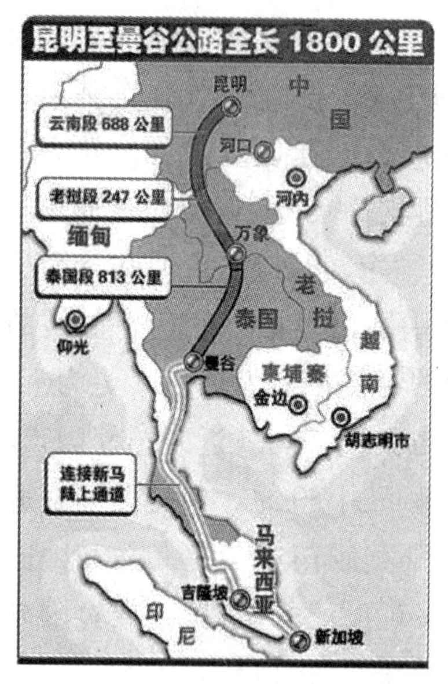

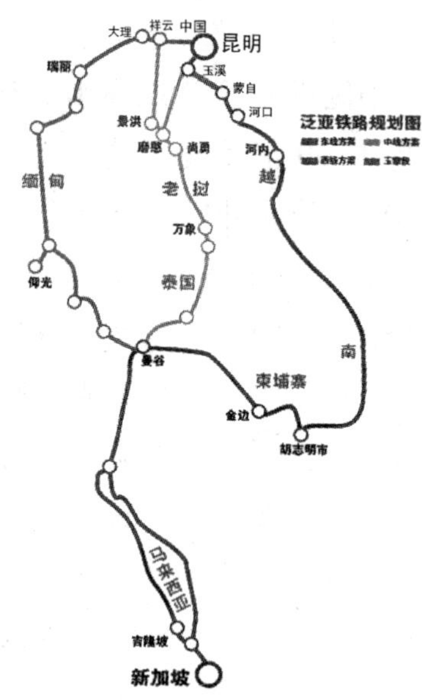

图 3.6　左为中国至东南亚国家公路网，右为泛亚铁路的东南亚地区示意图

四、次区域合作促进相关国家经济共同发展

素有“东方多瑙河”之称的澜沧江—湄公河流经中国、越南、缅甸、老挝、柬埔寨、泰国共 6 个国家，大湄公河次区域总面积 230 万平方公里，人口 2.5 亿。大湄公河次区域经济合作开始于 20 世纪 90 年代初。中国政府非常重视大湄公河次区域经济合作。1994 年，中国政府成立了“国家澜沧江—湄公河流域开发前期研究协调组”。2000 年 4 月，中、老、缅、泰四国交通部长正式签署《澜沧江—湄公河商船通航协议》，随后又签署有关谅解备忘录。2001 年，四国实现了正式通航。中国还配合东盟开展的“泛亚铁路”工作，完成了《云南省对外铁路新通道规划方案》等，并已与老挝、越南签署了政府间双边汽车运输协定，开通了由昆明通往曼谷、新加坡、万象等国际航线，我国云南与老挝、缅甸、越南在边境地区实行了旅游方面的互免签证，也为第三国旅游者提供方便。目前，大湄公河次区域合作具备了良好的发展基础。

第一，大湄公河次区域合作已经有了制度化合作平台。中国参与的主要是以下三大合作机制：亚洲开发银行大湄公河次区域合作（GMS）、东盟—湄公河流域开发合作（AMBDC）、湄公河委员会（MRC）。大湄公河次区域合作的最高决策机构为领导人会议，每三年召开一次，各成员国按照国名字母顺序轮流主办。部长级会议每年举行一次，下设专题论坛和工作组。现在的工作就是积极推动，加速经济整合。

第二，大湄公河次区域合作在新时期提出了新规划。《大湄公河次区域经济合作新十年（2012—2022）战略框架》为未来十年合作制定了三大战略目标，即推动次区域一体化进程，促进繁荣、公平的发展；在完善基础设施互联互通的基础上，为跨境贸易、投资、旅游等合作创造有利的政策环境；关注自然环境和社会因素，促进次区域可持续发展。

第三，中国是大湄公河次区域合作的主要推动者。中国和湄公河流域国家有很强的经济互补性，可以挖掘发展增长点，应对外部挑战，而大湄公河次区域合作与中国—东盟自由贸易区互为推动，互为支撑，同时与中国—东盟公路网和铁路网相互补充，相得益彰。2011 年，中国发表了《中国参与大湄公河次区域经济合作国家报告》，加强与有关国家经济贸易合作，促进共同发展。

第四，中国与湄公河流域国家在打击犯罪，维护经济贸易秩序方面进行有效的合作并逐步实现制度化。2011 年 10 月，东南亚特大武装贩毒集团“糯康集团”收“保护费”遭拒便勾结泰军射杀 13 名中国人，制造了“湄公河惨案”。此后，缅甸、老挝、泰国、中国等四国政府通力合作，将“糯康集团”主要成员引渡到昆明进行审判并予以判刑。2011 年 10 月 31 日，中、老、缅、泰湄公河流域执法安全合作会议发表了《关于湄公河流域执法安全合作的联合声明》，2011 年 12 月 9 日，中国、老挝、缅甸、泰国湄公河联合巡逻执法联合指挥部成立。

五、积极引导美国在东南亚发挥建设性作用

美国和东亚地区被宽阔的太平洋隔开，但美国一直将自己定位为东亚国家的周边国家。不管我们是否承认，美国都是中国和东南亚国家的特殊周边国家。美国在东亚发挥着举足轻重的作用。美国重返东亚，实现所谓的“再平衡”，主导东亚地区的政治、经济和军事是美国的既定战略。美国通过美日同盟和美韩同盟控制东北亚政治局势，通过与东南亚部分国家签署的一系列协定保持对东南亚的影响。美国除了在日本和韩国的驻军外，还与东南亚的泰国、新加坡、菲律宾、马来西亚和印度尼西亚都有长期的军事合作关系。同时，美国在资金、技术和市场等方面对东亚经济具有补充与支持作用。美国对东亚的直接投资、高科技、先进的管理经验和巨大的市场对东亚国家来说具有很大的诱惑力。美国对东亚区域经济合作的影响作用不可低估。

美国对东亚的任何合作都十分警惕。2004 年 8 月，美国国务卿鲍威尔在接受日本媒体采访时强调东亚地区一体化不能削弱美国的影响力。鲍威尔就日、中、韩及东盟（ASEAN）联合推进的“东亚共同体”构想发表意见时说：“如果美国同地区各国间的双边关系在任何方面都不会遭到破坏，那么各国可以自由加入这一组织。”① 美国对东亚经济一体化主要存在三个方面的担心。第一个担心是“10 +3”特别是中、日、韩联合后美国在经济上受制于东亚。东亚地区是美国的最大进出口地区之一。美国认为：“如果中国的自然资源和人力资源同日本的技术和经济力量结合起来，所产生的力量将是无法阻挡的，”如果东亚地区形成一个高度繁荣以及良好地整合的区域经济集团，其规模和动力将大大超过北美自由贸易区和欧盟，因此，

---

① 鲍威尔:“日本修宪须斟酌 东亚一体化不可削弱美国”，http://mil. news. sina. com. cn/2004 –08 –13/1736217226. html。

美国要尽量使日本相信“中国的崛起将对日本构成重大威胁”。[1] 美国的第二个担心是东亚经济一体化削弱其主导的 APEC（亚太经合组织）的作用。美国担心出现类似欧盟的东亚联合体，但又不能直接反对东亚国家顺应时代潮流而实现区域经济合作。美国在东亚地区的主要经济目标是推动东亚地区贸易与投资的自由化，确保东亚市场对美国开放以维护美国在东亚的主导地位。美国采取的主要手段就是提升亚太经合组织的功能或使之机制化，以利于其继续在东亚地区发挥主导作用。为此，美国推出并主导 TPP，以保持美国能主导东亚经济及其发展方向。美国的第三个担心是中国崛起挑战其东亚霸主乃至世界霸主地位。防止东亚出现一个挑战美国的国家或国家集团是美国的战略底线。遏止中国无疑就成为美国的既定战略。法国国际战略关系研究所研究美国对外政策的专家巴泰勒米·库尔蒙认为：“美国正努力在亚洲地区建立一张真正的盟国网或者说友国网。这样一来不仅可以封锁中国，还可以断了中国在亚洲称霸的念头。”[2]

然而，美国在摆脱国际金融危机问题上离不开东亚国家，特别是在诸如朝核、反恐等安全问题上离不开包括中国在内的东亚国家的支持。东亚国家也应清醒地看到与美国的合作对构建东亚区域经济合作的重要性，因为最让美国感到恐惧的是中日在政治上的联合。正如兰德公司的报告指出的那样，“美国对一个有凝聚力的亚洲贸易集团没有兴趣，分而治之才是真正重要的”。[3] 为此，“美国的亚洲战略就是让日本和中国成为两极进行抗衡，这是美国的平衡论。”[4] 东

① ［美］塞缪尔·亨廷顿：《文明的冲突与世界秩序的重建》，北京：新华出版社 1998 年版，第 263 页。

② 巴泰勒米·库尔蒙：“新的‘遏制政策’”，载［法国］《费加罗报》2002 年 6 月 1 日和 2 日合刊。

③ ［美］莱斯特·瑟罗：《资本主义的未来》，北京：中国社会科学出版社 1998 年版，第 121 页。

④ 韦佳、闻华整理：“中日资深外交家恳谈会发言摘要”，载《日本学刊》2002 年第 3 期，第 6—25 页。

亚国家共推东盟为领头人并将印度、澳大利亚、新西兰拉进来形成“10+6”机制，不仅可以在一定程度上打消美国的疑虑，而且有中国参与的东亚区域经济合作对解决诸如朝核、反恐问题，保持东亚地区的和平与稳定有积极作用，这可以说基本符合美国的东亚战略。况且中国对美战略方针是减少麻烦，不搞对抗。中国官方也曾表态，“欢迎俄罗斯参加东亚峰会，也欢迎美国、欧盟等其他区域外国家和组织与东亚合作、建立联系，为东亚的稳定与发展发挥积极的建设性作用。”“我们也要考虑和照顾区域外国家在本地区的合理利益，增进这些国家对东亚合作的理解与支持。”[①] 中国与东盟的合作还可以尝试与美国建立某种制度上的合作。中国—东盟自由贸易区可以与北美自由贸易区建立某种开放通道，参照美国以观察员身份参加东亚峰会的形式。虽然中美两国，乃至中国周边国家对 G2 或中美国（Chinamerica）并不认同，但中国作为崛起的大国不可能不与美国进行合作。美国作为当今世界唯一的超级大国，离开与中国的合作，其在东亚乃至世界事务中的作用也受到多方面的限制。

中美致力于建设“新型大国关系”为双方在包括东南亚地区合作提供了新契机。习近平主席三句话精辟概括了“新型大国关系”的内涵：一是不冲突、不对抗。就是要客观理性看待彼此战略意图，坚持做伙伴、不做对手；通过对话合作、而非对抗冲突的方式，妥善处理矛盾和分歧。二是相互尊重。就是要尊重各自选择的社会制度和发展道路，尊重彼此核心利益和重大关切，求同存异，包容互鉴，共同进步。三是合作共赢。就是要摒弃零和思维，在追求自身利益时兼顾对方利益，在寻求自身发展时促进共同发展，不断深化利益交融格局。美国著名学者布热津斯基曾这样评论中美关系，中美“两个大国——一个当前的大国与一个崛起中的大国，被相互依

① “坚持开放包容，实现互利共赢——温家宝总理在首届东亚峰会上的讲话”，载《人民日报》（2005 年 12 月 15 日第 1 版）。

存的共同利益联结在一起”。[1] 中美两国都同意，共同努力构建新型大国关系，相互尊重、合作共赢，造福两国人民和世界人民。两国也都承认，亚太是中美利益交织最紧密、互动最频繁的地区，中美在亚太的共同利益远大于分歧，双方应加强沟通协调，减少摩擦，努力形成良性互动格局，给中美以及整个地区带来发展机遇。[2] 客观地说，无论对美国来说，还是对中国而言，承认和允许对方在东南亚地区发挥重要作用，都不是最优选择，但却是符合客观现实的次优选择。

① 国纪平:“开创大国关系新模式的政治智慧和历史担当”，载《人民日报》(2013 年 6 月 10 日第 2 版)。

② “跨越太平洋的合作——杨洁篪谈习近平主席与奥巴马总统安纳伯格庄园会晤成果”，载《人民日报》(2013 年 6 月 10 日第 1 版)。

第四章
中国与南亚地区的地缘经济政治态势

南亚在中国地缘经济政治中处于较为独特的地位。南亚不仅是中国周边安全环境中最复杂、最敏感的一部分，而且南亚地区国家相互之间的地缘关系也错综复杂。中国是南亚最大邻国，南亚国家中有与中国产生过领土纠纷甚至发生过战争的国家（如印度），也有与中国保持传统友谊的“全天候”朋友的国家（如巴基斯坦）。而印度和巴基斯坦历史上曾经数次兵戎相见，即使今天也因领土和宗教问题难以实现和解。当前，世界形势正发生重大而深刻的变化。一大批新兴国家的发展和壮大，使国际格局不断向有利于和平与发展的方向演进。由印度、巴基斯坦、孟加拉国、阿富汗（在中亚部分讲述）、斯里兰卡、尼泊尔、不丹、马尔代夫组成的南亚区域合作联盟，其总面积超过400万平方公里，人口超过13亿，已成为新兴国际组织中一支重要的力量。印度是南亚综合国力最强大的国家，不仅在经济、文化、军事、科技等领域领先其它南亚国家，而且具有成为世界性大国的潜质。中国与印度同为发展中大国，虽有瑜亮情结，但又都是“金砖国家”成员，双方合作潜力极大。中国与南亚其他国家不仅保持着传统的友谊，而且经济联系日益密切，合作潜力巨大。

第一节　南亚地缘经济政治格局的历史与现实

一、南亚的地缘环境与中国的安全

南亚位于亚洲南部，地处印度洋北岸，东濒孟加拉湾，西临阿拉伯海，西北部有苏来曼山脉和阿拉干山脉等高大、绵延山体的围绕，面积430多万平方公里，地理上称为"南亚次大陆"。南亚次大陆主要分布有七个国家，它们分别是北部的内陆山国尼泊尔、不丹，中部的临海国印度、巴基斯坦、孟加拉国，南部的印度洋岛国斯里兰卡、马尔代夫。南亚从北纬8度延伸到北纬37度，北回归线从其中部横贯。地处低纬度，加之依山面海的地理位置，使南亚具有典型的大陆性热带季风气候。南北和东西距离各约3100公里。在南亚七国中，巴基斯坦、印度、尼泊尔、不丹通过陆地与中国接壤。南亚全境是陆权的"心脏地带"国家通往印度洋的出海口，兼具"心脏地带"和"边缘地带"的双重地缘价值。南亚濒临的阿拉伯海及其扼守的印度洋，是重要的海上能源交通通道，具有极其重要的区位战略地位。[①]

印度国土面积约298万平方公里，居世界第七位，人口约12.16亿（截止2012年），仅次于中国，居世界第二位。印度发展农业的自然条件优越，是亚洲耕地面积最大的国家。印度不但是世界上历史悠久的文明古国之一，而且近年来其教育、科技、军事力量发展迅速，软件业等高新技术产业发展处于世界领先水平。另外，巴基斯坦是南亚的区域大国，其经济、政治、文化、军事在南亚核心区的影响不容忽视。[②] 近年来，中国同南亚各国的友好关系取得了前所

① 刘从德:《地缘政治学导论》，中国人民大学出版社，2010年3月第1版，第65页。

② 刘从德:《地缘政治学导论》，中国人民大学出版社，2010年3月第1版，第65页。

未有的新发展。中国和南亚各国的友好往来日趋频繁，经贸合作不断增加，文化交流丰富多彩。中国已成为南亚区域合作联盟的观察员。和平、友好、互信、合作，是中国和南亚各国关系呈现的四大可喜的特点。①

冷战结束后，影响南亚安全的外部环境朝积极方向发展。但是，南亚内部安全形势反而有所恶化。传统安全因素和非传统安全因素相互交织，地区内部安全问题非常复杂。边界领土争端、民族纠纷、贫穷、核问题、自然灾害、恐怖主义、政局不稳、资源争端、非法移民、毒品等问题，对南亚安全构成了巨大威胁。② 由于英国长期殖民统治以及后来实行“分而治之”政策造成的恶果，南亚国家从取得独立起，就存有许多错综复杂的地缘政治问题，如克什米尔问题、俾路支斯坦问题、印中边界问题等。这些问题与各国的种族、民族、教派等矛盾交织在一起，再加上冷战时期美国、苏联在南亚的渗透和争夺，使该地区战后几十年来长期动荡不安。

在中国的周边安全环境中，南亚是极为重要的一环。南亚对中国的新疆、西藏乃至青海、甘肃、宁夏、四川和云南等地都有重要影响。

其一，就军事与国防安全而言，中印之间有漫长的边界线，且边界存在诸多争议。1962 年中印战争以来，印度国内某些势力一直把中国视为“潜在的威胁”，不时发表反华言论，支持反华活动。同时，印巴冲突不断，又相继成为事实上的核国家。印巴一旦发生战争，对中国西部边疆地区的影响不堪设想。③

其二，“藏独”分子长期盘踞印度，威胁中国边疆稳定。20 世

---

① 李涛：《南亚区域合作发展趋势和中国与南盟合作研究》，成都：巴蜀书社 2011 年版，第 58 页。

② 杨值珍：“冷战后南亚安全形势及中国对南亚安全的影响”，《湖北大学学报》2011 年 1 期。

③ 邓常春：《南亚次大陆经济发展与区域安全》，成都：四川大学出版社 2009 年版，第 302 页。

纪 50 年代末，达赖集团流亡印度，并在印度达兰萨拉成立所谓“流亡政府”，建立反华据点，长期从事分裂祖国的破坏活动，妄图把整个西藏乃至青海、甘肃、四川和云南等地的藏区从中国分裂出去。达赖集团的分裂活动不仅影响藏区稳定，而且不断流窜世界各地，以宗教名义玷污中国形象。

其三，“三股势力”对地区和平与稳定也构成了严重威胁。宗教极端势力、民族分裂势力、国际恐怖势力长期以南亚为基地，破坏中国周边稳定。南亚也是穆斯林比较集中的地区，在伊斯兰激进组织势力不断抬头的情况下，势必影响到中国新疆以及宁夏等地区的社会稳定。[①] 巴基斯坦、印度、阿富汗等已成为“东突”等暴力恐怖组织的新落脚点。近年新疆的恐怖暴力事件，几乎都在发生在与南亚接壤的新疆南部的喀什、和田、阿克苏等地区。

其四，“蒙巴顿方案”的实施给印巴分治留下纷争隐患。独立后的印度和巴基斯坦因为克什米尔归属问题矛盾不断升级，先后爆发多次大规模战争，最终巴基斯坦被印度“肢解”（东巴基斯坦独立，并于 1972 年 1 月成立孟加拉国），两国由此结下世仇并为了相互威慑而先后拥有核武器，至今仍然龃龉不断，成为南亚的主要不稳定因素之一，同时也威胁到中国在南亚的安全利益。

二、中印之间错综复杂的地缘关系

（一）中印关系历史溯源

中印两国交往历史之久远、影响之深刻，在世界文明史上实属罕见。在反抗殖民统治、争取国家独立和民族解放的正义事业中，中印两国人民相互同情，相互支持。印度社会各界对中国反法西斯战争的援助载入了史册，柯棣华大夫的英雄事迹将永远为我们所铭

---

① 文富德：“南亚在中国西部大开发战略中的地位和作用”，《当代亚太》2002 年第 3 期。

记。印度是最早与新中国建交的国家之一，曾积极呼吁恢复中华人民共和国在联合国的合法席位。中印共同在著名的万隆会议上发挥了重要作用，积极倡导和平共处五项原则，为维护亚非国家的独立和团结、促进世界和平作出了卓越贡献。

英国统治印度期间，以印度为中心，使自己在亚洲的势力伸展到北至阿富汗和西藏部分地区，南至印度洋，东至东南亚的范围。印度独立后，开国总理尼赫鲁雄心勃勃，梦想以大印度“联邦”的形式全盘继承英帝国留下的“遗产”。1947 年，印度和巴基斯坦分治使尼赫鲁的“大印度”梦想首次遭到重挫。尼赫鲁痛心地说：“巴基斯坦是一个具有不可能实现的神权概念的中世纪国家。它不应该成立，而且要不是英国人支持真纳的愚见，这件事决不会发生……总有一天合并必然会到来。”①

自 1947 年独立之后，印度就致力于成为南亚地区的霸主。印度积极推动独立自主的外交政策，压制巴基斯坦，同时与南斯拉夫、埃及共同发起不结盟运动，成为不结盟运动的领袖，一时名声大噪。由于不涉及具体的意识形态问题，美、苏两大国都将印度看成是南亚地区的主要力量而倍加重视，印度在地缘外交上表现得极为高明，靠近美国，充当美国在这一地区的代言人，同时也不忘记讨好苏联，从而获得苏联的大量援助。当1962 年中印因边界问题发生战争之时，苏联与美国不约而同地支持印度，反对中国。

中国是尼赫鲁实现其大印度“联邦”不可回避的邻近大国。尼赫鲁对华外交存在着既想与中国联合又不想放弃控制西藏地区这一不可调和的根本矛盾。尼赫鲁认为：“不论从长远角度或是从短期的角度来看，中国和印度应做朋友，应该合作，这是具有重大意义的。”② 1949 年 12 月 30 日，印度承认中华人民共和国，但同时印度

---

① 转引自姜兆鸿、杨平学：《印度军事战略研究》，军事科学出版社 1993 年版，第 121 页。

② 转引自内维尔·马克斯韦尔：《印度对华战争》，世界知识出版社 1981 年版，第 123 页。

开始在中印边境线上默不做声地蚕食中国领土，企图造成既成事实来迫使中国政府承认。1950 年解放军进军西藏，1950 年年底印度三次向中国政府提出备忘录和照会，反对中国出兵西藏，要求中国政府用和谈来解决“西藏自主”问题；1954 年印度与中国在联合公报中第一次公开提出按和平共处五项原则发展两国关系；但就在同一年，印度政府修改地图，并照尼赫鲁“应沿边界全线建立一系列的边境哨所，特别是在可能有争议的地方，必须建立边境哨所”的指示实行“前进政策”。1959 年，尼赫鲁在人民院发表讲话，公然支持发生在中国西藏的武装叛乱并鼓吹“西藏独立”，并将逃亡印度的达赖称为印度“政府客人”。印度蚕食中国领土的行为到 1962 年达到高峰，中国政府被迫实行反击并取得胜利。

尼赫鲁外交政策的内在矛盾及其失败教训不仅未引起印度后来政府的足够重视；相反，尼赫鲁的“大印度联邦”的思想却为印度历届政府所继承，并在其实践中以不同（温和或强硬）方式使之进一步转化为地区霸权主义外交政策和实践：1965 年印度对克什米尔继 1947 年后再次采取军事行动；1971 年由印度军事支持导致巴基斯坦分裂为巴基斯坦和孟加拉国；1975 年印度正式吞并锡金王国。20 世纪 80 年代中期，由于印度国内经济日益下滑及国际斗争日益向经济竞争转化，执政的国大党开始把注意力转向国内，为发展经济开始改善和发展对华及与其他邻国的关系。90 年代拉奥政府改革使印度经济有了长足进步；90 年代中期，经济自由化政策的负面影响开始显现，加上 1997 年东亚经济危机的影响，印度国内的民族沙文主义情绪骤然抬头，最终把反映这种情绪的印度人民党推向印度政治舞台中心。印度人民党原主席阿德瓦尼在 1998 年 2 月大选之初就声称：“印巴分裂不符合印度任何一派的利益。”[①] 阿德瓦尼这句话与尼赫鲁的思想是一致的：在印度人民党眼中，巴基斯坦和孟加拉本应与印度是一个整体。

---

① 见［巴基斯坦］《黎明报》，1998 年 2 月 10 日。

印度的所谓“国家安全”概念分南北两面。在北面，印度要求要有对巴基斯坦—西藏—孟加拉一线实际控制能力，南面印度则要求对印度洋的实际控制能力。要实现此目标，就不能回避北方中国纯粹是由地缘因素产生的所谓“威胁”，而要解除这一所谓“威胁”的最根本途径，就是促成西藏从中国（事实）分离。西藏独立可使中印之间出现一个缓冲地带，可使印度在避免腹背夹击的条件下，在南亚次大陆继而在印度洋地区采取更为大胆的行动。中国是印度推行南亚霸权主义的“最大”障碍；中国抵制印度南亚霸权主义的力量要大于巴基斯坦。

（二）中印之间的争端

从地缘政治角度来说，印度的战略优势远胜过中国，它与动荡不安的中东地区隔着一个巴基斯坦，面向印度洋，扼守着世界石油的主要产地——波斯湾，周围又没有强大的敌手。巴基斯坦勉强算一个大国，但根本不是印度的对手，在被印度通过三次印巴战争强行肢解分离出孟加拉国以后，便无力再与印度分庭抗礼。与对中国由来已久且日益强烈的恐惧相比，印度对巴基斯坦挥之不去的担忧逐渐黯然失色。印度对中国的担忧来自最高层。2010 年 9 月一次军方联席会议上，印度（海陆空）三军司令称，中国的长期威胁甚于巴基斯坦，印度媒体援引一名匿名军方高官的话称，巴基斯坦“可控”，但中国“才是切实的长期威胁”。

1. 中印之间最大的分歧在于边界之争

1913 年，英印当局无理地与西藏地方政府非法炮制了所谓“麦克马洪线”，中国历届政府从未承认过麦克马洪线的合法性。而印度与中国虽曾因为边境问题于 1962 年爆发过大规模边境冲突，至今边境问题仍未得到妥善解决。印度作为最具有发展潜力的发展中国家之一，一直视中国为其称霸南亚的最大障碍，再加上曾经边境冲突中的失败和现实的领土争端，造成了中印之间“明和暗斗”的现状和印度民众对中国的普遍负面情绪。现在同为“金砖国家”的中国和印度在国际事务，尤其是在国际金融制度的改革上有诸多共同利益，但在双方的高层交往日益频繁之际，民间感情却大有不升反降之势。印度媒体常常有针对中国挑衅式的新闻报道，例如《印度斯坦时报》的报道如此行文：“‘烈火3型’弹道导弹试射成功，射程达2500公里，可以覆盖北京。”

2. 自然资源之争是中印之间的第二个问题

近些年来，不但领土问题一直制约着中印关系的发展，一些新问题也开始不断涌现，其中水资源争端正日渐成为横亘在中印之间的一个棘手问题。曾有学者就中印水资源争端为分析对象，考察其由“地方冲突”演变成“国际争端”的历程，并考察中印应对策略的利弊得失，在博弈论的分析中把握中印关系中水资源争端的现状与未来。[①] 印度对中国的担忧源自多种因素，其一是印度洋的自然资源之争。由于能源需求激增，确保能源安全均已成为中印的核心国家利益。一些印度战略家认为，孟加拉湾很快将成为中印冲突的源头。他们认为中国正借助于迅猛发展的海军实力，在此地获取能源。

3. 印度最担心的是中国所谓的“围堵政策”

印度洋航线是中国最重要的能源和商业运输线。目前中国石油进口量的80%来自中东和非洲，经印度洋和马六甲海峡等通道运至中国，到2020年超过85%的进口量要走印度洋航线。据中国海关公布的数据2010年欧盟是中国第一大贸易伙伴，双边贸易额达4797亿美元。中国出口到欧盟、非洲及中东地区的集装箱货轮都要经过马六甲海峡和印度洋。印度洋和马六甲海峡地区的安全影响着这条事关中国经济命脉的“海上生命线”。[②]

中国海军前往阿拉伯海、亚丁湾海域实施护航、打击海盗，中

---

① 张金翠：“应对水资源争端：中印策略的博弈论分析”，载《南亚研究季刊》2010年04期。

② 陶亮：“印度的印度洋战略与中印关系发展”，载《南亚研究》2011年第3期，第59页。

国在巴基斯坦的瓜达尔港、[①] 斯里兰卡的汉班托塔以及孟加拉国的吉大港援建港口，在南亚寻找经贸伙伴和战略支点，建设陆上资源转运基地和通道。这些行为的目的是为保障中国能源安全和商业安全，而不是去挑战印度在该地区的地位，不寻求在印度洋地区建立霸权。但这些行为却给印度南亚主导地位带来了冲击，被理解为中国控制印度洋的“珍珠链”战略。[②] 中国最近几年不断加强与巴基斯坦、斯里兰卡和缅甸等印度邻国的关系，积极进军印度洋，引起了印度的警惕和不满。印度在边界问题上一直与中国对抗，不但在两国边境大举加强兵力部署，还和美国签订了核合作协定。中国与印度的地区性对手巴基斯坦的合作也使两国关系进一步恶化，中国帮助巴基斯坦修建民用核反应堆，并为其公路、铁路和港口建设提供资金支持。

多年来，印度一直抱怨缅甸与中国关系密切，指责中国以缅甸为进入印度洋的基地。印度核试验前后，曾指责中国在缅甸设有监听印度的基地，2000 年起印度改变以往在印缅关系上所持的消极态度，采取实用主义和现实主义的外交攻势。2001 年 2 月，印度外长贾斯万持·辛格不顾西方所谓“民主国家”不与“军人政权”交往的惯例，对缅甸进行访问。引人注目的是，2001 年 2 月 13 日辛格出席了印缅基础设施合作项目德穆—葛礼瓦—卡列密公路的开通仪式。这条公路最终连接印度东部各邦和缅甸首都仰光公路，设计全长 273 公里，它的开通对印度从陆地上进入东南亚十分有利。在公路开通仪式上辛格直

---

① 瓜达尔港是中国通向波斯湾的距离最近的一个港口。中国与巴基斯坦于 2006 年开始合作开发瓜达尔港、设计出“能源走廊”方案，目的就是希望将来自波斯湾的石油运抵瓜达尔港后，通过陆路管道、铁路和公路运输到中国。巴基斯坦预期在未来 20 年的时间里，每年会得到 600 亿美元的运费，而中国则获得了一条安全经济的能源通道。同时，该地区自然资源丰富，巴基斯坦近半数石油天然气都源于瓜达尔港所在的俾路支省。参见［巴基斯坦］Anlna Yusaf Khokhar：“巴基斯坦视角下的中印关系”，载《南亚研究》2011 年第 2 期，第 45 页。

② 陈宗海：“2011 年中印交流评析”，载《南亚研究季刊》2012 年第 1 期。

言不讳地说："发展与缅甸的关系关乎印度的国家利益"。[①] 印度寻找合作机遇、加强与东南亚及东亚国家的双边或多边合作无可厚非。但这些活动如平添太多"中国因素"、以反制中国作为重要动机，势必影响中印关系健康发展。中印恶性竞争会给亚太地区和世界和平带来风险。[②]

4. 巨额贸易逆差也是印度一块"心病"

中印两国贸易发展较快，贸易额持续保持高速增长。双边贸易额由2000年的29.14亿美元增长到2012年的665亿美元，增长20多倍。截止2012年，中国已成为印度最大的贸易伙伴，印度也成为中国重要贸易伙伴（居中国对外贸易额排名的第13位）。中印两国人口加起来超过25亿，占世界人口近40%，两国经贸合作有着巨大的发展潜力和广阔的发展空间。根据两国领导人确定的贸易目标，到2015年双边贸易额将达到1000亿美元贸易目标。

印度对与中国保持较大贸易逆差很不满意。仅2012年，印度对华贸易逆差就达290亿美元。印度驻华大使S·Jaishankar（中文名字苏杰生）博士指出，双方的贸易额呈现良好发展的态势，但是贸易逆差的增长令人担忧，希望中国政府能进一步扩大印度产品的市场准入，尤其是印度IT产品以及制药产品的进口。的确，印度制药业在高端原料药及制剂国际化等方面存在的优势也让中国药企感到了压力。印度出口主要靠自然资源，其中包括铁矿石、棉花及其它原材料，因此获得的贸易顺差大约为200多亿美元，刚好抵消了与中国的贸易逆差额。在印度限制出口铁矿石的同时，中国也在寻找更多的铁矿石供应国。中国主要向印度出口如机器设备在内的成品。

① 张文木："印度的大国战略与南亚地缘政治格局"，载《战略与管理》2002年第4期。

② Strobe Talbott, "U. S. Interest in Sino-Indian Cooperation", Journal of International Affairs, VOL. 64, No. 2, Spring/Summer2011, p. 238.

印度国内对中国电信和电力设备的需求提高了印度的进口量。[①]

基于以上分歧，印度强化“东向”政策，面向东盟、巩固南亚、扩及日韩，在中国周边形成反制态势。冷战结束后，印度把目光率先投向东南亚，积极推行“东向”政策，旨在推动经贸合作，以恢复印度与东南亚的传统关系。进入21世纪后，印度的“东向”政策加大向亚太地区扩张，同时注意巩固南亚后院，从经济转向政治和经济并重，甚至政治及战略安全的意义更大，意在将印度变成地区乃至世界大国。[②]

（三）中印之间的合作

除了边界问题，未来中国与印度没有其他战略利益冲突，虽然它以中国军事实力的不断发展为自己的军备开支做借口，甚至将其核试验的借口定位为中国威胁，但更应该看作是一种对大国地位的追求。作为亚洲，甚至是世界上两个最大的发展中国家，中国与印度存在相互合作的广泛基础。

1. 经济上，中国与印度有共同的利益。

中国和印度作为两个最大的新兴发展中大国，都面临着发展经济，改善民生的问题，同时都有着大国崛起的强烈愿望。2008年金融危机之前，中印之间的贸易每年都是成倍增长。尽管两国每年都会设定一定的贸易目标，但每年都会超额完成目标。温家宝总理2005年访问印度时，两国当初同意将2008年的双方贸易额设定为200亿美元，并将2010年的目标设为300亿美元。但双方在2006年就完成了2008年的贸易额目标，同时还将2010年的贸易额目标重新设定为400亿美元，不过双方贸易额在2008年的时候就已经达到了600亿美元。2010年，两国政府又确立2015年实现双边贸易额1000

① “印媒称2010年中印双边贸易额超600亿美元”，载《环球时报》（2011年1月28日）。

② 陈宗海：“2011年中印交流评析”，载《南亚研究季刊》2012年第1期。

亿美元的新目标。尽管印度对华贸易逆差仍然比较大，但是这一差距正在逐渐缩小。印度对华出口额正在逐年增加，按照这一发展趋势，印度有望在10年内消除对华贸易赤字。[①]

印度问题专家孙士海认为，当前经贸关系是中印关系向前推进的一大动力，两国的经济联系越来越紧密。“不过，经贸有自身规律，不像政治关系，不是一次访问就能完全推动的。”[②] 孙士海说，但是政府还是可以逐步做一些事，解决当前逐渐凸显的贸易不平衡、贸易结构单一，以及市场开放等问题。英国《经济学人》杂志评论称，在中印关系紧张的当前，经贸上的合作，或许能将“温家宝的笑容，转化成真正的温暖”。而法国《费加罗报》则发表评论称，通过此次访问，中印双边关系有望建立在更稳固的经贸基础上。[③] 印度决定在2010年以后的5年内投资数万亿美元进行社会基础设施建设，这也为中国企业提供了参与机会，但广泛的大规模的经济合作需要两国良好的政治关系来保障。2011年中印贸易呈现快速发展态势，中印贸易总额达到739.2亿美元，比上年增长19.7%。[④]

中印之间的不断竞争和不断增进的双边关系使两者获得了一个叫“Chindia”的名字。对于两个国家来说，这意味着每个国家都拥有自己的优势和劣势，应该从对方那里吸收优势，从而弥补自身的劣势，突破自身的瓶颈。两国之间的经济不平衡同时也是它们两者的特色和发展机遇。因此，两国应该携起手来，互信互利、相互尊重，进行更多的战略对话，只有这样，两国才能获得更和谐的双边

① “印专家呼吁‘跟随中国龙的步伐’，肯定中印贸易成就”，环球网，2010年12月16日，http://world.huanqiu.com/roll/2010-12/1347853.html。

② 游心、王莉莎：“中印贸易额剑指千亿美元”，载《第一财经日报》（2010年12月17日）。

③ 游心、王莉莎：“中印贸易额剑指千亿美元”，载《第一财经日报》（2010年12月17日）。

④ 杨思灵、陈利君：“2011年南亚政治经济发展概述”，载《东南亚南亚研究》2012年第1期。

关系，以及更好的经济发展前景。[①]

2. 政治上，中国与印度存在着共同安全利益。

南亚次大陆在地缘上与中国的国家安全密切关系。中印两国政府都认为，印中不是竞争对手，而是合作伙伴。印中关系是世界上最重要的双边关系之一。世界有足够的空间容纳两国共同发展，也有足够空间供两国合作，印中合作潜力巨大。印度政府高度重视与中国的战略合作伙伴关系，愿尽最大努力推进两国各领域合作。中印双方已经决定建立两国国家元首、政府首脑定期互访机制，并开通两国总理电话热线，建立中印外长年度互访机制。双方同意保持两国高层互访和接触，加强外交磋商对话和两国政党、议会、军队交流，增进战略和政治互信；用好战略经济对话等机制，提升经贸合作水平；扩大人文交流；继续推进中印边界谈判进程，利用好新成立的边境事务磋商与协调工作机制，更好地维护边境地区的和平与安宁。中方愿全力支持和配合印方办好此次会晤，为推动“金砖国家”合作做出新贡献。[②]

中国和南亚国家加强合作有利于亚洲政治局势的稳定和团结，作为互邻的地区，从国家安全的角度而言，彼此建立相互信任、携手合作的关系，对于促进地区稳定、经济发展都有利。中国和印度是国际新格局中正在崛起的力量，这对第三世界具有特殊意义。同时，中国还必须加强同巴基斯坦、缅甸的战略合作，这样才能维护西南边疆的稳定。但每当两国领导人互访时，双方政府都会努力突出两国积极的方面，并淡化两国之间的挑战，同时寻求积极的访问成果。

3. 环境上，中国与印度有密切的关系。

中国的人均能源远远低于世界平均水平。中国不仅能源短缺，

---

① 周及真：“中印经济不平衡：表现和成因分析”，载《东南亚南亚研究》2012年第4期。

② 2012年3月2日外交部发言人洪磊举行例行记者会，中华人民共和国外交部网站，http：//www. fmprc. gov. cn/chn/gxh/tyb/fyrbt/t910460. htm。

而且水资源人均排名靠后。中国政府应从中华民族和全人类的长远利益出发，在雅鲁藏布江修水电站大坝，以得到宝贵清洁的能源；梯级电站建成，每年发电量相当于数个三峡电站，可为中国每年节约发电用煤一亿吨，减少大量温室气体的排放。这是一个造福整个人类的超级生态工程。利用这一带的水能，长久以来一直是世界水利工程师们的梦想。兴修水力发电设施、开发西部和南部的水利资源利国利民。雅鲁藏布江流入印度阿萨姆平原之前在西藏墨脱急转直下，奔离喜马拉雅世界屋脊。这里与刚果河上的英加瀑布都被认为是全球水利资源之最。中方在开发跨境水资源时向来持负责任态度，实行开发与保护并举的政策，会充分考虑对下游的影响。雅鲁藏布江下游是印度东部的阿萨姆邦，年均降雨4000毫米以上，多年水灾频发。雅鲁藏布江水下泄过多，对他们是灾上加灾。中国在上游截流，洪期蓄水，可减轻印度洪涝灾害；旱季可多放水，减轻印度旱灾，这是印度千年之喜，中国为印度办了千秋永利的大工程。在雅鲁藏布江修水电站，可以得到宝贵清洁的能源，有利于缓解西藏中部地区用电的紧张局面，有利于环境保护和加快西藏社会经济发展，对维护西藏和平稳定等具有重要意义。

2012年3月2日，外交部发言人洪磊主持了例行记者会。有记者问及中国在雅鲁藏布江上游建造的大坝可能对下游国家环境造成影响，中方对此应作何回应时，洪磊表示，在开发利用跨境水资源方面，中国政府始终坚持以人为本、公平合理、开发与保护并重、兼顾上下游的利益，未对包括印度在内的周边邻国造成影响。中国对中印跨境水资源开发利用程度总体很低，雅鲁藏布江水资源开发利用率不足1%。为满足中国西藏自治区用电需求，中方2010年在雅鲁藏布江中段开建藏木水电站。该水电站容量不大，没有调蓄能力。水电站建成后，不会使干流下游流量产生大的变化，也不会影响下游防洪减灾和生态环境。中方已向印方介绍有关情况，印方表示理解。

中国将印度转变成为一种牢固的伙伴关系，而又在边界问题上不能做出太多让步，对中国而言这是一项非常艰难的任务，但决不是不可能的。印度也希望在世界多级格局中占有一席之地，其奉行的独立自主政策与美国在南亚的扩张也有一定的冲突，为此，中、俄、印之间的大三角战略格局或许是对付美国咄咄逼人的战略攻势的办法之一。

三、中巴地缘经济政治的相互依托

除印度之外，南亚六国，包括尼泊尔、不丹、巴基斯坦、孟加拉国、马尔代夫、斯里兰卡与中国建立了战略合作伙伴关系，主要的基调是中国对南亚六国进行经济上的援助，其中中国与巴基斯坦的关系最为密切。而巴基斯坦在中、美、印之间扮演着特殊的角色。

1. 中巴有着传统友谊

由于印度对中国和巴基斯坦存在共同的利益威胁，中国在南亚的基本外交策略可以概括为“联巴制印”，同时加强中国与孟加拉国、斯里兰卡等国的友好合作关系，一方面可以防止印度在南亚做大，威胁中国利益；另一方面可以向南亚扩展中国的影响力，甚至为以后中国驻军印度洋做好先期准备。就现阶段而言，由于中印两国均处在历史发展的机遇期，双方都不愿意过早摊牌，况且在国际上拥有诸多共同利益，在一定时期内中印关系也将继续维持在一定的合作水平上。

中国在南亚的政策首先应该以巴基斯坦为基础，将巴基斯坦作为中国的重要邻国和战略合作伙伴，始终把发展中巴关系作为中国外交的优先方向之一。其次，中、美、印三国虽然不是零和博弈，即每当三国中的两个走到一起时，第三国总是担心对已不利。但美印之间不断接近是无法否认的事实，中国必须保证同印度继续发展关系，求同存异，绕开重大分歧，增进双方的共同利益。

中巴两国建交55年来，已建立全天候友谊，展开全方位合作，给两国带来了实实在在的利益，也为地区乃至世界和平、稳定与发展做出积极贡献。进入21世纪，中巴两国各领域全面合作关系向规范化、法制化发展。2003年11月，中巴两国元首发表的《中华人民共和国和巴基斯坦伊斯兰共和国关于双边合作发展方向的联合宣言》表示，中巴两国“已经建立起面向未来的全面合作伙伴关系”。2005年4月两国总理签订《中华人民共和国和巴基斯坦伊斯兰共和国睦邻友好合作条约》，把“积极发展和巩固两国睦邻友好、互利合作的战略合作伙伴关系”，用条约的形式固定下来。近年来，巴基斯坦领导人在多次访华期间，同中国领导人就新形势下如何拓展中巴战略合作达成广泛共识，强调将继续采取积极措施不断深化和充实中巴关系的内涵，把中巴关系推向更新、更高的水平。在新的形势下，要把两国关系推向新高度，很重要的是建立更紧密的经济合作关系。①

2. 美国制约巴基斯坦

20世纪90年代之前，美国对南亚的态度基本是“平衡和超然”，即在印度和巴基斯坦之间没有明显的倾向性，不介入南亚事务。苏联解体之后，其在南亚的影响力滑落，美国便迅速填补了苏联留下的权力真空，美印关系开始升温。美国从此改变了“平衡和超然”的态度，采取“厚印薄巴”的立场，积极参加南亚事务。两位美国总统克林顿、布什任期内都访问过印度，而且布什还提出美国印度签署核协议。

美国提升印度地位的考量，至少从时间上说，是同步于中国在亚洲的崛起的。美印接近，固然反映了美国在外交中重视共同价值观的一面，而且不能否认其中涉及中国的考虑。印度对美国的意义，不完全在于封堵中国。美印关系很重要的一点是，美印之间的共同点远大于其分歧。印度固然要保留其外交独立性，印度在许多场合

① 陈继东：“关于建设中国—巴基斯坦铁路连接线的几点思考”，载《南亚研究季刊》2012年第3期。

也需要保留发展中国家的身份，但是这些并不构成同美国的外交矛盾。美印之间几乎没有什么不可调和的矛盾。

当美国朝野就同印度加强关系达成共识时，奥巴马政府会继续推进这一关系的发展。因此在中、美、印、巴四边关系中，美印会更接近，美巴则存在变数。奥巴马目前的主张是疏远巴基斯坦，即奥巴马认为美国应依靠自身力量在阿富汗有所作为，对巴基斯坦则应增大压力，这种态度可能会使美巴关系受到挑战，甚而导致美国无法控制伊斯兰极端主义蔓延的后果。然而如果美巴交恶，美国就不单单要在阿富汗反恐，这不仅会影响到美巴关系，还会影响到整个南亚地区平衡——如果巴基斯坦滑向灾难，对于整个地区都是灾难，因此美国必须保证巴基斯坦的稳定。

第二节　美国介入南亚地缘经济政治的新趋向

一、美国“重返亚太”对南亚的地缘影响

国内外通常将亚太界定为亚洲东部濒临太平洋的广大地区，涵盖东北亚、东亚、东南亚，有时也延伸到澳大利亚水域。但2012年初出台的美国防务战略指南即《维持美国的全球领导地位：21世纪的防务优先领域》将亚太界定为“从西太平洋和东亚延续到印度洋和南亚的弧形地带”。美印两国正是要在上述区域特别是东印度洋和马六甲—东南亚—南海水域的海上展开互动。

印度洋西北岸的海湾地区是全世界最主要石油产地，印度洋水域又沟通世界三大经济区（北美、东亚、西欧）中的两个即东亚和西欧，西太平洋则分布着全球最具活力的东亚经济区。随着中国对外开放力度持续大幅提升，自西太平洋经印度洋的海上贸易与能源通道对中国的重要性也迅速提升。与此同时，美国开始高调“重返亚太”。2012年1月，美国政府发布的《维持美国的全球领导地位：21世纪的防务优先领域》明确表示：美国的经济利益和安全利益与

从西太平洋和东亚延续到印度洋和南亚的弧形地带的局势发展密不可分，美军“必然要对亚太地区进行再平衡”。[①]

美国的“重返亚太”政策和印度的“东向政策”现阶段以协调为主。美方援引印度势力为其所用，高度肯定印度的积极角色，积极鼓励印度在亚太地区发挥更大作用，主动开展各种形式的美印防务合作，推动建设中的东亚多边机制包容印度，鼓励印度在缅甸、斯里兰卡等地区热点问题上发挥作用。这种互动的地缘政治影响极为深远，将促使印度更大胆地东进亚太并更积极地参与东亚区域化进程。[②]

美印高层互动频繁，凸显了美方对印度的重视，仅2012年的重要互访就有如下一些：2012年4月，负责政治军事事务的助理国务卿夏皮罗（Andrew Hapiro）访印并举行美印自2006年以来的第一次政治军事对话；5月初，国务卿希拉里访印，评估美印战略伙伴关系的进展；随后不久，美国防部长帕内塔访印，与印方重点讨论了地区热点、防务贸易、军方合作等3个问题；6月13日，两国又在华盛顿举行第二次战略对话。在安全领域，美国积极谋求美印默契。奥巴马会见印度总理曼·辛格时专门与其“讨论了对地区的责任，以及在海上安全和核不扩散问题及救灾等领域的共同原则。”希拉里则在钦奈称，印度横跨从印度洋到太平洋的广阔水域，应与美国共同管理这些海上通道。帕内塔则明确表示，美国希望“在印度日渐增长的实力支持下，建设和平的印度洋地区。[③]

美国积极鼓励、敦促印度在亚太地区发挥更大作用。美国国务

---

① “Sustaining U S. GlobalLeadership：Prioritiesfor21 CenturyDefense”，USDepartmentofDeferisewebsite，January2012，p. 2，http：//www. defense. gov/news/Defense—Strategic—Guidance. pdf.

② 曾祥裕、郭红：“‘东向政策’遭遇‘重返亚太’：美印在亚太地区的安全互动”，载《南亚研究季刊》2012年第4期。

③ 张力：“美国‘重返亚太’战略与印度的角色选择”，载《南亚研究季刊》2012年第2期，第3页。

卿、国防部长、副国家安全顾问、驻印大使等高官近年来多次公开敦促印度不仅要“向东看”，而且要“有所作为”。2011年，希拉里在印度参加第二次美印年度战略对话时公开呼吁印度不仅要“向东看”，还要持续关注东方并采取行动。2012年6月13日，希拉里在华盛顿举行的第三次美印年度战略对话期间，再次敦促印度在亚太地区发挥更积极的领导作用，并表示美国“愿积极支持印度将其‘东向’政策发展为‘东向作为’政策”。[①] 她在会见印度外长克里希纳时又表示，美印需要深化安全合作并携手“促进对亚太地区的共同构想”。副国家安全顾问罗德斯同样表示，美国“非常希望印度在本地区（亚太）扮演重要角色”。[②]

“9·11”事件后，美国军事力量借反恐之机“重返”南亚，与巴基斯坦签订为期10年的军事协定。这引起了印度的不满和不安，导致美国介入南亚事务的努力没有达到预期效果。拉登被击毙以后，美国在印巴关系中的战略天平再次出现向印度一边倾斜的迹象，印美关系又将迎来一次快速发展的机遇。

南亚地缘战略格局因印度的强势外交以及“9·11”事件的发生已发生了重大变化：首先，塔利班瓦解使巴基斯坦失去与印度抗衡的后方依托，南亚地区的地缘战略天平向印度倾斜，印度在与巴基斯坦战略抗衡中进一步取得优势地位，并成为南亚地区的实力中心；其次，印度成为事实上的核国家，这使北方有核国家间的核威慑水平在被迫相应提高的同时，南亚地区发生全面战争，尤其是南亚有核国家间发生全面性总体战争的可能性已大为降低；最后，印度的崛起使印度对印度洋及中亚的安全需求持续增大，印度在印度洋和中亚地缘利益上与美国矛盾也相应增加并处于不利地位。不管印美

---

① “US backs India'S Look East policy, seeks greater Asia Pacific role for India”, Firstpost, Nov. 23, 2011, http://www.firstpost.com/wodd/us-supoprts-indias-look-east-policy-137741.html.

② 曾祥裕、郭红：“‘东向政策’遭遇‘重返亚太’：美印在亚太地区的安全互动”，载《南亚研究季刊》2012年第4期。

之间如何掩饰，也不管印美矛盾以何种形式表现，南亚地区以印巴矛盾为基调的传统格局，将逐渐转向印度与大国之间，尤其是与美国之间更广泛利益协调为基调的新格局，这种新格局——这是美国单边霸权主义与多极化共存时代必然出现的现象——将在今后相当长的时间内影响着印度外交的政策及其基本走向。①

美国在南亚地区主要是以平衡战略为主，也就是既支持印度又扶持巴基斯坦，以使得南亚地区两大强国加上美国力量在南亚地区形成一种稳定三角关系。② 巴基斯坦在很长一段时间内都受到美国人的这种战略的扶持，使得巴基斯坦在南亚地区的地缘政治较量中虽然绝对实力处于劣势但却屹立不倒。美国现在实行大力拉拢印度而一定程度上放弃巴基斯坦的南亚新政策。现在美国很难在中国和俄罗斯的双重压力下再在中亚地区获得更大的战略空间。继续以巴基斯坦为依托，实施激进的中亚战略将有可能促使中国和俄罗斯更紧密地联合。美国人选择了停止同时刺激中国和俄罗斯的行动，而转变为以对付中国为主。

美国为什么选择了印度这个俄罗斯的传统盟友，而不是一向与美国关系不错的巴基斯坦？这是由实力和策略规划两方面因素决定的。巴基斯坦和中国没有直接的利益冲突，而印度与中、巴却有着结构性矛盾。虽然现在的印度是一个南亚大国，但是与俄罗斯在一定程度上有共同利益，如果过分加强巴基斯坦的力量而刺激印度、进而挑动俄罗斯的神经，不利于美国的战略平衡。从某种程度上说，1962 年发生的中印战争击碎了印度的世界大国梦。那场战争成为中

---

① 张文木：“印度的大国战略与南亚地缘政治格局”，载《战略与管理》，2002 年第 4 期。

② 对于战略三角关系的界定，学术界仍存争议。一般认为，三角关系的形成有两个必要条件：首先，构成三角关系的三者一般来说应是力量中心；其次，在三对双边关系中，每一对双边关系都对第三方产生或隐或显的影响，三方存在相互制约、平衡互动关系。参见慕永鹏：《中美印三边关系——形成中的动态平衡体系》，《世界知识出版社》2011 年版，第 5 页。

印关系转折的分水岭。相对于中国来说，印度对于美国全球利益的威胁要小的多。①

从印度所处的基础条件特别是地缘政治角度分析，其对美国不可能形成全面挑战。中东是一个利益争夺的焦点，而印度面前还有巴基斯坦，显然印度很难向西面发展。北面基本上是大国利益空间，也没有希望。东面不仅争夺激烈，还难以提供印度发展所需要的资源。南面仍然很难让印度人有决定性的突破。美国不会坐视印度获得一个大洋的海权从而威胁到美国在全球海洋的统治地位。因此，印度不可能成为一个具备全球影响力的世界大国。印度一开始就错过了机遇，没有发展出完整的民族工业体系，加上文化在沦为殖民地时期的缺失，美国对印度没有太大的担心。

中国和印度都有自己的朋友，但双方的海外力量都很不足。双方合作的效果就是互利。当然，在这个过程中中国还要更多注意调动别的国家，比如俄罗斯。中俄关系的紧密可以在一定程度上影响到中印关系。同时，要转化矛盾，把美国在印度的渗透转化到剥夺俄罗斯的传统利益的层面上。俄罗斯的介入，也可以增加中国在南亚问题上回旋的余地，并能转移中国自身在这个问题上的战略压力。中国对于南亚这个地缘政治的重点区域必须相当地重视。中国要以平和的心态对待印度这样的大国邻国。国家与国家之间，只有永远的利益，没有永远的朋友，同时没有永远的朋友也不会存在永远的敌人。任何国家只要与中国有利益的共同点，就可以与之合作。这种理念的存在必将让中国的外交更灵活。对于中国而言，龙象共舞不是一个神话，而是中国在国际关系中可以重点考虑的运作方向。

中印合作的前途是建立在国际关系中三角架构的原理之上的。中、美、印三国中，美国显然是强国，而中国是较强国，印度相对则是弱国。印度要保持三国关系平衡就必须和中国走得更近，基于

---

① “中国如何破灭美国的南亚战略”，http://military.china.com/zh_cn/critical3/27/20050821/12587295.html。发布于2005年8月21日，12:06:47。

此大原理之下才显得中印关系之潜力。只要看到大战略的共同点，别的方面都属于战术动作类型的战略，就看当事国的运作和判断能力了。中国的发展目标和印度的发展目标是不一样的。中国发展的目标是世界一流大国，而印度则由于自身各方面条件的限制在可预见的未来尚不具备角逐世界一流大国的实力。因此，中印在第一阶段目标完成前没有必然发生不可调和的冲突，这也就决定了双方合作的长期性。[①]

总之，西出中亚，是构筑我国周边安全体系必须下的强手棋，事关重大，十分必要。而要西出中亚，就必须加强南亚，是我国具有实施这一战略的基础。

二、中国与南亚构建和平发展局势的举措

中印关系极为复杂，巴基斯坦作为中国的盟友在地区局势中可以起到一定的缓冲作用。如果印度继续实行多极化的等距离外交，也不失为中国与美国、俄罗斯等大国之间的一个缓冲区。当然，中国与印巴关系如何发展，同时涉及到“心脏地带”和“边缘地带”的地缘政治，但目前对中国与“心脏地带”的关系影响更大。而中国奉行“与邻为善、以邻为伴”的外交方针和“睦邻、安邻、富邻”的周边政策，中国与南亚国家都需要维护国家安全、社会稳定、民族和睦，都迫切需要为经济发展营造一个和平稳定的周边环境。

在南亚次大陆经济迅速发展，区域安全环境有所改善，印度迅速崛起的背景下，中国的南亚政策应突出以下几个方面：

（一）在政治领域，加强中国与南亚各国的互信，构筑和平局势

随着20世纪90年代后期印度的迅速崛起，特别是“9·11”事

---

① “中国如何破灭美国的南亚战略”，http：//military. china. com/zh_ cn/critical3/27/20050821/12587295. html，发布于2005年8月21日，12：06：47。

件后南亚局势的变化，南亚在中国安全环境中的地位大大提高。① 南亚地区的恐怖主义、核武器和导弹扩散、印巴克什米尔争端，都与中国的国家安全密切相关。中印关系和中巴关系是中国南亚政策的两大支柱。中国要加强在南亚区域安全中的影响力，须从中印关系和中巴关系着力。

而中国要打破美国联印遏中的政策就需要从中国和印度的共同利益以及美国和印度的矛盾冲突入手。中国和印度之间毕竟存在的一些矛盾和问题，如边界问题、西藏问题、印度内部的反华势力以及印度对中巴关系的顾虑等，这些问题都是制约中印关系顺利发展的障碍。当前中印关系的焦点问题是边界问题和西藏问题，而这两个问题又有千丝万缕的联系。当前可以通过改善和发展中印关系以及自身实力的壮大来促进西藏问题的解决。求同存异是中国外交的一大特色，也是化解美国现行南亚战略的一个有效手段。2013 年 4 月，中国和印度两国的军队在印控克什米尔拉达克的普桑谷地的相距 300 米，对峙持续 20 天。5 月 5 日，中、印军方经过两天的会谈以及密集的外交活动之后，双方军队同时向后撤退，结束了被外界称为“帐篷对峙”的紧张局势。②

在印巴对峙中，中国应鼓励印巴缓和关系，增加中国的外交回旋余地。在影响印巴关系核心问题——克什米尔问题上，中国的立场一贯是不介入印巴矛盾，不袒护任何一方。在积极同印度和巴基斯坦发展独立的双边关系的过程中，欢迎印巴之间任何有利于改善双边关系的举措。③

中国和印度之间还存在政治上的联合倾向。同是以前受殖民主义和帝国主义迫害的民族，两个民族在对抗帝国主义的压迫方面还

---

① 张贵洪：“布什政府的南亚政策与中国的安全环境”，载《南亚研究》2003 年第 2 期。

② 引自新华网，http://world.kankanews.com/kankannews/guoji/w/2013-05-06/0012876011.shtml，发布时间：2013 年 5 月 6 日，15：41。

③ 宋德星：“印巴安全两难与中国的南亚政策”，载《南亚研究》2002 年第 1 期。

是有共同语言的。目前，这种共同语言也与现实环境有着巨大的联系。西方发达国家意图长期把中国和印度这一类的发展中国家作为自身发展的潜力资源地。中国和印度作为发展中大国在有了一定经济建树之后，显然不可能自甘于长期作为发达国家的潜力资源地。于是，双方建立更为紧密的联系显然可以从一定程度上缓解各自的压力，从而使得20多亿人口因此受益。同时，中国要达到通过巴基斯坦阻止美国势力的渗透也需要印度对于巴基斯坦的压力，而印度也需要中国来限制巴基斯坦的行为。特别值得一提的是中国和印度陆地相连的巨大战略意义。以前，人们常喜欢说中国和俄罗斯互为战略后方，却没有看到具体情况。俄罗斯力量中心在欧洲部分，远东地区作为中国的战略后方是不稳固的。中国和印度则不一样，陆地相连且都人口密集，双方作为各自战略后方是很稳固的。

中国和印度虽然发展层次不同，但是却都在寻求更大的利益空间。双方的利益空间事实上都必须由海洋出发。中国在太平洋方向和印度在印度洋方向看似没有什么直接联系，事实并非如此。中印寻求利益空间是同时发生的事情，这个构成了双方发生联系的纽带。中印有一个共同的阻力，那就是美国。只有突破了美国的阻碍，双方的海洋利益空间才能够有更大程度的拓展。这个时候，双方建立起共同行动机制显然是分担压力的有效手段。美国人永远不可能坐视任何一个大国海军的崛起。

20世纪80年代后期以来，中印关系有了明显的改善和发展，高层互访增多。1988年12月，印度总理拉·甘地对中国进行了友好访问，双方签署了《中印联合公报》，确定了两国关系发展的一些原则。此后，双方领导人互访不断。虽然印度在1998年5月以“中国威胁”为借口进行核实验，使中印关系严重受挫，但这一阴影很快就被消除。2003年6月22—27日，瓦杰帕伊总理对中国进行正式访问，双方签署了《中华人民共和国和印度共和国关系原则和全面合作的宣言》，确定发展长期建设性合作伙伴关系。印度在《宣言》中明确承认，西藏自治区是中华人民共和国领土的一部分。2005年4

月，温家宝总理成功访印，两国签署《中印联合声明》，宣布建立面向和平与繁荣的战略合作伙伴关系。两国还签署了《解决中印边界问题政治指导原则的协定》和《全面经贸合作五年规划》，同意就建立中印区域贸易安排进行的可行性研究，并确定了到2010年双边贸易达到500亿美元的目标。目前，中国已是印度第一大贸易伙伴。2006年是“中印友好年”，双方商定共同举办了近40项庆祝活动。2006年11月20—30日，胡锦涛主席访问印度，与印度达成双边关系的“十项战略”，并签署《关于促进和保护投资的协定》等13项双边协定和备忘录。2007年是“中印旅游年”。[①]

近两三年，中印关系不断发展，相互交流进一步加深。尽管近年来媒体对中印关系负面炒作不断，但2011年两国政治交往频繁。2011年4月13日，中国国家主席胡锦涛在海南省三亚市会见了来华出席“金砖国家”领导人第三次会晤的印度总理辛格。双方一致同意，深化中印战略合作，推动两国共同发展，促进亚洲乃至世界和平、稳定、繁荣。2011年中印贸易呈现快速发展态势，中印贸易总额达到739.2亿美元，比2010年增长19.7%。2012年3月29日，国家主席胡锦涛在新德里会见了印度总理辛格，就中印关系发展及共同关心的国际和地区重大问题交换意见，达成新的重要共识。两国领导人共同宣布2012年为“中印友好合作年”，表示要以此为契机把中印战略合作伙伴关系提高到新水平。[②] 2013年5月，李克强总理访问印度，提出把中国向西开放和印度“东向”政策有机联系起来，促进双方在信息、能源、资源、基础设施、科技、农业等领域的广泛合作，共同培育亚洲合作的新亮点，打造世界经济的新引擎。

然而，印度还是不时地对中国产生一些不安情绪。作为保护航道的部分策略，中国在巴基斯坦和斯里兰卡投资建造海港，也在缅

---

① 任佳等：《中国云南与南亚经贸合作战略研究》，北京：中国社会科学出版社2009年版，第25页。

② “胡锦涛会见印度总理辛格”，新华网，2012年03月30日，http://news.xinhuanet.com/world/2012-03/30/c_122906905.htm。

甸投资采矿和能源业，这些计划已引起印度的关注。中国持续快速发展及其带来的影响，令一些印度人感到非常不安。中国青藏铁路全线建成通车，林芝等机场正式通航，川藏、新藏、滇藏等干线公路改扩建工程顺利推进，都使印方感到中国在边境地区的战略优势。[①] 在南亚、东南亚地区，中国与巴基斯坦、尼泊尔、孟加拉国、斯里兰卡、马尔代夫、缅甸等国的港口、管道、公路、铁路等基础设施合作项目建设和双边经贸关系发展，被印度及西方媒体称为“中国封锁印度的‘珍珠链’，将会取代印度在其周边国家的主流影响地位”。[②]

中国尊重巴基斯坦独立并加强中巴合作。自 20 世纪 60 年代以来，中国与巴基斯坦的友好关系得到快速发展。2003 年底，中巴双方发表《关于双边合作发展方向的联合宣言》。2005 年 4 月，温家宝总理访巴，双方签署了《中巴睦邻友好合作条约》，宣布发展更加紧密的战略合作伙伴关系，同意启动自由贸易协定。2006 年 11 月，胡锦涛主席访巴，双方签署《中巴自由贸易协定》、《中巴经贸合作五年（2007—2011）发展规划》等 18 项合作协议。《中巴自由贸易协定》是中国签署的继《中国—东盟自贸区货物贸易协议》和《中国—智利自贸区协定》后的第三个对外自由贸易协定，协定的签署将提升两国经贸合作水平，为中巴传统友谊和中巴战略合作伙伴关系注入了新的内涵。2013 年 5 月，中国李克强总理访问巴基斯坦，提出加强战略沟通和长远规划，开拓互联互通、海洋等新领域合作，并着手制定中巴经济走廊远景规划，稳步推进经济走廊建设。2013 年 7 月，巴基斯坦新任总理谢里夫访问中国。谢里夫总理提出，将中国资源丰富的西部地区与巴基斯坦战略性港口瓜达尔港连成一条新经济走廊，存在改变该地区命运的潜力，它将成为该地区的“游

---

① Francine R Frankel，“The Break out of China—India Strategic Rivalryin Asia and the Indian Ocean”，Journal of International Affairs，Vol. 64，No. 2，Spring/Summer2011，p. 4.

② 陈宗海：“2011 年中印交流评析”，载《南亚研究季刊》2012 年第 1 期。

戏规则改变者”。[①] 李克强总理也给予积极回应，向西开放是中国进一步深化改革、扩大开放的一项重大举措和长期战略。巴基斯坦新一届政府把发展经济作为施政重点方向，这符合巴基斯坦人民所盼和巴基斯坦长远利益。两国完全可以将中国西部大开发战略同巴基斯坦重振经济的发展战略紧密结合起来。关于推进互联互通合作，中巴决定成立联合合作委员会制定中巴经济走廊远景规划和短期行动计划，重点实施交通基础设施和沿线经济开发区等支点项目建设，发挥骨干支撑作用，扎实有序推进，积极拓展能源合作。[②]

巴基斯坦在地缘政治方面对中国具有十分重要的意义。中国在南亚的最大利益是领土和国家安全，而建立牢不可破的中巴关系是维护这一利益的重要保障。首先，巴基斯坦是中国牵制和遏制印度的重要战略力量。印度一日不能解决和排除巴基斯坦这一棘手问题，就一日不能集中力量遏制中国。其次，巴基斯坦特殊的地理位置，在中国的能源战略布局中有着特殊的地位。巴基斯坦是中国进入中东的大门。中国从波斯湾进口石油的路线大致是经过波斯湾、印度洋、马六甲海峡、南海、台湾海峡以及东海。一旦由于中印关系的波动导致这条路线受阻，可以考虑利用巴基斯坦的铁路、公路等交通干线，以最大限度解决能源运输问题。[③] 2006 年，巴基斯坦表示愿意作中国的“贸易走廊”和“能源走廊”，这对中国是一个好的契机。另外，巴基斯坦是中国海军军舰进入印度洋尤其是波斯湾的前沿基地，巴基斯坦是中国和伊朗及中亚间的联络点，伊朗和中亚可以帮助中国对付新疆东突分子的恐怖活动；而且中国与巴基斯坦之间的经济贸易联系会给中国西部带来好处；最后，巴基斯坦可以帮

---

① “瓜达尔港，承载巴基斯坦‘繁荣梦’”，载《环球时报》（2013 年 7 月 9 日第 7 版）。

② “加快区域经济一体化进程，构建亚洲合作新纽带”，载《人民日报》（2013 年 7 月 6 日 1 版）。

③ “论巴基斯坦对中国的重要性”，http：//bbs. tianya. cn/post-worldlook – 72457 – 1. shtml，2005 年 7 月 13 日。

助中国在第三世界中扮演重要角色。

除了印度和巴基斯坦以外，中国应继续保持与南亚其他国家的稳定友好关系。孟加拉国、不丹、马尔代夫、斯里兰卡等其他南亚国家拥有丰富而独特的旅游资源。我国与这些国家在旅游方面的合作潜力巨大。我国旅游、公安、海关、国土、交通等有关部门应尽快出台相应的措施，推进陆路交通发展，同时拓展航线。我国四川、西藏、云南等与南亚毗邻的省份应加强与南亚国家的旅游合作，开发旅游线路，争取将南亚发展为继欧美和东南亚之外的第三个广受欢迎的出境游目的地。[①] 中国与孟加拉国、尼泊尔、斯里兰卡、马尔代夫四国的关系一直发展比较顺利，高层互访不断，各国与中国建交后一直与中国保持了友好合作关系。中国与不丹虽然未建交，但两国在国际和地区事务中保持了良好合作。中国与南亚各国良好的政治关系为双方的经贸合作奠定了基础。

总之，中国现在和未来的西部边境安全威胁来自中印边境；同时美国进入中亚，也直接影响新疆、西藏的安全与稳定以及西部大开发战略。如果美国在阿富汗的战略得逞，将改变南亚、中亚的现有格局，将可能改变巴基斯坦与中国的友好关系，进而渗透进入乌兹别克斯坦、塔吉克斯坦，在我国西部边境营造一条围堵、牵制中国的墙。

（二）在经济领域，加强与南亚地区经济合作，实施南向互利合作战略

经济全球化是不可逆转的客观趋势。新形势下，要高度重视我国对南亚的开放工作，促进中国和南亚两大经济区在经贸、政治、科技、社会和文化各领域的密切合作下，大力推动中国和南亚两大市场融合，在创造出中国西部省份生产力跨越式发展重大机遇的同时，更为我国西部提速、东部扩展、东中西互动、统筹区域经济协

① 罗明义：“构建中国—南亚旅游圈，促进中国与南亚的旅游合作与发展”，载《经济问题探索》2008 年 1 期。

调发展提供强大动力。实施南向互利合作战略应作为中国参与经济全球化总体战略的重要组成部分。

1. 南亚是一个潜力巨大的市场

南亚地区地域广阔，人口众多，但贸易量只占到世界贸易量的不到1%，而区域内贸易量则不到其贸易总量的3%，这为域外国家进入南亚市场提供了有利的机会。南亚七国中印度人口超过12亿，为世界第二人口大国；巴基斯坦和孟加拉国人口也都超过1亿。庞大的人口造就了巨大的市场。同时印巴两国的社会贫富差距很大，拥有一个消费能力很强的中产阶级，高中低档产品都能在这里找到市场。同时，南亚诸国经济发展水平滞后，除印度外，其他南亚诸国普遍工业基础差，制造能力薄弱，绝大多数的工业制成品依靠进口。目前，南亚市场上常见的进口产品多数来自日本或韩国，质量优良，但价格不菲。因此，物美价廉的中国产品是相当有竞争力的。[①] 南亚各国多数奉行对外开放、鼓励投资的政策。南亚的低层次劳动力极其丰富，又不缺乏受过高等教育的高层次人才。这些都是南亚市场的潜力所在。[②]

2. 南亚国家与中国经济互补性强，经贸合作前景广阔

南亚国家普遍工业基础薄弱，现在又处于加速发展时期，在能源、交通、通讯等基础设施方面需要进口大量的机器设备。而中国产品的技术性能和价格水平，比较适合当地的消费层次，这就为中国机电产品、农机具、交通运输设备，特别是成套设备对该地区的出口创造了良好的条件。[③] 印度有发达的软件产业，中国有较大的装备制造业和硬件产业。中印可以在这方面展开合作。对巴基斯坦，主要可以加强在基础设施和矿业方面的合作。对斯里兰卡，除了扩

---

① 邓常春：《南亚次大陆经济发展与区域安全》，成都：四川大学出版社2009年版，第299页。

② 王炜："南亚：机遇与风险并存的巨大市场"，载《中国经济导刊》2001年18期。

③ 胡国财："抓住机遇开拓南亚市场"，载《经贸世界》1996年5期。

大经贸关系之外，中国还可以参与其公路、铁路、港口的建设。对孟加拉国则可以加强农业和纺织业的合作。

3. 中国在开拓南亚市场方面具有地缘优势

中国毗邻南亚市场，运输线路短，在运费和时间上具有竞争力。除了海路之外，中国有三条陆路可以通达南亚：一是通过云南、缅甸进入孟加拉国和印度；二是通过新疆进入巴基斯坦；三是通过西藏进入印度和尼泊尔。2006 年，乃堆拉山口恢复开放，对于中国加强与南亚市场的联系意义重大。乃堆拉山口距印度锡金邦首府甘托克只有 54 公里，距离西藏亚东 52 公里，而从乃堆拉山口到拉萨不过 512 公里。这条陆路是中印陆路联系最短的贸易通道。乃推拉山口恢复开通，将大大促进中国与南亚国家间的贸易。[①]

中国与印度经贸关系尤其值得关注。中印同属发展中大国，幅员广阔，人口众多，历史经历相似，又分别在 20 世纪 80 年代和 90 年代开始市场化导向的经济改革，并取得良好的成效。中印经济增长存在不少差异，如经济增长的亮点不同。中国大力发展制造业，成为“世界工厂”，而印度大力发展 IT 服务业，成为“世界办公室”。不可否认，中印经济存在着诸多竞争，如中国经济“快车道”增长模式和印度“渐进式”增长模式到底哪个成效更好？另外，在出口商品上，由于两国的出口商品结构比较相似，两国在美国进口品市场上将构成一种竞争关系，其出口会此消彼长。[②]

除了竞争之外，中印两国，乃至中国与南亚诸多在经贸领域、在能源问题上存在着日益广泛的合作。[③]

---

① 邓常春：《南亚次大陆经济发展与区域安全》，成都：四川大学出版社 2009 年版，第 300 页。

② 闫成海：“从贸易结构看中国与印度经济间的竞争关系”，载《世界经济》2003 年第 1 期。

③ 杨文武、戴江涛：“中印在海外石油供给中的竞合态势及博弈分析”，载《生态经济》2006 年第 4 期。

4. 中国与南亚地区合作有助于推动西部大开发战略

中国西部包括新疆、西藏、云南、贵州、四川、陕西、甘肃、青海、宁夏、内蒙古等省区，总面积540万平方公里，占全部国土面积的56%，总人口2.85亿，贫困人口2000多万人。西部地区地处内陆，交通不便，许多地方气候条件恶劣，人烟稀少。加上该区少数民族众多，民族社会问题突出。美国前总统克林顿在2003年的瑞士达沃斯世界经济论坛年会上提到："中国面临的最大的挑战是东西地区的差异问题，这不仅是个经济问题，而且也是个整治和安全问题，这个问题如果不能解决好，将会拖中国经济的后腿。"[①] 也正是基于这种考虑，1999年，中央做出了西部大开发的决定，正式把加强西部地区发展当作一项战略任务。发展南亚国家合作关系对于促进中国西部大开发战略的实施有着重要作用。第一，南亚地区面积约为430万平方公里，人口超过15亿，经济呈快速增长的势头。南亚地区本身就是一个巨大的市场，是西部企业"走出去"的重要目标。如果没有这一巨大市场作为支撑，西部地区开发的空间就要受到局限。第二，中国西部地区旅游资源丰富，像西藏、云南、四川、新疆等都是旅游大省。而南亚庞大的人口使它成为一个巨大的旅游消费市场，仅印度就有2亿多的中产阶级。开通由南亚进入中国云南、西藏、新疆等旅游线路，无疑将有利于中国西部旅游业的发展。第三，中国西部与南亚国家的工程承包合作前景广阔。南亚国家的基础设施，包括道路、桥梁、城市公共设施等都相当落后。在未来的一段时期内，必将加大在基础设施方面的建设，印度就计划在未来10年内投资1500亿美元用于基础设施的建设，与南亚国家开展工程承包的前景相当广阔。[②]

经贸问题是中印战略的核心问题。印度是铁矿石的主要提供商，

① 任佳等：《中国云南与南亚经贸合作战略研究》，北京：中国社会科学出版社2009年版，第28页。

② 任佳等：《中国云南与南亚经贸合作战略研究》，北京：中国社会科学出版社2009年版，第29页。

据商务部网站数据显示贸易额已达618亿元。我国是一个人均资源占有量较少的国家，仅为美国的1/64。要在21世纪头20年实现全面建设小康社会的宏伟目标，战略性资源短缺问题将成为我国加快发展的严峻挑战。以矿产资源为例，据中国地质科学院预测，到2020年，我国需要进口5亿吨原油和1000亿立方米天然气，今后20年我国将短缺30亿吨铁、5亿到6亿吨铜和1亿吨铝，甚至也可能短缺目前还在出口的矿产钨和锌。南亚是世界上自然资源富集区之一，而且资源储量和种类与我国有很强的互补性。中国可以发挥在勘测、开发和加工等方面的优势，进一步加强与南亚国家合作，联合进行资源开发实现“双赢”，必将为推动中国与南亚国家的经贸合作产生重要作用。通过西南地区，尤其是云南通道，从东南亚、南亚获取加快发展所需的矿产、石油和天然气等战略性资源，应成为我国近期“走出去”的战略重点及实施中国生产力发展南向互利合作战略的重要内容。在资源合作开发中，要重视资源和环境的协调发展，全面推进生态文明建设，力争走出一条生产发展、生活富裕和生态良好的可持续发展新路子。

中国与巴基斯坦、斯里兰卡、孟加拉国、尼泊尔、马尔代夫和不丹等国家的关系在经济上属于援助类型。中国对巴基斯坦进行工程援助和基础设施援建，中巴合作正在推进。相对于两国良好成熟的政治关系，两国经济关系则明显滞后，加强中巴经贸合作已日益成为两国的共识。随着中国西部大开发战略的实施，中国的经济发展重心随之西移的进程中，巴基斯坦加强与中国西部省份（如四川）的经贸合作必将会存在更多的机遇。中国应分析制约两国经贸关系发展的因素，并提出应对措施，从而进一步提升双方的经贸关系。只有双方的经贸关系也发展起来了，中巴才能真正建立起“全天候、全方位”的友谊。

总之，随着经济全球化进程的推进和贸易投资的便利化，尤其是如果中国和印度、巴基斯坦能建立自由贸易区，则中国与南亚在旅游、文教等方面将会有更多的经贸合作机遇。[①]

（三）在生态环境上，加强与南亚国家合作，实现资源、环境、人口的可持续发展

南亚突出的生态环境问题是马尔代夫即将消失在海面上。哥本哈根气候会议上提出援助小岛屿国家，引起强烈的反响。进入2009年，为准备哥本哈根气候会议，中印双方高层频繁会晤以交换看法、协调立场。2009年10月21日，中国发改委副主任解振华与印度环境和林业国务部长拉梅什在新德里举行应对气候变化国家行动计划联合研讨会，并签署了《中国政府和印度政府关于应对气候变化合作的协定》。根据协定，两国将建立应对气候变化的伙伴关系，加强交流与合作，并建立中印气候变化工作组。此外，中国和印度将会在减少温室气体排放、技术转移，以及能源效率和能源再生方面进行合作。印度还会同其他的发展中国家和先进国家签署类似的协议，以表明它是积极地支持达成新的环境保护协定来取代现有的《京都议定书》。

2009年12月7—18日丹麦的哥本哈根举行气候大会，希望能达成内容广泛的协定，减缓气候变暖的问题。联合国认为，该大会能有多大成绩，取决于发展中国家的支持。中国和印度分别是废气排放最多和第四多的国家。解振华说，中国和印度同属发展中大国，也都处在工业化、城镇化加快发展的阶段，面临着发展经济、消除贫困、改善民生、保护环境的多重任务。解振华说，在应对气候变化方面，中印两国基本立场相同，根本利益一致。双方已决定建立应对气候变化的伙伴关系，以及设立气候变化工作组，轮流在两国举行年会。印度环境和林业国务部长拉梅什说，双方建立伙伴关系后，将会举行部长级年度会议、气候专家及经济学家年度会议等，另外还将联合进行包括太阳能、风能、林业等重要领域的研究与

---

① “廖雷商务部：中国与南亚的经贸合作步入新的发展时期”，中国新浪网，2005年04月04日，http：//world. people. com. cn/BIG5/41214/3293239. html。

开发。

2010年5月7日，印度环境和林业国务部长拉梅什在前往北京参加“绿色经济与应对气候变化国际合作会议”前说，中印两国在气候问题上的合作非常紧密。拉梅什在接受新华社记者专访时说：“中印之间在气候变化领域签署了合作备忘录。我认为中国有许多值得印度学习的东西，我们希望合作项目能进一步促进两国之间的合作关系。”①

纵观有关气候变化议题的谈判尤其是哥本哈根会议，中印在气候变化议题上的密切合作，已经成为近年来双边关系发展的一大亮点。原因可概括为以下两点：②

一方面，某种程度来讲，中印的合作是被“逼”出来的。美国政府硬要把自己的减排与中国和印度的减排挂钩，摆出一副“中印不减，我也不减”的姿态。尽管《京都议定书》明确规定发达国家有减排指标，发展中国家并没有强制减排的义务，但美国仍然以各种理由要中印减少温室气体排放总量。其实，《京都议定书》之所以不要求发展中国家强制减排，是基于“共同但有区别的责任”原则。人类面临的威胁是全球性的，每个国家都应采取措施去应对，但历史上各国温室气体累积排放量相差却很大，发展程度的差距也很大，所以发展中国家采取与自身能力相适应的措施即是负责任的表现。美国为尽量少尽义务，采取转移视线的办法，尽可能将全球的注意力集中到中国和印度身上。中印联合其他发展中国家，共同抵制美国等发达国家的不合理要求，并展开反击，要求发达西方国家履行先前的承诺，维护了国际社会的公平与正义。

另一方面，中印在气候变化问题上的合作也有强大的内部动力。第一，改善人民生活水平的需要。两国数量众多的贫困人口目前仍

---

① “印度环境部长说中印在气候问题上合作紧密”，2001年05月07日，新华网，http://finance.qq.com/a/20100507/007175.htm。

② “内需外逼，呼吁气候变化合作的‘中印大同’”，人民网，2010年3月31日，http://world.people.com.cn/GB/11267943.html。

在温饱线上挣扎，许多人甚至还用不上电，这与发达国家民众“享受型”碳排放形成鲜明对比。现实决定了发展经济是现阶段中印最紧迫的任务，而要发展经济，推进工业化、城镇化进程，碳排放在一段时间内的增加不可避免。第二，借机实现产业升级的需要。中国颁布的《中国应对气候变化国家方案》和印度的《应对气候变化国家行动计划》都明确将应对气候变化和可持续发展有机结合起来。除了自身的努力外，也需要发达国家的资金和技术援助。但发达国家在这个问题上口惠而实不至，提供的帮助极为有限。第三，历史上的友好合作起到促进作用，在气候变化问题上的合作反过来使得两国关系进一步发展。20 世纪 50 年代，两国就曾为争取发展中国家的权益开展过有效的合作。中印之间尽管在某些领域还存在分歧，但在气候变化问题上的合作对于加强两国之间的互信、增进两国人民之间的好感、解决其他问题大有帮助。

此外，中印之间的印度河、印度与孟加拉国之间的恒河都存在水资源之争。[①] 印度对中国在西藏雅鲁藏布江筑水坝深觉不安，担心流经印度下游的水源将中断。中印关于在布拉马普特拉河（中国称雅鲁藏布江）上游建设一座水库的方案，已经签订水利方面的协议以及备忘录。保护和建设中国西南地区良好的生态环境，不仅是中国的使命，也是东南亚、南亚乃至全世界共同的事业。要积极争取南亚国家在内的国际社会的大力支持，将西南省份（如云南）建成中国连接东南亚、南亚的山川秀美、河流清澈的良好生态通道。

第三节　中国与南亚国家发展互利共赢之构想

一、依托地缘环境优势，打造西南大通道

根据中国与南亚地区的地缘经济政治现实，打造西南大通道是

① 钟华平等：“恒河水资源及印孟水冲突问题”，载《人民黄河》2011 年 6 期。

中国与南亚国家经济合作的前提和基础。

首先，打造西南大通道是区域合作发展的客观需要，交通、通信等基本通道设施建设是区域合作发展的基础。中印缅孟毗邻的边境地区目前的交通、通信等基本通道建设条件尚不足以支撑相互间较大规模、较远距离的贸易和旅游合作，更难以适应其他产业迅速发展的需要。要适应中、印、缅、孟四国间区域经济合作与发展的需要，就要加快通道建设。通道建设的目标模式就应当是包含公路、铁路、水路、航空、内河航运及现代通讯设施在内的一个连接区域内各站点的复合网络结构。要实现这一长远目标，既需要有关国家通力合作，也需要各国在自己领土范围内的努力。①

其次，打造西南大通道，尤其是积极构建中、印、缅、孟国际能源大通道，还是凸现我国与南亚地缘政治优势的需要。美国战略重心已经转向亚太地区，蓄谋在太平洋上部署重兵展开战略封堵，致使中国海上通道安全面临严峻挑战。为应对这一严峻挑战，中国必须另辟蹊径，大力开拓印度洋出海大通道，构建“两洋出海”的战略互动格局，打破马六甲海峡困局，进一步提升中国海上通道的安全系数。为此，应当扫描在南亚区域选取印度洋出海口的态势而确定进取方向，选定位于巴基斯坦的瓜达尔港口和孟加拉国的吉大港作为开拓对象，并且与缅甸的仰光港和若开港一起来考察与规划，采取先易后难的策略循序渐进，下功夫促成印度洋出海大通道的整体阵容，以保障中国走向世界，实现和平崛起。②

鉴于能源对经济增长的巨大影响，中、孟、缅三国应对能源领域的国际合作工程从战略高度予以重视并加快启动。令人感到鼓舞是，缅甸和孟加拉国出于发展民生、摆脱贫困、促进经济发展为目

① 乐后圣：“中印缅孟：建构南亚合作机制”，载《中国评论》月刊2006年5月号（总第101期）。

② 李靖宇等：“关于中国在南亚区域选取印度洋出海口的战略推进构想”，载《中国海洋大学学报》2012年第5期。

的，都对构建能源国际大通道表现出了浓厚兴趣。从客观上讲，孟加拉国和缅甸都拥有较为丰富的资源，对构建中、印、孟、缅能源大通道会起到积极作用。孟加拉国已公布的天然气储量为3113.9亿立方米，远景储量超过8000亿立方米。缅甸的陆地和近海都有大量的石油和天然气资源，已探明天然气储量达14420.5亿立方米，石油储量为31.54亿桶。这就为跨国能源大通道的构建创造了基本条件。可以肯定，在完善能源开发协商合作机制的基础上，合作勘探开发孟加拉湾区域是完全有可能的。

为此，中孟两国合作开拓能源国际大通道，主要应采取铁路干线与公路相结合的策略进行建设，以适应中、印、孟、缅跨国区域能源合作的多样性要求。茶马古道、史迪威公路和中印油管等见证了中国西南地区与南亚源远流长的友好关系和合作历史。云南是中国通往南亚地区最近的陆上通道，从腾冲猴桥口岸出境，经过缅甸密支那就可进入印度东部，路程只有300公里。云南省社科院副院长、云南省南亚学会主任任佳说："但目前云南与南亚间却没有便捷顺畅的现代化运输通道，货物运输多从水路经马六甲海峡再抵达印度洋，陆上优势几乎丧失，交通不畅已成为限制中国与南亚合作的主要因素"，"通道建设是实现云南与南亚合作的首要基础，云南应尽快突破交通'瓶颈'，建设与南亚对接的立体交通网络"。要充分发挥云南陆上通道的优势，加快公路、铁路、航空、水运、油气管道等交通基础设施建设，切实把云南建成"东连黔桂通沿海，北上川渝进中原，南下越老达新马，西接缅甸连印巴"的快捷、便利的国际交通大通道，为实现中国与东南亚、南亚国家的大规模经济往来奠定坚实的基础。在公路建设方面，重点是建设"三纵三横"、"九大通道"。在铁路建设上，重点是请求国家加快滇—越铁路改造进程，加大投入，提高技术等级，同时请求国家积极与东盟协商，将泛亚铁路中线、西线方案早日提上议事日程。在航空运输方面，重点是加大对昆明新机场建设的支持力度，将昆明新机场建设成为面向东南亚、南亚的重要的国际航空港；同时支持云南开通联结东南亚、南亚国际性大城市的航线，进一步完善航空运输网络。在水运建设方面，重点是进一步改善澜沧江—湄公河的通航条件，提升航道等级，适时开通红河国际航运。除交通基础设施建设外，要继续加强信息基础设施建设，扩大通信网络规模，提高技术装备水平和信息服务能力。[①] 目前，第三大亚欧大陆桥的构想已经提出，而昆明至吉大港是非常重要的路段，所以要加快修建昆明至吉大港的铁路线。在中国境内，必须把昆明到大理的铁路线延伸到瑞丽，然后修建从瑞丽至缅甸石兑的准轨铁路，再从石兑铺设到吉大港的铁路。这条铁路，还可继续沿吉大港进入印度境内，从而沟通中东、欧洲和北非。与此同时，还要修建一条从吉大港至昆明的公路，其走向与设计建设的铁路线完全一致。这样，将形成昆明—瑞丽—曼德勒—石兑—吉大港的顺势走向，贯穿缅甸和孟加拉国的铁路与公路，中国外贸与能源运输单向东运的现状也会由此得到改善。[②]

另外，要修建中—巴铁路，推进中巴经济走廊建设。[③] 中国与巴基斯坦山水相连，通过喀喇昆仑公路和空中航线实现了陆路和空中连接，形成中巴经济走廊。目前，中巴之间的陆路贸易主要是通过1978 年修建的喀喇昆仑公路。受地理和气候因素影响，喀喇昆仑公路不能全年通行，每年冬季有 4 个多月的时间不能正常通行，从而使中巴陆路交通中断，对两国的贸易往来和人员交往造成不利影响。而公路运输与铁路相比有其自身局限性，不仅运载量小、成本高，

① 车志敏（云南省人民政府研究室主任）：“21 世纪初中国生产力发展的南向互利合作战略——云南如何面向东南亚、南亚互利合作”，载《中国信息报》2006 年 2 月 27 日。

② 李靖宇等：“关于中国在南亚区域选取印度洋出海口的战略推进构想”，载《中国海洋大学学报》2012 年 5 期。

③ 中巴经济走廊是李克强总理于 2013 年 5 月访问巴基斯坦时提出的。目的是加强中巴之间交通、能源、海洋等领域的交流与合作，加强两国互联互通，促进两国共同发展。中巴经济走廊规划不仅涵盖“通道”的建设和贯通，更重要的是以此带动中巴双方在走廊沿线开展重大项目、基础设施、能源资源、农业水利、信息通讯等多个领域的合作，创立更多工业园区和自贸区。

而且运输的安全系数也较低，喀喇昆仑公路的通行能力有限，对扩大中巴陆路运输通行能力形成制约，不利于两国经贸往来的长远发展需要。长远战略需要促使人们思考如何解决这一问题，从而为进一步推进中巴陆路联系提供有利的基础设施条件。在这种背景下，修建中国—巴基斯坦铁路连接线，把中国新疆喀什与巴基斯坦拉瓦尔品第——伊斯兰堡用铁路连接起来，成为可供考虑的一个选择。建设中巴铁路具备技术可行性，虽短期经济效益不乐观，但长期受益巨大，具备投资价值。虽然安全上存在诸多不确定因素，但随着巴基斯坦安全形势逐步改善，情况将发生转变，应当从战略全局的角度看待这一问题。从中国方面来看，修建中巴铁路将极大地促进第二轮西部大开发和新疆尤其是南疆地区的对外开放和经济开发，中巴铁路将把喀什从中国铁路网的西南部末端转变成为中国西部通向印度洋地区的交通枢纽，有助于促进经济发展。中巴铁路将是连接两国的重要陆路交通走廊，也是巴基斯坦的经济发展走廊和资源开发走廊它是连接中巴两国经济往来的桥梁。从长远角度看，两国间的客货不可估量。从该地区其他铁路工程的经验来看，该工程将通过创造就业、发展技能、开发市场、消灭贫困和提升社会服务为当地提供重要发展机会。其他铁路工程的经验表明，铁路将为内部供给和地区经济增长提供基础设施支撑。国家经济也会因基础设施发展而全面受益，它将超过工程本身带来的直接影响。[①]

在信息通道建设上，有必要在相互开放电信市场的基础上，合作进行区域内现代通信网络的建设。鉴于该区域内经济发展仍相当落后，人民收入水平很低，支付能力有限，可考虑由中、印、缅、孟四国合作，共同建设一个特殊的地区性国际通信网络，对区域内四国间相互的电信往来实行低收费政策，以充分发挥现代信息技术对地区经济合作与发展的促进作用。

---

① 陈继东：“关于建设中国—巴基斯坦铁路连接线的几点思考”，载《南亚研究季刊》2012 年第 3 期。

二、民间交流日益增强，互信基础逐渐形成

早在公元前四五世纪，中国和印度、巴基斯坦、孟加拉国就存在广泛的文化交流，“在这2000多年的交往史中，文化交流是柱石。印度佛教、音乐、舞蹈、天文历算、文学语言、建筑和制糖等传入中国，同样，中国的造纸、蚕丝、瓷器、茶叶、音乐传入印度，也极大地丰富了印度文化”。[①] 其中，古西南丝绸之路是以成都为起点，分为水、陆两路经云南到达印度，而且西南丝绸之路的主要商品如丝绸和茶叶等，多来自四川、云南等地。这种山水相连、文化同源、民族同宗的特殊地缘和亲缘关系，是促进我国与东南亚和南亚合作的良好社会基础。

由于历史原因和自然环境的阻隔，再加上相对封闭的文化环境和交往不便，在一定程度上制约着中国与南亚经贸合作的开展。因而，要不断增进中国与南亚国家间的了解和互信，以文化、教育和学术交流营造的和谐的人文环境为基础，才能进一步拓展中国与南亚经贸合作发展的空间。具体来讲，建立中国与南亚高等教育培养体系的合作交流关系，建立中国与南亚国家间的文化合作交流关系，建立中国与南亚学术界的合作交流关系，建立中国与南亚各国新闻媒介宣传的合作交流关系。[②] 此外，通过共建友好纪念馆、民族文化馆、友谊学校、友好医院、标志性建筑等，广泛开展民族文化交流，为实现我国与东南亚和南亚国家的世代友好做出更大贡献。还可以利用西南大通道，加强中国与南亚各国的友好交往，同时可以促进滇、缅、印旅游业的发展。

中印高层领导人不断致力加强合作，但彼此间固有的警惕和猜

① “中国与印度：文化交流、意义深远”，载《人民日报》（2006年03月31日第15版）。

② 杨文武：《中国四川与南亚经贸合作研究》（南亚前沿问题研究丛书），成都：巴蜀书社2008年版，第225页。

疑难以在短期内消除。这就需要加强中印之间的民间往来，加深两国人民的相互了解，提升民间互信程度。中国应注意发挥各种民间组织、商会、协会以及南亚学会等社会中介组织的交流沟通作用，搭建市场信息交流的平台，积极组织各种文化交流活动，包括旅游、学术、教育、政策法律咨询及社会文化互动等，能有效抵消中印关系发展中的政治偏见和战略思维，以消除误解，扩大共识范围，为两国关系长久稳定发展、政治互信和经贸合作奠定良好的情感基础。

中印在2011年的常规交流仍有序多样、平稳推进。2011年4月25—30日，“感知中国印度行——四川周”拉开了“2011中印交流年”序幕。2011年双方还各派500名青年互访，民间交流活动涵盖电影、美术、教育、商务等诸多方面。① 5月，在“文化之都”加尔各答，中印两国多位古典乐器演奏家齐聚一场名为“当东方与东方相遇”的音乐会；为纪念泰戈尔诞辰150周年，由中国中央编译出版社与SAGE印度公司共同出版的、由谭中等人主编的《泰戈尔与中国》论文集英文版在新德里正式出版发行。②

三、积极参与南亚国家的基础建设和制造业

目前，基础设施的薄弱给印度企业在生产以及物流方面带来一系列问题，成为印度经济发展的重要障碍。印度的公路密度是1001千米/平方公里土地区域，高于中国（36千米/平方公里土地区域），但是公路建设状况很差，缺乏高速公路，现代化程度不高。同时，印度的铁路总长6.3327万千米，是世界第四长的铁路运营网，但是铁路设施质量很差，列车出轨事故时有发生。2005年到2008年间印度的机场运输能力只有12.34亿吨/千米，只有中国（113.86亿吨/千米）的十分之一。2008年印度缺电人口比例为34.2%，远高于中

① 杨思灵、陈利君：“2011年南亚政治经济发展概述”，载《东南亚南亚研究》2012年第1期。

② 陈宗海：“2011年中印交流评析”，载《南亚研究季刊》2012年第1期。

国（0.60%）。基础设施是刚性的，是不容易从外界获得的，基础设施薄弱的现状阻碍着印度经济发展，并成为了制约制造业发展和吸收外资的重要瓶颈。但这也从一个侧面解释了印度信息产业快速增长的原因，因为信息产业对基础设施的要求不是很高，而且有着低能耗、低材耗、低环境污染和高经济产出的特点。①

印度驻华大使馆经济与商务处有关负责人曾表示，在2010—2011年的两年内，印度在基础建设上的预算超过360亿美元，还将投入巨资修路筑桥，发展交通和电力，希望未来印中两国能在基础设施领域开展合作。中国社会科学院亚洲太平洋研究所副所长孙士海分析称，“随着印度的基础设施建设大规模的开展，这个方面合作的空间比较大，包括电力、发电设备、铁路、公路、航空建设、港口。印度不断扩大贸易量，与世界的贸易量在不断上升，吞吐量大的码头是必不可少的，目前当地的效率还不高，吞吐量也不充足。而在这个方面中国很有优势，经验丰富，技术水平、性能都很有竞争力，因此，在该领域，中国可能有更多的竞争机会。”②

2010年12月16日发表的《中华人民共和国和印度共和国联合公报》指出，中印双边贸易拓展重点在基础设施、环保、信息技术、电信、投资、财金等领域的合作，实现优势互补、互利共赢。印度政府在公报中表示欢迎中国企业参与印度的公路、铁路等基础设施建设和制造业的发展。中印都鼓励本国企业扩大相互投资与工程承包合作，妥善处理经贸摩擦和分歧，共同反对一切形式的保护主义，现已成立中印企业首席执行官论坛，讨论商贸事务，为扩大贸易和投资合作建言献策。

① 周及真：“中印经济不平衡：表现和成因分析”，载《东南亚南亚研究》2012年第4期。

② 游心、王莉莎：“中印贸易额剑指千亿美元”，《第一财经日报》2010年12月17日，http://www.yicai.com/news/2010/12/629969.html。

四、依托南盟合作机制，深化与南亚关系

冷战结束后，随着区域主义迅速发展，南亚国家逐渐放弃了独自寻求安全的模式，走上了以区域主义为主流的合作安全道路。“南亚国家和一些区外国家的学者也提出建立南亚合作式安全机制的构想。这种合作安全的内容是：通过在南亚国家之间建立双边或多边的安全保障机制以防止地区内部的军事冲突，并使之有利于建立信任措施、控制军备和处理危机。”① 事实上，此种安全追求在20世纪80年代南亚区域合作联盟成立时就开始了。南盟宪章规定：各国严格遵守联合国宪章和不结盟原则，以促进地区和平、稳定、友好和进步，特别要尊重主权平等、领土完整、国家独立、不使用武力和不干涉他国内政以及和平解决争端的原则。冷战结束特别是进入新世纪后，南盟国家的合作才迎来了快速发展的机遇。2004年第12届首脑会议决定从2006年开始建立自由贸易区；2008年第15届首脑会议重点讨论了粮食安全、能源危机、恐怖主义威胁等问题并提出了应对措施，从而推动了地区合作安全的发展。②

近年来，中国与南盟的合作取得了令人注目的成就。2005年11月，南盟第13届首脑峰会在孟加拉国首度达卡召开，并通过《达卡宣言》，欢迎中国成为南盟观察员，这为中国与南亚各国及地区的友好合作创建了一个新的对话平台，有利于促进中国和南亚关系的全面发展。南盟部长理事会在2006年7月的会议上做出决定，正式接受中国为南盟观察员。中国政府愿在尊重南盟国家愿望的基础上，本着平等互信、合作共赢的精神，与南盟开展交流，逐步扩大务实合作，推进南盟合作进程、促进南亚的和平与发展。中方正在积极

---

① 孙士海：“冷战后南亚的安全形势及前景展望”，载《当代亚太》1997年第5期。

② 杨值珍：“冷战后南亚安全形势及中国对南亚安全的影响”，载《湖北大学学报》2011年第1期。

与南盟国家探讨建立扶贫合作机制；与南盟探讨建立中国—南盟减灾救灾合作定期会晤制度，交流减灾经验和信息；加强和南盟国家的人力资源培训合作、人员往来和学术交流；在平等互利基础上，与南盟国家加强在基础设施建设、经贸、能源等领域合作。[①]

2011 年 11 月 10 日，以“构筑桥梁”为主题的第 17 届南亚区域合作联盟峰会在马尔代夫开幕，反映出南亚地区各国希望扩大彼此间以及本地区与全球其他国家和地区间的相互理解和多方面合作的愿望。作为南盟观察员之一，中国外交部副部长张志军率代表团参加了在马尔代夫阿杜市举行的第 17 届南盟峰会。张志军在会上发表了题为“共同搭建中国——南盟合作之桥”的讲话。他积极评价了南盟在推动南亚地区和平、稳定与发展方面发挥的重要作用，表示中方重视发展同南盟的关系，希望通过加强与南盟的对话、交流与合作，为促进南亚地区的和平、稳定与繁荣作出贡献。中方建议，双方办好现有合作项目，将经贸、农业、基础设施建设、环保、人力资源培训和扶贫减灾作为中国与南盟务实合作的重点领域，探讨建立双方务实和更有效的合作机制。为支持南盟发展，中方决定再次向南盟发展基金捐款 30 万美元。[②]

五、扩大经贸交流，经济一体化前景广阔

经济一体化是与经济全球化并行不悖的客观趋势。南亚地区经济发展潜力巨大，与中国经济存在互补性。中国存在参与南亚地区经济的可行性，具体体现在以下两个方面：

其一，拓展中国—东盟自由贸易区和大湄公河次区域合作，循序渐进与南亚国家建立区域性合作的制度安排。作为正在崛起的中国，要走出美国构建的封锁圈，必须有充分的战略纵深、广阔的回

① “南盟首脑会议的三大亮点”，载《北京周报》2007 年第 16 期。

② “第 17 届南盟峰会在马尔代夫闭幕”，国际在线网 2011 年 11 月 11 日，http：//gb. cri. cn/27824/2011/11/11/2225s3433983. htm。

旋余地，要西出中亚，加强南亚，坚定不移地实施西部大开发，分别以新疆、云南为基地，与周边国家建立一种经济、安全上相互依赖的关系。正如云南省商务厅官员陇文所说："一些商业嗅觉灵敏的缅甸、云南商人已开始利用这条陆路交通展开贸易，建设中国面向西南开放的桥头堡，扩大向西南开放，其区域指向主要是以南亚、东南亚国家为重点，面向印度洋沿岸，延伸至西亚及非洲东部等广大区域的对外开放。"① 中国应努力扩大与南亚贸易的规模，大力加强口岸基础设施建设，不断完善通关环境，提高服务效率，消除人员和货物流动障碍，努力创造贸易与投资便利化的条件，形成畅通快捷的物流、人流、资金流、信息流网络。

其二，把握南盟观察员国机遇，构建中国与南亚国家的自由贸易区。以"中印缅孟经济走廊"构建次区域合作、中国西藏与印度之间的跨越喜马拉雅山的乃堆拉山口的重新开放，青藏铁路的开通，以及东盟—中国自贸区建设和澜沧江—湄公河次区域开发等有利时机，制定切实有效的四川—南亚区域经贸合作计划。② 南亚是一个拥有地缘优势的、有15亿人口的巨大市场。四川省开始重视四川与南亚区域经贸合作，增强拓展南亚市场的开放意识，增强拓展四川与南亚经贸合作发展的多元化开放意识，积极构建全方位、多层次、宽领域的对外开放格局。其次，中国西南地区在基础设施建设、资源开发、旅游合作、能源建设、科技、教育、医疗卫生、信息技术和金融服务等领域比南亚地区相对发达，具备参与同南亚区域合作或次区域合作的条件。而与南亚国家建立区域经济合作有利于推动西部大开发进程中的大开发和大开放格局的最终形成，促进经济持续快速增长，实现跨越式发展等方面均具有十分重要的理论归纳和

---

① "云南保龙高速将通车 中国通往南亚大通道提速"，2008年08月29日，http：//business. sohu. com/20080829/n259262562. shtml。

② 杨文武：《中国四川与南亚经贸合作研究》，成都：巴蜀书社2008年版，第245页。

实践指导意义。[①]

六、中国与南亚的地缘政治经济战略布局

中国与南亚的地缘政治经济战略布局可以总结为：建立一个通道，沟通三大市场，搭建四个平台，形成两种合作机制。建立一个通道，就是中国连接南亚的国际大通道，即在这个地区持续推进航空、铁路、公路、陆水联运、管道、电网、通信等现代交通网络体系的建设；沟通三大市场，就是通过国际大通道，加大与南亚经贸合作的力度，实现东亚、南亚、东南亚三大市场的有效连接和全面沟通，并不断整合成为一个覆盖30亿人口的、世界上最大的统一市场；搭建四大平台：一是中国面向南亚的贸易交往平台，二是中国与南亚的现代国际物流平台，三是中国西部地区重要的能源输入平台，四是中国面向印度洋地区的国际交往平台；形成两种机制：一是次区域合作机制，通过这个地区的逐渐升级，推进各国在政府层面建立合作机制，以协调该区域在交通连接、贸易安排、投资促进、教育文化交流、旅游合作等方面需要由政府出面解决的问题，二是国际合作机制，[②] 建立国际合作机制是在这个地区开展经贸合作的一个重要条件，也是参与合作各方的迫切需要。面对这个地区的反恐、反分裂、反走私等各种传统和非传统的安全问题，有关各方面应积极协商建立必要的安全合作机制，使安全合作与经贸合作相互促进，以消除各种合作进程中的种种顾虑，抵制外部实力的恶意介入，从而提升合作各方的互信程度。

---

① 杨文武：《中国四川与南亚经贸合作研究》，成都：巴蜀书社2008年版，第245页。

② 任佳等著：《中国云南与南亚经贸合作战略研究》，北京：中国社会科学出版社2009年版，第61页。

第五章
中国与中亚地区的地缘经济政治态势

中亚位于欧亚大陆中心，曾被地缘政治学者称为“心脏地带”，如今依然是大国争夺欧亚大陆控制权的重要基点，战略地位极为重要。就我国西北地区的地缘政治经济环境而言，“中亚”特指哈萨克斯坦、乌兹别克斯坦、塔吉克斯坦、吉尔吉斯斯坦、土库曼斯坦五国及与之毗连的阿富汗和高加索地区。从地缘经济学视角看，中亚与高加索地区有丰富的能源，特别是石油、有色金属和稀有金属资源，被认为是世界能源和战略资源供应的新基地。我国新疆及其毗邻的中亚地区是历史上古丝绸之路的要道，对当代“新丝绸之路”的开辟和拓展具有关键意义，是当今我国西北部的对外开放的枢纽地区。从地缘政治学视角看，中亚地区具有多民族、多宗教、多元文化交织的特点，伊斯兰教影响突出，形成了特殊的地缘政治生态。近年来，该地区“三股势力”影响加剧，不仅影响中国周边的安全与稳定，也关乎地区乃至世界的和平与发展。特别是进入21世纪以来，中亚地区的地缘经济政治地位凸显，大国渗透加剧，地区局势呈复杂化发展趋势。中亚地区的地缘经济政治状况及发展态势，对中国的对外关系和改革开放大局具有重大影响。

第一节　中亚地区独特的地缘经济政治环境

一、中亚地区具有良好的地缘优势

1. 中亚战略地位独特而重要

中亚五国区域，总面积约400多万平方千米。东部以西天山的南脉为界，南部以科毕达山脉和阿姆河的中游及其上源喷赤河为界，北部延伸至西西伯利亚南缘的额尔齐斯河流域，西界是里海的东岸。天山山系位于哈萨克斯坦的东南端，为中国、哈萨克斯坦、吉尔吉斯斯坦三国界山。哈萨克斯坦总面积约270多万平方千米，是中亚五国中面积最大的国家，也是当今世界上面积最大的内陆国家。土库曼斯坦总面积49万多平方千米。乌兹别克斯坦总面积为44万多平方千米，处于连结东西方和南北方的中欧、中亚交通要冲，古代曾是商队之路的重要汇合点。吉尔吉斯斯坦总面积为19.85万平方千米，是古丝绸之路的必经之地。塔吉克斯坦总面积为14.31万平方千米。阿富汗总面积65万多平方千米，位于西亚、南亚和中亚交汇处，扼南北交通要冲，地理位置十分重要。

中亚北部和西北部与俄罗斯接壤，西部和西南部与伊朗接壤，南部和东南部与巴基斯坦接壤。中亚地区国家与中国有着3300多公里的共同边界。与中国接壤的中亚国家，从北到南依次是哈萨克斯坦的东部和东南部、吉尔吉斯斯坦的东部和东南部、塔吉克斯坦的东部、阿富汗的东北部狭长地带。虽然中国与阿富汗边界长度不到100公里，但是地缘战略极为重要的瓦罕走廊连接中阿两国。瓦罕走廊历史上曾是欧亚大陆地区的古丝绸之路的一部分，是华夏文明与印度文明、中亚文明、波斯文明和欧洲文明交流的重要通道。阿富汗战争期间，美国政府希望中国开放与阿富汗接壤的边境地区，便于美国和北约从瓦罕走廊开辟一条新的补给线，为驻阿美军和北约军队提供后勤服务。

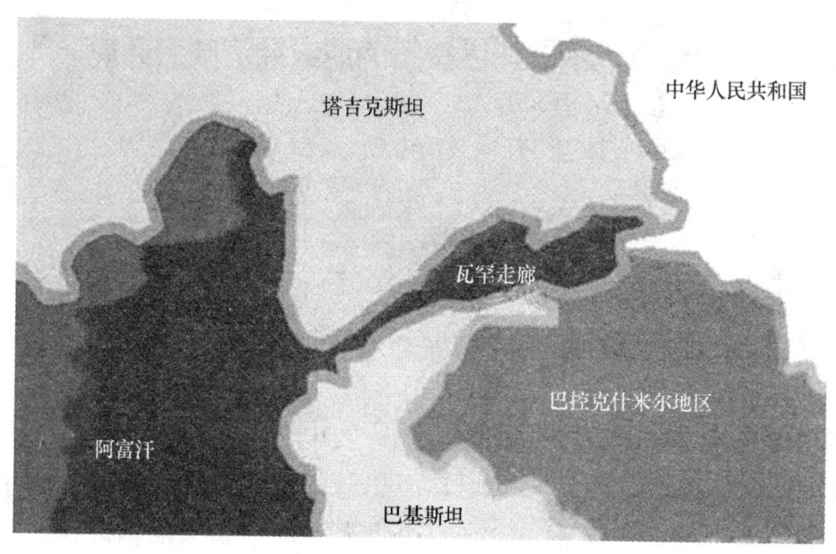

图 5.1　瓦罕走廊示意图

2. 地形地貌形态各异且复杂多变

中亚地区地形复杂，大都属于多山地的荒漠地带。地势总体上东南高、西北低。塔吉克斯坦的帕米尔地区、吉尔吉斯斯坦西部的天山地区山势陡峭，海拔在 4000—5000 米。帕米尔高原是中亚的制高点，其延伸至阿富汗境内成为兴都库什山脉。哈萨克斯坦西部里海附近的卡拉吉耶洼地，发现有中亚陆上低于海平面 132 米的最低点。整个区域的东、西之间，分布着广阔的荒漠和绿洲，海拔在 200—400 米之间，丘陵、草原地带在海拔 300—500 米之间。塔吉克斯坦地处山区，境内山地和高原占 90%，其中约一半在海拔 3000 米以上，有“高山国”之称。乌兹别克斯坦国土的绝大部分为平原，多盆地和荒原。

锡尔河、阿姆河是中亚地区的两大河流。锡尔河是流经中亚的最长的河流，全长 3019 千米（含上游纳伦河），发源于天山山区西部，流经的费尔干纳绿洲、塔什干绿洲，是中亚最重要的经济区。阿姆河全长 2394 千米（含上游喷赤河），是中亚水量最充沛的大河，发源于帕米尔山区，落差大，拥有丰富的水电资源。此外，流经中亚地区的还有泽拉夫尚河、卡拉捷詹河、穆尔加布河、塔拉斯河、楚河、伊犁河、乌拉尔河、额尔齐斯河等，其灌溉区有撒马尔罕绿洲、布哈拉绿洲、阿什哈巴德绿洲、马雷绿洲、比什凯克灌区等。发源于我国阿勒泰山区的全长4248千米的额尔齐斯河，流经哈萨克斯坦境内1400千米，河道平稳、水量充足，在航运、灌溉、城市供水方面有着重要的经济意义。

中亚较著名的湖泊是咸海、伊塞克湖和巴尔喀什湖。中亚最大的湖泊是咸海，主要靠锡尔河、阿姆河注入，面积约6.4万平方千米，是世界第四大湖，平均水深13米，最深处水深64米，但由于环境恶化，近年来水位急剧下降。伊塞克湖为高山深水湖，海拔1600米，已知最大深度702米，在欧亚大陆的所有湖泊中仅次于贝加尔湖，因常年不结冰，以“热海”闻名于世。巴尔喀什湖面积1.7—2.2万平方公里，西半部为咸水，东半部是淡水，其间有极窄水道相连。

中亚地区冰川众多，超过4000条，总面积达1.1万平方千米，其中最大的费德钦科冰川长71千米，它包括33条支流、面积达900平方千米。中亚地区既有多荒漠半荒漠地带，又有大面积的平原、草原。卡拉库姆沙漠35万平方千米，是中亚最大的沙漠，克孜尔库姆沙漠30万平方千米，均极度干旱贫瘠，克孜尔库姆沙漠东南部就被称为“饥饿草原”。土库曼斯坦80%的领土被卡拉库姆大沙漠覆盖，是世界上最干旱的地区之一。哈萨克斯坦境内有覆盖长达1200千米的哈萨克丘陵和长达630千米的图尔盖谷地，海拔在300米左右。在北部台地、丘陵与南部沙漠之间的是别克帕克达拉草原，其地貌处于草原、半荒漠、荒漠的过渡地带。哈萨克斯坦、里海沿岸低地有大面积垦荒而出的农田。

中国地势西高东低，山地、丘陵和高原约占全国面积的2/3，青藏高原西北端的帕米尔高原延伸出许多高大的山脉，构成阻断来自“世界岛”冲突带的“自然防火墙”。中亚地区充当了“心脏地带”

与中国国家安全缓冲区的角色。

3. 气候炎热干燥且温差较大

由于处于欧亚大陆腹地，尤其是东南有高山阻隔印度洋、太平洋的暖湿气流，中亚地区为典型的大陆性气候。

雨水稀少，极其干燥。一般年降水量在 300 毫米以下，咸海附近和土库曼斯坦的荒漠年降水量仅为 75—100 毫米。山区年降水量为 1000 毫米，费尔干纳山西南坡甚至可达 2000 毫米，而帕米尔高原的年降水量仅 60 毫米。阿富汗全年干燥少雨，全国年平均降雨量仅 240 毫米左右。

日光充足，蒸发量大。中亚每平方厘米地面由于阳光辐射每年可获 10—13 平方万卡热量，在土库曼斯坦则几乎达到 16 万卡。科学测试，在中亚北纬 40 度的地方，夏季所获阳光照射量并不逊于热带地区。空气极其干燥和高温引起大量的蒸发，使阿姆河三角洲水面的年蒸发量达 1798 毫米，即比这里的降水量大 21 倍。

温度变化剧烈，年温差和日温差均较大。许多地方白天最高气温与夜晚最低气温之间可相差 20—30 摄氏度，帕米尔高原则有日温差 40 摄氏度的记录。从哈萨克斯坦最北端到土库曼斯坦最南端，纵跨北纬 57 度到 35 度，表现为寒温带经温带向亚热带的过渡，在盛夏七月，除山区外平均气温一般在 26—32 摄氏度之间，而在隆冬一月，平均气温由北端的零下 20 摄氏度到南端的 2 摄氏度过渡。阿富汗季节明显，冬季严寒，夏季酷热。

二、中亚对外具能源领域合作潜力

哈萨克斯坦被誉为“世界能源和原材料基地”。矿藏品种较齐全，有丰富的石油、天然气资源，石油储量约 100 亿吨，远景储量 130 亿吨，天然气储量为 11700 万亿立方米，在中亚国家中居第一位。哈萨克斯坦煤炭地质储量为 1700 亿吨，主要分布在卡拉甘达州和东哈州等地，是世界 10 大产煤国之一，金属矿藏十分丰富，已探明的矿藏有90多种，钨的储量居世界第一，用于核燃料和制造核武器的铀的产量也是世界第一，被称为“铀库”。铬和磷矿石居世界第二，铬铁矿探明储量2亿吨，铜、铜、锌、钼的储量占亚洲第一位。

塔吉克斯坦的煤炭探明总储量在30亿吨左右，矿床35个，石油储量为1.2亿吨，天然气8800亿立方米，其中瓦赫什油气区的原油是重油，蜡和硫的含量高，主要用来生产沥青和作锅炉燃料。铀储量居独联体首位，铅、锌矿占中亚第一位。境内江河湖泊的水利资源丰富，总蕴藏量在6400万千瓦以上，其中有经济利用价值的达1250亿千瓦时，水力资源在独联体国家中占第二位；人均电力资源蕴藏量居世界前列。锑矿储量居独联体首位，在亚洲也仅次于中国和泰国而居第三。

吉尔吉斯斯坦的主要资源有煤炭、油页岩、泥炭、天然气、石油，其中煤炭在中亚居重要位置，地质储量为296亿吨，有些煤不仅储量丰富、质量好，是优质燃料，而且还是煤化工的重要原料，煤田主要分布在南北天山地区，部分煤田可露天开采，被称为“中亚煤斗”。其主要矿产为有色金属和稀有金属，其中贡和锑的储量和产量均居苏联第一位，锡产量和汞产量占独联体第二位，锑产量占世界第三位、独联体第一位；黄金储量丰富，仅库姆多尔金矿的预计储量已超1000吨；铀矿储量居独联体国家首位，是世界主要的产铀国。此外，吉尔吉斯斯坦还拥有丰富的水力资源，境内有十多个水力发电站，向邻近的几个独联体国家苏联共和国提供电力，中国新疆也将与吉在电力发面进行合作。

乌兹别克斯坦的能源资源主要有石油、天然气、煤炭，三者目前探明储量分别为53亿吨、5万多亿立方米、20亿吨，其被列为世界十大天然气开采国，年产气量在300亿立方米以上，在中亚仅次于土库曼斯坦，居独联体第三位。油气资源总估价超过1万亿美元，有160多处石油产地，可以分为5个主要的石油天然气区域。

土库曼斯坦有丰富的石油和天然气资源。石油储量120亿吨；天然气储量为22万多亿立方米，占中亚地区天然气储量的56%，人均储量可与沙特阿拉伯相比，开采量年均达600亿立方米—800亿立方米，约占世界总储量的四分之一，居中亚国家第一位，世界第四位；石油探明储量约有11亿吨，居哈萨克斯坦之后，居中亚国家第二位；除南部山区外，几乎全境都有油气分布。

中亚各国在能源资源领域有明显的自然优势，目前是世界上最具有开发潜力的地区之一，对于中国日益增大的能源需求来说，具有十分重要的意义。

三、中亚地区民族众多且文化多元

中亚五国均系多民族国家，总人口将近6000万。

哈萨克斯坦由130个民族组成，主体民族哈萨克族有800万人，约占全国人口的50%，其他民族有俄罗斯、乌克兰、德意志、乌兹别克、鞑靼、维吾尔、朝鲜、土耳其、东干族等等。

乌兹别克斯坦由129个民族组成，主体民族乌兹别克族有1670多万人，约占全国人口的70%，其他民族有俄罗斯、卡拉卡尔帕克、土耳其、朝鲜、塔吉克、维吾尔、东干、德意志人、犹太族等等。

吉尔吉斯斯坦由80多个民族组成，主体民族吉尔吉斯族有289多万，约占全国人口的60%，其他民族有俄罗斯、乌兹别克、鞑靼、东干、维吾尔族等等。

塔吉克斯坦由86个民族组成，主体民族塔吉克族有427万多人，约占全国人口的70%，其他民族有乌兹别克、俄罗斯、鞑靼、乌克兰、德意志、土库曼、朝鲜等等。

土库曼斯坦由105个民族组成，主体民族土库曼族有327万多人，约占全国人口的70%，其他民族有俄罗斯、乌兹别克、哈萨克、鞑靼、维吾尔、库尔德族等等。

除哈萨克、乌兹别克、吉尔吉斯、土库曼和塔吉克族5个主体民族之外，俄罗斯族在中亚各国人口中占有不小的比重，为中亚五国的第二三大民族。

阿富汗总人口2600多万，主体民族为普什图族，约占全国人口的52%，其他民族有塔吉克、哈扎拉、乌兹别克、恰拉马克、土库曼斯坦、俾路支族等等。众多主要民族都具有跨界民族特性，相对集中居住，呈现大杂居、小聚居的分布格局。

多元文化是中亚地区的另一显著特点。哈萨克斯坦、乌兹别克斯坦、吉尔吉斯斯坦四国主体民族均属突厥语族，但各有本民族语言。塔吉克斯坦主体民族语言为塔吉克语，属印欧语系伊朗语族，与波斯语相近，但国内也有众多突厥语族。突厥语族在血缘、地缘、宗教、文化和习俗上有密切的联系。

在宗教信仰上，伊斯兰教在中亚已有1200多年历史，教徒多达3850万，约占中亚地区人口的70%。中亚地区的穆斯林绝大多数是逊尼派，在阿富汗和塔吉克斯坦有少部分穆斯林属什叶派。此外，在中亚的俄罗斯人、斯拉夫语族居民中有数量较多的东正教教徒，还有少量天主教、新教和犹太教教徒。

在民族和宗教文化上，中国新疆等地与中亚各国具有很多相近之处。跨界而居的民众中，有不少是属于同一个民族。中亚地区居住着60多万华人，我新疆地区有约90万哈萨克族人，10多万吉尔吉斯族人，3万塔吉克族人。宗教、语言、风俗上很多是相通的，这对于双方的交往具有十分重要的促进作用。中亚一带的伊斯兰原教旨主义势力多年来的泛滥，考虑到我国西北边疆少数民族成分、宗教信仰、经济发展水平及地理特点，中国应当在继续发展与中亚各国的友好关系，促进彼此间经贸往来的同时，研究处理各种可能发生的危机事态的办法，并加快我国边疆地区的改革开放和经济建设步伐，不断增进国内各民族之间的团结和互助关系。①

① 胡艳君、顾杰："地缘政治与中国崛起的战略选择"，载《三江学院学报》2007年12月第3、4期。

第二节　中亚地区经济政治现状及相互关系

一、政治“民主化”动荡呈现阶段性和缓

从苏联解体后获得独立的中亚五国，于20世纪90年代开始了政治转型，基本仿效西方民主政治体制。在“民主化”的过程中，总统与议会激烈争斗，引发独立初期的大规模政治动荡。面对严峻局面，各国政治力量和民众普遍倾向于加强总统集权，确保全国政令通畅，统一步调，改变国家混乱无序状态，形成一个相对稳定的发展环境，从而初步形成“强总统、弱议会、小政府”的政治格局，被称为“总统集权制”。21世纪初的前五年间，各国政局相对平静。

自2005年起，“颜色革命”冲击中亚，特别是吉尔吉斯斯坦出现政变性政权更迭。2010年6月，吉尔吉斯斯坦再次发生政局大转换，以“全民公决”方式产生新政权，实际上确立了走完全彻底的西方议会民主道路的方向。这一现象在一定程度上预示着其他中亚国家今后政局变化的趋势。2011年10月30日吉总统大选如期举行。此次总统竞选被认为主要在代表北方利益的阿坦巴耶夫和代表南方利益的马杜马洛夫之间展开，最终阿坦巴耶夫以62.5%的选民支持率获胜，实现吉独立后首次权力和平交接。该次大选表明，俄、美等国家的影响虽不可忽视，但吉在动荡数年后，国内政治生态已出现变化，各派政治力量和民众期盼社会稳定成为此次权力和平交接实现的主因。2012年9月初，吉新政府再度出现危机，总理易位，但政局却并未失控。目前吉稳定仍面临诸多挑战，然而饱受动荡之苦的吉尔吉斯斯坦已艰难地迈出由乱到治的第一步。

2011年4月3日，中亚大国哈萨克斯坦顺利举行该国独立以来的第四次总统选举，最终纳扎尔巴耶夫获得94.82%的选票，再次赢得总统选举。2012年2月12日，土库曼斯坦举行总统选举，现任总统别尔德穆哈梅多夫以97.14%的得票率获得连任。

现阶段中亚国家的政治风险依然存在。老一辈“强人”政治今后结果如何，值得高度关注。各国政体不完善，政党政治不成熟，精英之间矛盾突出，族群、部族、利益集团之间的矛盾比较尖锐。更重要的是，社会稳定方面存在比较严重的问题，社会两极分化严重，没有形成一定规模的中产阶层，缺乏社会稳定的最根本的基础。据一项调查显示，除哈萨克斯坦的情况要好一些之外，中亚国家社会“截然划分为超级富豪和极度或中度贫困人群两个阶层”，均没有形成有规模的中产阶级，社会结构畸形，社会矛盾突出，贫困居民易被政治派别和极端势力利用。

值得特别关注的是，尽管始于2010年底的“阿拉伯之春”目前并未直接扩展到中亚地区，但其潜在影响不可忽视。北非西亚的剧变，已引起中亚各国执政当局的高度紧张。家族统治，聚敛钱财，贪污腐败，两极分化，这些导致西亚、北非一些国家政权易帜的原因在中亚民众中引起一些共鸣。为了避免类似的一幕出现，执政当局必须加快实行社会变革的步伐，更加关注社会公正、发展经济和解决民生问题，在缓解社会矛盾、惩治腐败和社会不公方面出台应急之策。但美国已经明确释放出信号，“提醒”中亚各国吸取北非中东的“教训”，推进中亚地区的政治改革。中亚各国政府领导人、中国、俄罗斯以及相关的上海合作组织、独联体集体安全条约组织等在稳定中亚政治社会局势方面也迅速明确表态并采取实际行动。由此看出，新一轮的政治角逐已经开始，中亚各国的政治局势依然存在着诸多不确定因素。

二、经济发展势头趋强，仍面临诸多挑战

中亚五国具有一定的经济实力和发展水平。独立前，哈萨克斯坦人均国内生产总值为3700多美元，土库曼斯坦为3300多美元，吉尔吉斯斯坦为3030美元，乌兹别克斯坦为2700多美元，塔吉克斯坦为2300多美元。1991年苏联解体后，中亚五国走上了全面私有化、

市场化的道路。由于苏联时期的经济环境消失，经济转型过程中动荡激烈，各国经济出现了严重衰退。

20 世纪末到 21 世纪初，中亚五国经济摆脱衰退，实现了一定增长。五国经济年增长达到 9% 左右，到 2004 年，国内生产总值普遍达到或超过独立前的 1990 年的水平。2004—2007 年，五国年经济增长率在 7% 以上，其中土库曼斯坦、哈萨克斯坦更高，人均国内生产总值已超过独立前水平。

2008 年 9 月国际金融危机全面爆发后，中亚五国均遭受不同程度的影响。面对国际金融危机，中亚国家一方面努力进行自我调整，优化产业结构和出口结构，一方面积极协调地区经济统一发展，实现优势互补。为保持经济发展，中亚国家纷纷扩大资源开采，增加资源出口，以赚取更多外汇，弥补国内生产建设资金的不足。此外，劳务输出收入成为中亚国家经济收入的重要来源，中亚国家每年从劳务输出中得到的外汇收入约为 80 亿美元至 100 亿美元。

哈萨克斯坦政府制定并实施了国家反危机计划，从国库和其他渠道调拨资金抵御国际金融危机的不利影响，通过减税、降低小企业注册资金等措施扶持实体经济，通过货币主动贬值来保证出口商品的竞争力和国家外汇储备规模，通过数次下调银行基准利率等措施增加资金的流动性。

吉尔吉斯斯坦加强央行监管与融资力度，改善企业经营环境。推动外贸发展，增加农业投入以确保粮食供应。塔吉克斯坦政府通过大幅降低所得税税率、大幅削减公共支出、降低商业贷款利率等手段，将金融危机的冲击减少到最低程度。俄罗斯、哈萨克斯坦、亚美尼亚、塔吉克斯坦和吉尔吉斯斯坦决定斥资 100 亿美元建立共同基金，以抵御国际金融危机。

中亚五国多次在上海合作组织、欧亚经济共同体等地区性组织的框架内筹划应对危机的共同举措，并且一系列措施的实施取得初步成效。国际货币基金组织认为，中亚地区经济在 2010 年出现温和复苏，对外经济贸易关系得到明显发展。国际货币基金组织在《世界经济发展前景》年度报告对中亚各国未来经济发展持乐观态度，预计独联体国家2013年国内生产总值将平均增长4.1%。其中，哈萨克斯坦将增长5.7%，塔吉克斯坦将增长6%，土库曼斯坦将增长7.7%，乌兹别克斯坦将增长6.5%，吉尔吉斯斯坦将增长8.5%。国际货币基金组织还预测，2013年中亚经济增长速度在5%左右，其中，哈萨克斯坦为6.6%，乌兹别克斯坦为6.5%，土库曼斯坦为7.7%。国际著名评级机构“标准普尔”于2012年末将哈萨克斯坦的信用评级前景确定为“稳定”。

但是，中亚各国的经济发展基础依然比较薄弱。在发展的地缘环境上，中亚地处内陆，没有直接的出口通道和出海口，距离世界发达成熟的市场遥远；气候和环境恶劣，土地面积中沙漠、荒山为居多，水资源严重短缺；生态退化，灾害频仍；经济结构单一而且畸形，长期形成的以能源和资源为主的产业结构，严重制约着国家的经济发展水平，各国至今未形成有效的刺激创新经济的竞争机制。中亚经济越来越依赖于资源出口，其经济资源性的特点更加突出，依赖资源和劳务出口保持国内经济发展的做法越来越盛行，这势必导致国内基础工业和农业发展严重滞后。由于国内资金严重短缺，用于国民经济发展的资金严重不足，为保障经济运行，中亚国家大量举债，一些国家更是债台高筑。如塔吉克斯坦外债占GDP的29.7%，吉尔吉斯斯坦外债在GDP中的比重高达50%。因此，在当前世界经济形势不确定因素增多、前景不明的情况下，一旦外部因素被破坏，经济很可能重新陷入困境。

三、内部稳定待强化，外部干扰因素复杂

中亚五国总面积近400万平方公里，地理位置相对独特，各国独立后，领土纠纷成为各国间最大争端，是影响地区稳定的隐患，边界争执还夹杂着资源利用、环境保护、水资源等争端。中亚五国总人口将近6000万，民族成份复杂，各国都属多民族国家，世俗特

征与宗教因素相互交织，东正教、基督教、犹太教在此都有信徒，其中穆斯林人口为5000多万，绝大多数信仰教义相对温和的逊尼派。苏联解体后，中亚再次成为各种政治力量角逐的焦点，伊斯兰因素影响尤为突出。

1. “三股势力”借机渗透

“颜色革命”冲击波尚未完全平息。把中亚作为对中国进行分裂破坏活动前沿阵地的集民族分裂主义、宗教极端主义和恐怖主义“三股势力”于一体的“东突厥斯坦伊斯兰运动”等恐怖和民族分裂组织的存在，严重影响了中国边疆地区的稳定，也影响着中亚各国政局。

伊斯兰势力在中亚地区的影响急剧增强，中亚地区回归对传统伊斯兰的信仰已成为一个突出的社会现象。中亚地区伊斯兰的影响自古就存在着地区和国别间的差异。属于农耕文化的乌兹别克斯坦、塔吉克斯坦居所固定，带有城市文明的特征，伊斯兰化的程度远远强于处在游牧社会的哈萨克斯坦、吉尔吉斯斯坦、土库曼斯坦。独立后初期，中亚国家都视自己为世俗国家，伊斯兰只是在文化、历史和宗教信仰方面被民众所接受，其政治色彩并不浓厚。如今这一情况已发生明显变化，一些传统伊斯兰的信仰者已放弃了原先的非暴力色彩。尽管各国当局始终对伊斯兰复兴和政治化保持警惕，伊斯兰化的进程却异常迅猛，尤其是“瓦哈比”、“伊扎布特”等伊斯兰激进势力活动一度猖獗。塔吉克斯坦是中亚伊斯兰化程度最高的国家。塔每年都有为数众多的年轻人赴穆斯林国家研习伊斯兰教规，平均每2000人就有一座清真寺。以往影响较少的哈萨克斯坦、吉尔吉斯斯坦等国，伊斯兰化的发展也明显加快。吉目前已有80%的居民认为自己是穆斯林，约占人口总数的3/4，社会中还出现了一系列伊斯兰中心和团体。吉境内已有9所伊斯兰大学，清真寺1700座，比15年前增加了两倍。哈萨克斯坦不仅清真寺数量增加，信教者的衣着和习俗也都遵照伊斯兰法规。哈伊斯兰化的进程从一开始就具有明显的政治倾向，近来哈接连发生多起恐怖案件都有伊斯兰极端势力的背景。伴随中亚极端伊斯兰势力的蔓延，跨界犯罪、贩毒、恐怖活动急剧增加，已威胁到国家的安全和稳定。

2. 水资源纠纷激烈

中亚地区是世界上水资源问题最严重的地区之一。由于自然环境遭到破坏，水资源恶化，这一问题已开始引起相关国家的重视，并引发广泛的争执。分别发源于天山和帕米尔的锡尔河、阿姆河是中亚最宝贵的两条内陆河，吉尔吉斯斯坦、塔吉克斯坦处于上游，水资源丰富；乌兹别克斯坦、土库曼斯坦、哈萨克斯坦南缘地处大河下游，水资源匮乏。因上下游的水资源分布极不平衡，上游的塔吉克斯坦、吉尔吉斯斯坦，与下游国家哈萨克斯坦、乌兹别克斯坦、土库曼斯坦等三国之间，已经形成矛盾的格局，甚至还出现过小规模的武力冲突。

水资源危机有可能加剧粮食危机。中亚国家粮食生产极不平衡。哈萨克斯坦是中亚粮食生产和出口大国，乌兹别克斯坦和土库曼斯坦粮食基本能够自给，吉尔吉斯斯坦需进口粮食才能满足本国需求，塔吉克斯坦一直是缺粮的贫困国家，被联合国列为救援国家。中亚地区的食品危机一旦出现，有可能转变为政治危机。

3. 毒品问题严重

世界著名毒区“金新月”位于阿富汗、巴基斯坦和伊朗三国交界地带，核心地带在阿富汗，自20世纪70年代以来毒品产量急剧增长。联合国禁毒署2009年发表报告称，这里的毒品产量为全球总产量的92%，阿富汗每年“出口”900吨鸦片和375吨海洛因。塔利班及一些反政府武装分子大量存储毒品，以求换取资金补充其战争所需。俄罗斯有专家认为，现在有一半以上的阿富汗毒品是经过中亚各国运往俄罗斯和欧洲的。毒品大量涌进中亚国家，渗透到社会生活的各个领域，对中亚国家有重大的威胁。毒品犯罪助长了中亚“三股势力”，助长腐败，严重破坏经济发展，加剧了犯罪等一系列社会问题。

4. 阿富汗事态恶化对中亚国家的压力剧增

作为阿富汗的北方邻国，中亚五国自独立以来安全环境一直受到阿内战的困扰。塔吉克斯坦、乌兹别克斯坦、土库曼斯坦等国与阿富汗跨界民族居多，文化宗教相同，特殊的地理环境使他们相互间过往密切。从历史看，阿富汗每次出现动荡必然会波及到邻近的中亚五国。美国及北约在阿富汗进行十年“反恐”战争，但塔利班等敌对势力并未被消灭，而是伺机东山再起，并屡屡制造袭击事件，使阿富汗政局时时陷入混乱。2011 年 6 月 23 日，美国总统奥巴马宣布从阿富汗撤军。而阿富汗政权并非铁板一块，内部各方势力矛盾重重，美国减少对阿富汗的介入后，阿富汗政权有可能出现分裂。阿富汗国内宗教势力、部族势力之间由于历史原因，有的积怨甚深，有可能爆发冲突，而中央政府则对此束手无策。阿富汗塔利班的动作会越来越多，活动范围会扩大，针对政府和平民的恐怖袭击活动会增加，有可能造成大量的人员伤亡。①

随着美国及北约联军完成撤军的日期临近，中亚境内外的恐怖组织频繁互动，在中亚地区多次策划制造恐怖事件，该地区的恐怖活动已呈现回潮之势。在恐怖活动猖獗的吉尔吉斯南部地区，政府已接连破获企图刺杀吉领导人的伊斯兰极端组织。在土库曼斯坦，2011 年 7 月发生了阿巴丹爆炸案。在塔吉克斯坦巴赫达尚地区，2012 年夏发生了长达数月的武装冲突。被视为中亚发展样板的哈萨克斯坦近年来也难以幸免，接连发生了阿克纠宾袭警和安全局被炸事件、阿拉木图附近伊塞克湖爆炸案和阿拉木图人质事件、哈萨克斯坦重要的工业基地卡拉干达州大规模囚犯外逃事件。哈萨克斯坦首都阿斯塔纳也首次发生国家安全部爆炸案。如此密集地出现恐怖事件在哈历史上尚属首次。

中亚地区复杂的社会经济形势存在滋生极端势力的土壤，加之

---

① “中亚和中国经贸关系将成亮点——专家：2013 年阿富汗局势严峻，其他国家较为稳定”，载《海峡导报》，2013 年 1 月 28 日第 37 版。

哈萨克斯坦、乌兹别克斯坦两个最大的中亚国家在位领导人均年事已高，执政能力减弱，在缺乏透明移交制度的情形下，权力交接这一敏感问题日渐突出。应对阿富汗问题及其造成的连锁反应已成为中亚各国不得不面对的难题。

中亚国家间还存在着边界争端和跨界民族问题，成为地区安全的隐患。一些国家之间争议地段较多，边界划界工作进展并不顺利。跨界民族问题与领土纠纷交织在一起，使问题更加复杂。

四、各方势力纷纷介入，大国博弈态势复杂

进入21世纪以来，中亚地区的战略地位上升，美国、俄罗斯、欧盟、印度、日本等纷纷制定实施进入中亚的战略，全方位向中亚渗透，彼此之间的争夺加剧。

1. 美国对中亚的渗透

美国以反恐为由，全方面推行“新中亚战略”，顺利实现了在中亚地区的军事存在，意欲军事存在长期化的态势明显。“9·11”事件爆发后，美军进驻吉尔吉斯斯坦首都，并以“租用”的名义在玛纳斯国际机场建立了空军基地。吉尔吉斯斯坦总统巴基耶夫曾于2009年2月宣布将关闭美军在玛纳斯机场的空军基地，吉尔吉斯斯坦议会也曾通过了政府提交的关于废除美军租用玛纳斯空军基地协议的法案。此后，美国总统奥巴马通过外交努力很快与吉尔吉斯斯坦达成新协议，美军将租用费增至每年6000万美元，同时将基地改称为国际过境转运中心。吉尔吉斯斯坦于2009年6月宣布允许美国通过其领土向驻阿富汗的北约军队运送非军事物资，吉尔吉斯斯坦议会通过了批准吉美关于允许美国继续使用玛纳斯机场运送非军事物资的协议。实际上，军事基地改为“转运中心”，两者并无明显差别。美国仍对这个中心的工作享有绝对自主权，原基地所有设施管辖权仍归美国，运输的货物无需报关。美国宣布从阿富汗撤军后，该基地的去留问题再次被提出。2011年11月，吉尔吉斯斯坦提出美

国应按照协议于2014年7月合同到期时关闭玛纳斯国际过境转运中心。吉外交部表示，在吉美关于玛纳斯国际转运中心的合同到期前180天，吉方将向美方发出协议终止声明。但吉尔吉斯斯坦总统阿坦巴耶夫又表示，是否在2014年租赁协议到期后保留玛纳斯国际过境转运中心，不仅取决于租金，还要看阿富汗局势进展对地区稳定的影响。2013年6月，吉尔吉斯斯坦议会通过终止玛纳斯国际过境转运中心的合同的议案。该议案将在吉总统阿坦巴耶夫签字后生效。耐人寻味的是，在吉尔吉斯斯坦议会通过议案之后，美国官方未公开回应，这意味着美方仍在做吉方工作。

北约很快将中亚国家相继纳入“和平伙伴计划国”，实际上并没有彻底放弃将北约东扩至中亚的企图。美国及北约部队执行阿富汗的军事任务后，2003年起还在乌兹别克斯坦建立过所设的军事基地。2005年后，美军在乌兹别克斯坦的汗阿巴德机场的军事基地被乌兹别克斯坦勒令关闭。2008年3月乌兹别克斯坦允许北约经过其领土转运军事物资，为北约提供铁尔梅兹基地，运输工具是德国空军的飞机。

在深化与各国官方关系的同时，美国大力培植亲美势力，策动进行“颜色革命”，以达到建立亲美政权的目的。美国以强大的经济实力为依托，密切与中亚国家的经贸关系，加大对这些国家的投资与援助，尤其着力加紧与俄对该地区能源的争夺，不惜重金修建从黑海经中亚国家直达土耳其港口的输油管，绕开了俄罗斯，谋求在对中亚的经济和能源争夺战中占据上风。

2. 俄罗斯依旧在中亚保持强力影响

俄罗斯一直视中亚为自己的传统势力范围和“后院”，积极采取主动措施，全面恢复俄罗斯在中亚的影响。政治上，主导独联体，加强与中亚五国的政治协商。以确保其传统势力范围不落入他人之手。军事上，通过双边或多边安全合作机制保持俄罗斯的军事存在，与吉尔吉斯斯坦、塔吉克斯坦、哈萨克斯坦签订了集体安全条约。建立了独联体集体安全条约组织联合司令部，以俄罗斯军人为主的快速部队就部署在吉尔吉斯斯坦的坎特机场，俄罗斯军人获得外交使团技术人员的特权。2006 年，乌兹别克斯坦也加入这一俄罗斯主导的组织。经济上，力图恢复传统经济影响，为此，俄对中亚五国提供经济与技术援助，并以能源合作为中心，加强与中亚国家的双边经济关系。

俄美两国对中亚的争夺一直持续，且有趋向白热化态势。在吉尔吉斯斯坦玛纳斯空军基地问题上，俄方态度是一个关键因素。2009 年 2 月吉尔吉斯斯坦总统巴基耶夫在莫斯科宣布将关闭美军在玛纳斯机场的空军基地时，俄罗斯曾许诺向吉尔吉斯斯坦提供 20 多亿美元的一揽子经济援助。2003 年 6 月 25 日，俄罗斯国防部长绍伊古在比什凯克会见吉尔吉斯斯坦总统阿坦巴耶夫时说，俄将从 2014 年起向吉武装力量提供武器装备。俄方承诺提供 11 亿美元的武器装备用于改进吉军队武器装备水平。有关专家认为，在俄罗斯的影响下，玛纳斯军事基地的撤消，将使美国失掉目前在中亚的最后一处军事基地，意味着美国借反恐战争机会渗透进中亚的努力大打折扣，对俄罗斯的军事围堵、乃至控制中亚的长远战略将遇到重大挫折。

美国与俄罗斯在中亚的争夺，影响着中亚安全稳定进程。美国在中亚驻军问题，是美俄双方多年来难以解脱的矛盾症结。围绕美国宣布从阿富汗撤军，美国与乌兹别克斯坦逐渐走近，俄罗斯对美国撤军的走向，尤其是美国移师中亚国家深感不安。同时，俄还谴责美纵容阿毒品贸易危及自身安全，不满美军抽身阿富汗把祸水引向中亚。中亚安全环境中，俄罗斯和美国都是具有主导影响的大国，两国关系决定着地区形势的走向。如果俄美在军控、独联体、俄罗斯内政、地区热点等问题上的争斗再度替代两国间脆弱的合作，中亚暂时形成的力量平衡和相对的稳定局面必将遭受严重冲击。近年来，随着两国力量对比发生微妙变化，俄罗斯渐占上风。

3. 欧盟对中亚实施新战略

欧盟委员会曾于 1995 年通过题为《欧盟对中亚国家战略》的报

告，提出与中亚国家签订实施伙伴关系与合作协议。经过长期协调，欧盟又推出了新中亚战略，2007 年 6 月推出新中亚战略文件，重点关注能源、安全、民主价值观等领域，强调在人权、民主、教育、经贸、能源和交通合作、文化对话等方面的行动。主要联系渠道是欧盟中亚事务特别代表、欧盟驻中亚代表团和欧盟成员国驻中亚国家使馆。欧盟还通过欧安会、欧洲复兴和开发银行等国际组织对中亚施加影响。欧盟通过了《2007—2013 年欧盟援助中亚战略文件》和《2007—2010 年中亚指导计划》，将 2007—2013 年对中亚五国的财政援助增加一倍，达 7.5 亿欧元，大幅提升欧盟在中亚的存在与影响。

4. 日本的中亚企图

日本于 20 世纪 90 年代末制定针对中亚和高加索八国的“丝绸之路地区外交计划”。2004 年开始进行外交部长级的“日本 + 中亚对话”，日本外相在与中亚国家建交 12 年后首次访问。2006 年 8 月，日本首相小泉纯一郎首次出访中亚。2008 年 6 月，哈萨克斯坦总统纳扎尔巴耶夫对日本进行回访。

日本实施中亚战略的目的，是实现其政治大国的战略目标，争夺中亚能源份额以满足能源战略需求，配合美国平衡上海合作组织，抑制中国和俄罗斯的中亚战略；实施的核心手段是“官方发展援助”，已经取得一定影响。日本中亚战略实施的核心手段是“官方发展援助”，将经济、外交、政治目的联系在一起。日本在中亚国家独立以来接受的外国援助中占了很大的比重。2012 年 11 月，日本与中亚五国在外长级政策对话会议后发表共同声明，日本表示，将在五国实施总额达 7 亿美元规模的项目用于完善当地的贸易投资环境，促进阿富汗局势的稳定及防灾合作等。

5. 印度的中亚战略

印度积极谋求扩大在中亚地缘政治的影响力，对中亚丰富的能源兴趣也日益浓厚。印度一直谋求大国地位，不仅积极争取成为联合国安全理事会常任理事国地位，而且更希望对相距不远的中亚国家发挥影响，这样既可以制约其宿敌巴基斯坦，又可以扩大印度对地区事务的影响。

2007年2月，印度与俄罗斯和塔吉克斯坦签署一项三边共同防御协议，共同出资整修塔吉克斯坦首都杜尚别近郊一座空军基地，三国拥有基地共同使用和指挥权。这是印度首次踏足塔吉克斯坦空军基地，也是印度在战略地位重要的中亚地区第一座空军基地。根据协议，在发生任何来自阿富汗和巴基斯坦地区的紧急威胁时，印度可使用该基地执行快速打击任务。

2009年2月，印度与哈萨克斯坦签署了包括民用核能合作协议在内的5项协议，印度以承诺帮助哈萨克斯坦加入世贸组织为交换条件，向哈寻求石油和天然气供应以及用于核设施的铀燃料。此举表明印度的中亚战略正从单纯争抢油气资源向外延伸，哈萨克斯坦作为中亚第一大国，正成为印度中亚战略的重点。在两国的合作框架下，哈萨克斯坦国家原子能公司与印度国有核能公司签署了铀原料供应协议。这样印度成为继俄罗斯、中国和日本之后，第四个与哈萨克斯坦签署战略核合作协议的国家。印度还计划同哈萨克斯坦分享地区恐怖组织的活动情报，开展联合反恐合作。《印度快报》称，哈萨克斯坦对于印度的战略价值"无论怎样强调都不为过"，印度专家宣称，印度对中亚的战略与其对非洲国家的战略并无两样，均可以简单概括为"追赶中国"。英国媒体分析说，哈萨克斯坦是世界第二大铀矿储备国，拥有全球约15%的铀资源，印度政府其实早就盯上该国的铀资源。

五、独联体合作进程加快，一体化面临困境

1. 独联体一体化获得重大进展

独联体的发展曾面临诸多困难。"橙色革命"后，乌克兰一直扮演反俄罗斯的角色，乌克兰前总统尤先科当政期间，乌克兰同俄罗斯的关系一度紧张，使独联体的分裂趋势一时非常明显。2010

年2月，亚努科维奇在总统选举中获胜，重新与俄罗斯接近，同俄签署了允许俄黑海舰队在乌续租基地的协议，俄方以零出口关税的天然气供应等回馈乌克兰。乌克兰的回归，标志着北约直逼俄家门口的努力暂告失败，也令旨在建设连接欧亚交通走廊的“古阿姆”集团（最初由乌克兰、摩尔多瓦、阿塞拜疆和格鲁吉亚四国组成）名存实亡。这使独联体分裂趋势得以缓解，一体化进程得以延续。

2010年11月，独联体政府首脑会议在俄罗斯圣彼得堡举行。会议讨论了独联体一体化、自由贸易区建设以及独联体创新合作等问题，与会各方签署了20余份合作文件。这说明，在新的国际和地区形势下，独联体分裂趋势得以缓解，一体化进程继续前进。

俄罗斯一直积极推动独联体范围内多边自由贸易区建设，想以此推动独联体进入一体化阶段。作为一体化的重要成果，2010年7月1日，俄、白、哈三国关税同盟开始运行。这是一个拥有1.7亿人口、石油储量900亿桶、GDP总量2万亿美元、工业产值6000亿美元、农业产值1120亿美元、小麦产量占世界总产量12%、零售商品额为9000亿美元的次区域经济组织。根据构想，这是三国经济一体化的初级阶段，接下来将致力于打造统一经济空间，建立统一货币区，并吸引独联体其他国家加入。该关税同盟对中国外贸特别是通过新疆的中哈贸易的冲击十分明显。2010年11月，俄罗斯、白俄罗斯、哈萨克斯坦三国总统发表有关组建统一经济空间的联合声明，该统一经济空间于2012年1月1日启动。

推动独联体继续向前发展是俄罗斯外交的重要内容。俄前总统梅德韦杰夫认为，俄与独联体重要国家哈萨克斯坦的关系前景广阔，他说，尽管西方和亚太地区对俄现代化意义重大，但与独联体伙伴的合作依然是十分重要的优先方向。2012年普京再次当选俄罗斯总统，俄罗斯整合独联体的步伐明显加快，积极推动欧亚联盟的进程已成为普京任内最为优先的战略任务。俄罗斯不断提升集体安全条约组织的凝聚力，强化其适应中亚地区内外形势变化的应变能力。俄罗斯、白俄罗斯、哈萨克斯坦三国建立的海关联盟取得突破性进展，一体化进程明显加快，吉尔吉斯斯坦和塔吉克斯坦已表达了希望加入该组织的愿望并对其前景充满期待。

2011 年 10 月 18 日，俄、白、哈、吉、塔等 8 个独联体国家签署历史上首个《自由贸易区协定》。2011 年 11 月，所有的独联体成员国签署了新的《独联体自由贸易区协定》。2012 年 12 月 5 日，独联体成员国国家元首峰会在土库曼斯坦首都阿什哈巴德市召开，会上发表了《独联体国家元首关于进一步发展独联体全面合作的宣言》,《宣言》强调独联体国家要在各领域加强合作，尤其是经贸方面的合作，首要任务是增强独联体国家在解决社会经济和其他问题方面的经济合作潜力，最有前景的方向是建立国际交通运输走廊、发展能源和科技合作、扩大出口机会和刺激投资。

独联体国家间历史联系密切，尤其是在当今复杂的世界经济形势下，对独联体各国来说，俄仍是其产品、服务和劳动力的主要市场，也是其能源和其他原材料的首要来源或运输通道。俄也需要周边独联体国家的支持与合作，以维持必要的战略空间和保卫本国的安全、主权与领土完整。

2. 中亚五国的区域一体化努力

1990 年，哈萨克斯坦、吉尔吉斯斯坦、塔吉克斯坦、土库曼斯坦和乌兹别克斯坦五国领导人在阿拉木图会晤，签署了五国间的《经济、科技与文化合作协议》。自此，中亚五国领导人为走向区域经济一体化进行了多方的努力。1992 年 1 月，中亚五国首脑在塔什干会晤，商讨进一步加强全面合作以及建立统一的中亚市场等问题，并发表了联合声明。1993 年 1 月，中亚五国领导人在塔什干举行会晤，讨论经济一体化的实际步骤等问题，商定建立多部门跨国委员会，设立粮食和石油委员会、天然气委员会、电力委员会和水资源委员会。同时，五国决定成立拯救咸海国际基金会。

1994 年 1 月，哈萨克斯坦、乌兹别克斯坦两国签署建立统一经济空间协议。1994 年 4 月，哈萨克斯坦、乌兹别克斯坦和吉尔吉斯斯坦三国签署了《建立统一经济空间条约》。条约提出，五国在发展交通运输和邮电通讯等公共基础设施、建立合资企业、发展生产和其他合作、为相互投资提供条件、简化和协调三国海关法、银行清算等方面进行合作，并建立国家元首委员会、政府首脑委员会、外交部长委员会和国防部长委员会等协调和执行机构。1994 年 7 月，三国组建了国家间委员会，总理、外长委员会及其工作机构——国家间委员会执委会，签署了建立中亚合作银行协议。1995 年 4 月，三国首脑又签署了 1995—2000 年经济一体化纲要文件，决定建立“中亚联盟”。纲要提出三国共同建设燃料动力、冶金、化学、机器制造、建筑材料、地质、轻工业、农工综合体、交通运输、邮电通讯等共同体。

1998 年 1 月，哈萨克斯坦、乌兹别克斯坦、吉尔吉斯斯坦和塔吉克斯坦四国首脑发表关于进一步加深地区一体化声明，签署建立国际水利资源财团、成立有价证券市场等文件。

1998 年 3 月，塔吉克斯坦正式加入中亚联盟，中亚联盟更名为中亚经济共同体。1999 年 6 月 28 日，中亚经济共同体首脑会议在吉尔吉斯斯坦首都比什凯克举行，四国首脑就加快经济一体化步伐和确保地区安全等问题举行会谈并签署了联合声明，重申要坚持推进经济一体化进程，加快自由贸易区创建，拓展和深化在相关领域的合作，协商解决在货币结算和关税限制等方面的问题。2000 年 6 月，中亚经济共同体国家元首会议在塔吉克斯坦首都杜尚别举行，四国总统签署《共同体到 2005 年的一体化发展战略》等文件。

2002 年 2 月 28 日，中亚经济共同体四国领导人在哈萨克斯坦的阿拉木图举行会议。四国首脑正式签署了关于成立“中亚合作组织”以取代中亚经济共同体协议。根据组织的宗旨，中亚合作组织将继续开展中亚各国间的经济合作，并将全面发展在政治、科技、文化、自然保护等领域的合作，共同开展国际反恐斗争和反有组织犯罪，建立共同公路交通设施和动力能源体系等，为实现地区一体化和建立统一的安全空间奠定基础。四国首脑还讨论了深化合作、加快建立自由贸易区、合理利用水资源等问题。2003 年 1 月，哈萨克斯坦、乌兹别克斯坦、吉尔吉斯斯坦和塔吉克斯坦四国元首在哈萨克斯坦首都阿斯塔纳再次会晤。

中亚国家一体化进程启动以来，在一些方面取得了成效。首先，在加强经济合作的大背景下，各国领土划界和资源分享的协调取得进展，哈萨克斯坦和乌兹别克斯坦两国签署了边界划分最终协议。吉尔吉斯斯坦与塔吉克斯坦、乌兹别克斯坦与塔吉克斯坦的边界划分取得了一些实质性进展。其次，多边商讨和协调机制逐渐强化，中亚合作组织四国元首多次举行会晤，就跨界水资源利用、加强经济合作以及阿富汗问题等协调立场。成员国议会领导人会议、成员国经济论坛等均有助于经济合作的深化。

3. 政治经济局势不稳定，一体化基础仍然不牢固

独联体一些国家间在国际政治问题上分歧依然很多，在经济合作中纠纷不断。例如，作为一体化“样板”的俄罗斯与白俄罗斯在格鲁吉亚和吉尔吉斯斯坦等问题上立场就不一致。两国一体化进程看似平稳发展，实际上摩擦不断，双方几次爆发天然气纠纷。此外，独联体地区国家仍有发生政治动荡的风险。最明显的例子就是：吉尔吉斯斯坦近 5 年发生了两次非正常政权更迭。前俄罗斯总统梅德韦杰夫认为，如果独联体国家领导人不吸取教训，吉式“革命”可能在（独联体内的）任何一国重演。

中亚区域一体化进程离实质上的目标仍有很远距离。其主要原因在于中亚五国在经济发展上的互补性较弱，在内政和外交原则、经济资源需求上仍有很多矛盾和差异，加上土库曼斯坦奉行“永久中立”政策，不加入中亚四国经济合作组织，致使合作范围不能涵盖整个中亚五国。

第三节　中亚地区地缘经济政治环境及走势

一、中国与中亚经济互补，合作呈良好态势

中亚国家自然资源丰富，拥有广阔的市场，其经济与中国经济互补性强，自20世纪90年代以来，中亚国家与中国的经贸合作关系得到了迅速发展，贸易规模逐年扩大，能源、交通、电信、矿产等领域合作逐步加深，合作水平不断提高。目前，中国在中亚五国外贸总额中的比重分别占第一或第二位，成为中亚国家重要的贸易伙伴。

20年来，中国与中亚国家的贸易额增长了数十倍。据统计，1992年中国与中亚国家建立外交关系，并随之发展经贸合作关系，当年中国与中亚五国的贸易总额仅为4.6亿美元，到2011年已超过364.5亿美元，比1992年增长了78倍多。其中，中国与哈萨克斯坦贸易额为213.1亿美元、与吉尔吉斯斯坦贸易额达到50亿美元、与塔吉克斯坦贸易额猛增到20.68亿美元、与乌兹别克斯坦贸易额为25.9亿美元、与土库曼斯坦贸易额猛增到54.8亿美元。中国与中亚国家的贸易额近几年来出现了跨越式增长势头，中国与土库曼斯坦、塔吉克斯坦和吉尔吉斯斯坦的贸易额呈现了数倍增长。

2012年，中国与中亚国家贸易额达到460亿美元，在中亚五国外贸额占的比重中名列前茅，中国成为各国最重要的贸易伙伴。中国对中亚直接投资快速增长，是吉、乌等第一大投资国。2012年，中哈双边贸易额为257亿美元，中吉双边贸易额2012年达12.7亿美元，中国已成为吉尔吉斯斯坦第二大贸易伙伴。中国与中亚国家经贸合作的领域越来越广阔，已涉及资源、制造业、服务业、农业和高新技术等领域。中国已成为乌兹别克斯坦、吉尔吉斯斯坦第一大投资国，塔吉克斯坦第二大投资国。中国对哈投资已经超过100亿美元，对哈各类形式的金融信贷超过300亿美元，在哈注册的各类

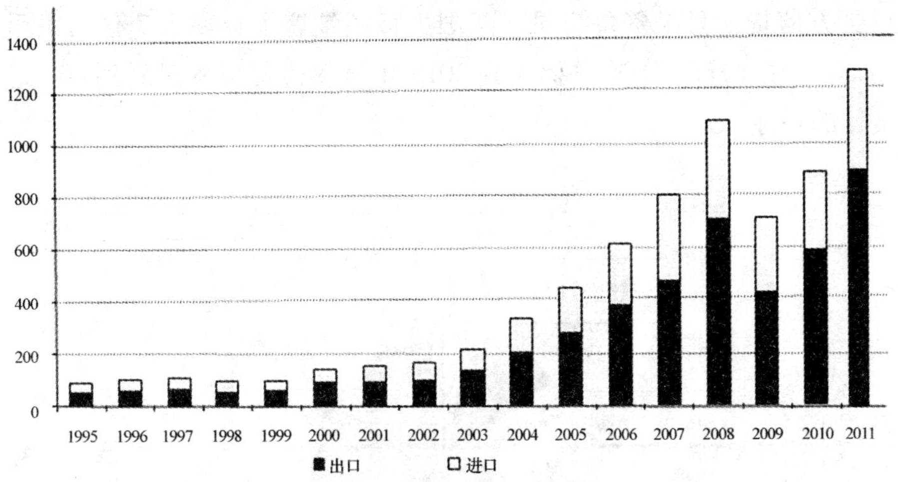

图 5.2　1995—2011 年哈萨克进出口贸易增长图（亿美元）

中国企业达3000家。中国对吉尔吉斯斯坦各类投资累计17亿美元，其中直接投资5亿美元。2011年堪称中国与乌兹别克斯坦金融合作年，中国国家开发银行、中国进出口银行先后与乌有关金融部门签署了授信7.76亿美元的合作协议和总额达9.15亿美元的8个优惠出

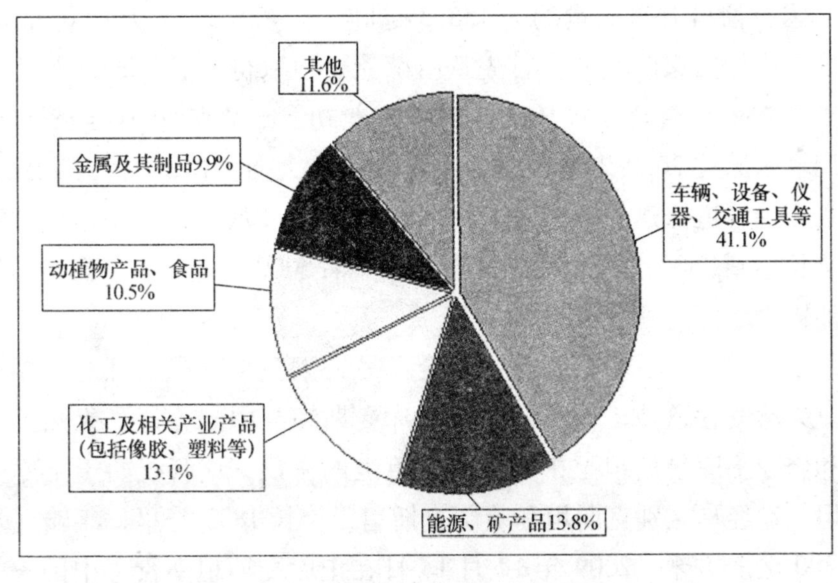

图 5.3　2011 年哈萨克进口商品结构图

口买方信贷项目融资备忘录，两国央行还签署了金额为7亿人民币的本币交换协议。中哈已提出到2015年将双边贸易额提高到400亿美元的目标。

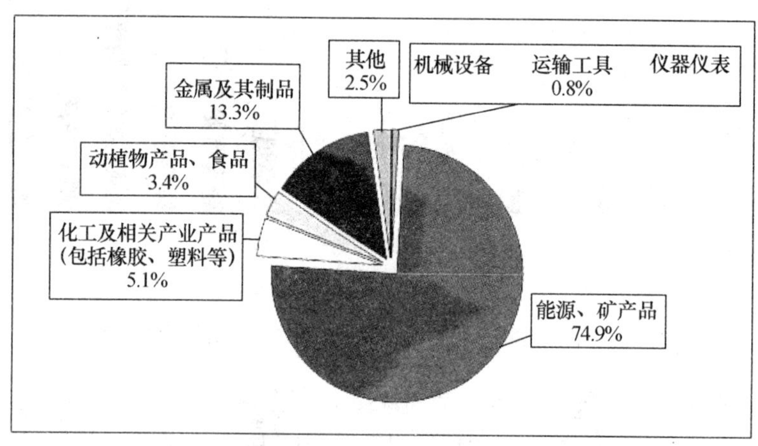

图5.4　2010年哈萨克斯坦出口商品结构图

能源合作取得突破。中亚地区能源资源丰富。据专家估计，中亚五国石油可开采储量约为153.3亿吨，天然气23.1万亿立方米。中国与中亚国家能源合作首先从哈萨克斯坦取得突破，2006年7月11日中哈石油管道正式开通，至2012年初，哈萨克斯坦已经累计向中国输送原油3000多万吨。为了进一步扩大向中国的石油输出量，中哈石油管道修建了第二期工程，已于2012年竣工，使中哈原油管道全长达到2800公里，已累计向中国输油5000万吨，每年向中国的石油输送能力达到2000万吨。

中国与中亚国家在能源领域合作另一大亮点是成功开通中国—中亚天然气管道。2006年4月，土库曼斯坦与中国签订了天然气出口和修建土库曼斯坦至中国天然气管道的协议，该管线始于土库曼斯坦，途经乌兹别克斯坦和哈萨克斯坦，全长1833公里，年输气量为300亿立方米。2009年12月13日在土库曼斯坦举行了中国—中亚天然气管道开通仪式，自此，土库曼斯坦至中国的天然气管道正式开通运营。2010 年 10 月 26 日，中国—中亚天然气管道 B 线投产通气，进一步扩大了向中国的天然气输送能力。中国—中亚天然气管道全长达到 1 万公里，是世界上最长的油气输送管线，截至目前向中国输气已超过 500 亿立方米，土、乌、哈三国从中受益匪浅。

继中哈石油管线、中国—中亚天然气管线后，中哈两国交换了中国—中亚天然气管线 C 线工程哈国段政府间协议，该线建设取得重要进展。中方在哈融资建设的博兹沙科利大型铜矿、平板玻璃厂等均已启动。乌境内建成的昆格拉特碱厂、德克汉纳巴德钾肥厂等都是双方合作的重大项目。由中方贷款援助的吉南部电网改造项目已开工建设。2011 年 12 月"精河—伊宁—霍尔果斯"铁路线与哈萨克斯坦铁路成功对接，两国联合打造的地区自贸区示范项目"霍尔果斯国际边境贸易合作中心"已正式投入运营。2011 年 11 月中土签署了《中华人民共和国和土库曼斯坦关于土库曼斯坦向中华人民共和国增供天然气协议》，土库曼斯坦每年将向中国增加供气 250 亿立方米，供气总量每年将达到 650 亿立方米。

2012 年 10 月 27 日，由中国路桥公司承建的塔吉克斯坦沙赫里

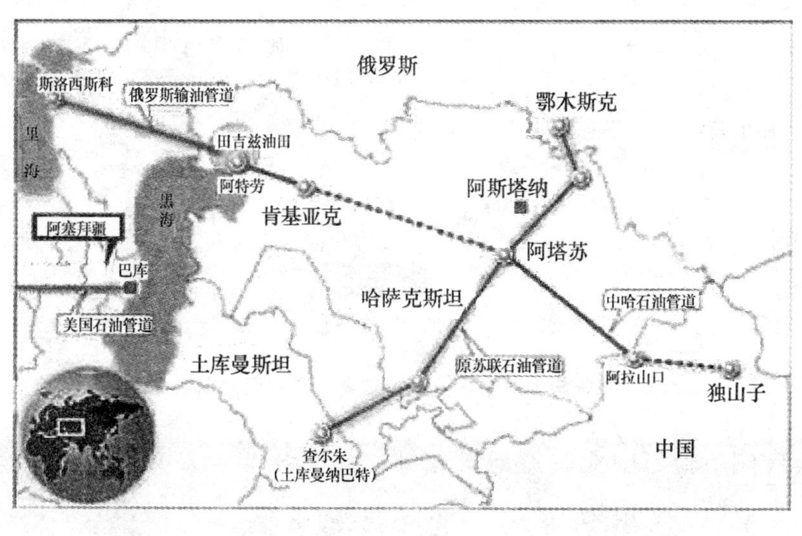

图 5.5　输油 1000 万吨中哈石油管道一期 2010 年开通

斯坦隧道工程举行隆重竣工交接仪式。中国向塔吉克斯坦提供资金建设的“南北”输变电项目、中塔公路等也在加快建设。2012年中国在上合峰会上承诺向中亚提供100亿美元贷款，主要用于中亚地区铁路、公路、光缆、石油天然气管道等基础设施建设。中国资金的注入，也将加快中亚各国经济建设的步伐。中国石油、中石化等中方实力企业还积极参加中亚国家油气上游勘探开发，为中亚地区能源产业的发展做出贡献。中哈霍尔果斯国际边境合作中心、中哈霍尔果斯河“友谊”联合水利枢纽工程、中吉乌公路、中塔公路项目顺利实施，不仅促进了中国与中亚国家的合作，也极大拉动了当地经济和社会全面发展，成为中国—中亚合作的典范。中国与中亚国家的互利合作，尤其是中方提供的优惠贷款，对地区国家的经济振兴具有战略意义。

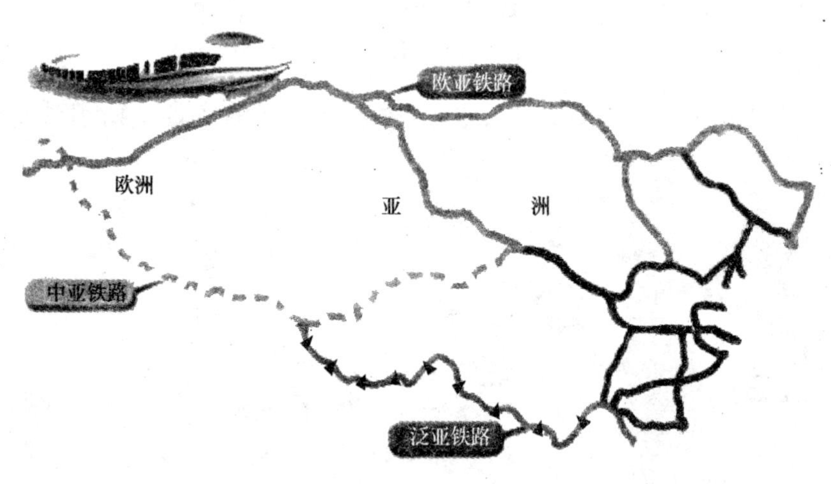

图 5.6　中国与中亚乃至亚欧大陆高铁互联互通前景示意图

中国新疆与中亚国家地缘相邻，口岸相通，人文接近，资源结构、产业结构、市场结构具有很强的互补性。凭借相邻的地理优势和习俗相近的人文环境，近年来，新疆与中亚国家的经贸合作关系不断深入，合作领域不断扩大，合作规模不断发展。中亚五国已成为新疆最主要贸易伙伴地区，2011年新疆与中亚的贸易额占新疆外贸总额的75%，占中国与中亚国家贸易总额的60%以上。新疆与哈萨克斯坦进出口总额2011年首次突破了百亿美元，达到105.97亿美元，占新疆对外贸易的46.4%。同时，与吉尔吉斯斯坦进出口贸易总额2011年为3.8亿美元，与塔吉克斯坦进出口贸易额达17亿美元，与乌兹别克斯坦进出口贸易总额为7.4亿美元，与土库曼斯坦进出口贸易总额为1.18亿美元。

目前和今后一个时期，对外贸易对中亚各国经济的拉动作用仍十分重要。哈、乌、土三国能源和资源出口在国民收入中的比例很高。吉、塔经济出现起色也主要依靠矿产品和农产品的出口支撑。中亚各国经济发展急需境外市场和外资的支撑，经济结构短期内不会改变。在国际经济危机尚未消除的情况下，为了应对金融危机对本国经济的冲击，中亚国家更加希望加强与中国的经济合作，争取中国的援助和投资。中国继续明确执行开放型经济战略，支持企业"走出去"参与投资与合作。随着经贸合作关系的不断发展和深化，中国与中亚国家经贸合作会不断出现新的增长点，未来发展潜力巨大，前景广阔。

二、上合组织为支柱和纽带，发展成果丰硕

2001年，中国、哈萨克斯坦、吉尔吉斯斯坦、俄罗斯、塔吉克斯坦和乌兹别克斯坦共同发起成立了上海合作组织（简称"上合组织"）。上海合作组织成立十年来，各成员国团结一致、密切协作，推动该组织不断向前发展，取得了重要成就。

1. 政治方面

上海合作组织不断完善组织架构，建立了多层次定期会晤机制，设立秘书处和地区反恐怖机构两个常设机构，确保成员国及时充分的沟通和协调，并签署了《上海合作组织宪章》、《长期睦邻友好合作条约》等上百份重要合作文件，为组织发展和成员国在组织框架

内合作打下牢固法律基础。上合组织创立了新型国家关系模式，把“世代友好，永保和平”的思想以法律形式确定下来，标志着本组织成员国睦邻互信和团结协作达到前所未有的高水平；在互信、互利、平等、协商、尊重多样文明、谋求共同发展的“上海精神”引领下，求同存异、取长补短，实现和睦共处；率先明确提出打击恐怖主义、分裂主义、极端主义的目标，举行10余次联合反恐军事演习，极大震慑了“三股势力”、毒品走私、跨国有组织犯罪，为维护地区和平稳定发挥了积极作用；开展了广泛国际合作，吸收了4个观察员——伊朗、巴基斯坦、印度、蒙古国，两个对话伙伴——白俄罗斯和斯里兰卡。上海合作组织保障地区安全的能力受到了联合国的特别重视，联合国将上合组织视作维护中亚地区安全和稳定的重要地区性组织并签订了合作宣言；同重要地区组织建立联系并开展合作，积极参与阿富汗重建，国际地位和影响持续上升。联合国秘书长潘基文称上海合作组织是“欧亚大陆最主要的地区性国际组织”。俄罗斯联邦总统上海合作组织事务特别代表、上合组织俄方国家协调员列昂尼德·莫伊谢耶夫说，成立10年来，上合组织已成为维护亚欧地区，尤其是中亚地区和平与稳定的中流砥柱，已成为公认的稳定阿富汗局势的有效机制，今后其作用将越发突出，重要性将与日俱增。在上合组织的努力下，中亚地区的安全和前几年比起来已经有了明显改观，恐怖势力在多国政府的持续打击下已遭到重创。不管是“基地”组织，还是“乌伊运”，其力量都已经被大大削弱，但恐怖势力尚难在短期内被彻底根除。值得警惕的是阿富汗由于美军的逐步撤出，可能会成为恐怖势力的“避难所”和“滋养温床”。①

2. 经济方面

上合组织有力促进了地区国家的共同发展，签署了具有重要意

① “中亚和中国经贸关系将成亮点——专家：2013年阿富汗局势严峻，其他国家较为稳定”，载《海峡导报》，2013年1月28日第37版。

义的《多边经贸合作纲要》，倡议建立能源俱乐部、上海合作组织开发银行、粮食安全合作机制，使区域经济一体化取得重大进展。上海合作组织实业家委员会和银联体成为各国企业交流和项目融资的重要平台。在上合组织的多边框架下，中国与中亚各国向以贸易投资便利化和以大项目合作为主的区域经济合作迈出实质性步伐，上合组织已经成为中国与中亚地区最重要的多边合作机制之一。10 年来，中国与上海合作组织成员国贸易额从 121 亿美元提高到将近 900 亿美元，同比增长 7 倍，高于同期中国对外贸易总额的增幅。上合成员国间贸易额十年内增长了 6 倍，上合组织成员国间贸易量占各自外贸总量的比重逐年提高，贸易商品结构进一步优化，经济互补性增强。2008 年中国与上合组织其他成员国间贸易额达 868 亿美元，比 2001 年增长了 7.2 倍。上合组织成员国已经成为我国对外直接投资的重点区域，中方先后承诺向其他上合组织成员国提供 120 多亿美元优惠贷款，推动成员国之间的多双边务实合作。上合组织成员国对华投资也不断扩大，累计对华投资合同金额超过 20 亿美元。中吉乌公路、塔乌公路、塔境内输变电线等一批大型经济合作项目进展顺利。各成员国在能源领域确立了 19 个双边和多边合作项目。中国—中亚天然气管道正式开通，标志着中国与中亚地区的合作取得重大进展。2009 年 2 月，中俄签署了两国间有史以来最大、俄方有史以来金额最大的能源合作协议。

2012 年 6 月在北京召开的上合组织峰会，是该组织发展具有里程碑意义的事件。此次峰会总结了过去，描绘出了上合组织未来发展的蓝图。与会各国领导人签署了《上海合作组织成员国元首关于构建持久和平、共同繁荣地区的宣言》及多项合作文件。这对于增强本组织抵御现实威胁的能力、推动成员国之间的经济合作、确保地区长治久安将发挥重要影响。峰会通过的《上海合作组织中期发展战略规划》是该组织历史上第一次为未来发展做出的阶段性全面战略部署，具有重要的指导意义。上合组织将深入开展在安全、经济和民生领域的合作列为三大“优先方向”，为上合组织的健康、平衡和可持续发展指明了方向。

表 5.1　中国与哈萨克斯坦贸易结合度

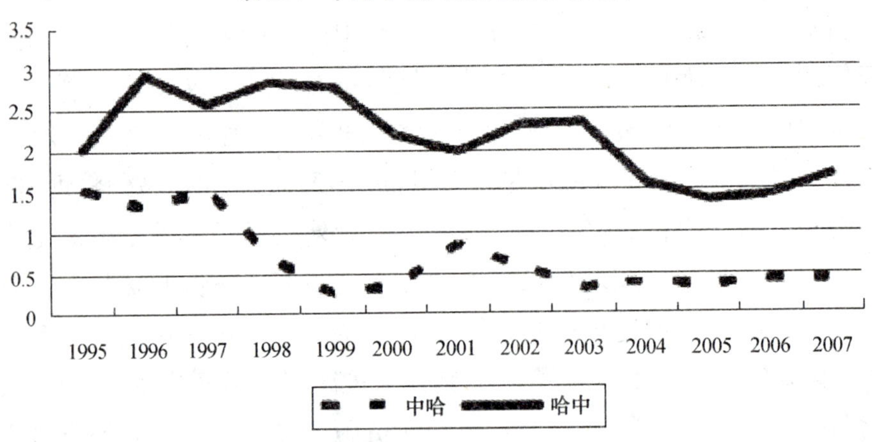

随着各国经济稳步发展和内需扩大，中国与上合组织成员国间经贸合作蕴藏的巨大发展潜力将得到进一步发挥。上海合作组织是地区和平稳定的重要保障，是促进地区各国共同发展繁荣的强大动力，有着美好的发展前程。

三、中阿关系呈良好态势

2001 年 12 月，我国向阿富汗派出工作小组，参加了阿富汗临时政府的成立仪式。2002 年 1 月，阿富汗临时政府主席卡尔扎伊访华，双方签署了中国向阿富汗提供 3000 万元人民币紧急物资援助和 100 万美元现汇的换文，江泽民主席宣布中国政府在 2003—2007 年向阿富汗战后重建提供 1.5 亿美元援助。同年 2 月 6 日中国驻阿富汗使馆正式复馆。5 月，唐家璇外长访问阿富汗，双方签署中国向阿富汗方面提供 3000 万美元无偿援助的《中阿经济技术合作协定》。11 月，阿富汗外长阿卜杜拉访华，双方签署了中国向阿提供 100 万美元物资援助的换文。12 月，中国和阿富汗的其他五个邻国一道与阿富汗政府签署了《睦邻友好宣言》，表示尊重阿富汗的主权和领土完整，支持阿富汗和平与重建。2003 年中阿双方签署了中国向阿富汗提供 1500 万美元无偿援助的《经济技术合作协定》等三个合作文件。9 月，中国政府同阿富汗过渡政府及阿富汗的其他五邻国共同签署《<喀布尔睦邻友好宣言>签署国关于鼓励更紧密贸易、过境和投资合作的宣言》。2005 年 1 月 20 日，中国和阿富汗共同庆祝建交 50 周年。

2006 年 6 月，阿富汗总统卡尔扎伊对中国进行国事访问，两国元首共同签署了具有历史意义的《中阿睦邻友好合作条约》，宣布建立全面合作伙伴关系，为两国关系长期稳定发展奠定了坚实基础。

2010 年 3 月，阿富汗总统卡尔扎伊对中国进行国事访问，双方发表联合声明。双方同意以《中阿睦邻友好合作条约》为指导，巩固和发展睦邻互信、世代友好的中阿全面合作伙伴关系。中方重申支持阿富汗和平重建进程，将一如既往地向阿富汗提供力所能及的帮助，继续鼓励有实力的中资企业赴阿参与建设和开发。双方同意扩大经贸往来，增加相互投资和技术交流，深化在交通、农业与灌溉、能源、矿产、基础设施建设等领域合作。双方同意尽早召开两国经贸联委会首次会议。双方承诺加强在反对任何形式的恐怖主义、极端主义、分裂主义以及有组织犯罪行为等领域的合作。阿方重申将在打击“三股势力”方面继续坚定支持中方。访问期间，双方签署了以下协议：《中华人民共和国政府和阿富汗伊斯兰共和国政府经济技术合作协定》、《中华人民共和国政府和阿富汗伊斯兰共和国政府关于培训项目的换文》、《中华人民共和国政府关于给予原产于阿富汗的部分输华产品特别优惠关税待遇的换文》。

2008 年，中国冶金工业集团公司与阿富汗签订了关于艾那克铜矿的建设合同，投资 43.9 亿美元开发该矿区大型铜矿项目，2009 年 7 月开工。这在目前是阿富汗最大的经济建设项目之一，预定在 2012 年建成投产。这一大型基础建设项目，对阿富汗的战后重建具有重大意义，对我国加强与阿富汗的经济贸易合作具有重要影响，为中阿两国在经济以外的其他领域的合作，奠定了坚实的基础。阿富汗驻华大使巴辛说，经过深入的地质勘探，初步发现阿富汗地下矿产资源的价值可能高达3万亿美元。阿富汗外长拉苏尔2011年访问中国时表示希望中国加强在阿富汗矿产领域的投资。阿富汗农业部长拉希米2011年7月表示，希望两国继续加强农业合作。

2012年6月5日至8日，阿富汗总统卡尔扎伊出席上海合作组织成员国元首理事会第十二次会议并访华。中国国家主席胡锦涛和卡尔扎伊就双边关系和共同关心的国际和地区问题深入交换了意见，达成广泛共识。6月8日，中国与阿富汗发表关于建立战略合作伙伴关系的联合宣言。双方一致同意，在2006年签订的《中华人民共和国政府和阿富汗伊斯兰共和国政府贸易和经济合作协定》基础上，继续探讨扩大和深化两国经贸投资合作的新途径和新方式。双方同意继续在资源和能源开发、基础设施建设、工程和农业等领域加强务实合作。中方重申支持阿富汗和平重建进程，将一如既往地向阿富汗提供力所能及的帮助，继续鼓励有实力的中资企业赴阿参与建设和开发。中方宣布，2012年中国政府将向阿方提供1.5亿元人民币无偿援助。阿方感谢中方长期以来为阿富汗和平重建提供的无私帮助，感谢中方提出的新援助承诺。

四、中亚多种区域和国际合作机制逐渐强化

除了上述双边和多边合作机制以外，中国积极参与构建的其他多边合作机制也正在发挥越来越好的作用。2012年9月在新疆乌鲁木齐开幕的第二届中国—亚欧博览会向外界释放积极信号：在中国与中亚五国建交20周年之际，中国以新疆为向西开放的“桥头堡”，将深入推进与中亚地区的经贸合作，携手应对世界经济危机。中国国务院总理温家宝在第二届中国—亚欧经济发展合作论坛上表示：“我们不仅要‘引进来’，还要鼓励企业‘走出去’，扩大对亚欧各国投资，探索设立中国—中亚经济合作基金和农业合作基金，在周边国家建设若干境外经贸合作区和农业示范园。”

2002年，在亚洲开发银行的建议下，中国、哈萨克斯坦、吉尔吉斯斯坦、塔吉克斯坦、乌兹别克斯坦、阿塞拜疆、蒙古成立亚洲开发银行中亚区域经济合作机制。此后，中亚区域经济合作计划（CAREC）发展扩大成为10个参加国和6个多边机构形成的一种广泛伙伴关系，10个参加国是中国、阿富汗、阿塞拜疆、哈萨克斯坦、吉尔吉斯斯坦、蒙古国、塔吉克斯坦、乌兹别克斯坦、土库曼斯坦和巴基斯坦等10个参加国；6个多边机构分别是亚行、欧洲复兴开发银行、国际货币基金组织、伊斯兰开发银行、联合国开发计划署和世界银行。2011年11月，中亚区域经济合作计划参加国在阿塞拜疆的巴库举行部长级会议，讨论并批准了该计划至2020年的发展战略。亚洲开发银行行长黑田东彦说，过去10年间，中亚区域经合计划参加国已接受总额达170亿美元的投资，根据2020年前战略规划，各参加国将接受价值500亿美元投资用于优先项目，这对建成多条运输走廊、保障能源安全和确保现有经济走廊发展均必不可少。新的发展战略要求参加国简化贸易、通关及人口流动手续，提高人民生活水平等。黑田东彦认为，简化海关通关手续或可改善中亚地区国家关系。2012年10月，中亚区域经济合作（CAREC）第11次部长会议在中国湖北武汉召开。会议发表了“联合声明”及“武汉行动计划”，重申了各方加强合作的承诺，批准了各重点领域未来的工作计划。“武汉行动计划”确定了中亚区域经济合作机制下交通、贸易便利化、贸易政策、能源等4大重点合作领域拟开展的主要合作及优先项目清单，明确了CAREC学院实体化的后续工作计划，并制定了交通便利化行动计划。[①]“武汉行动计划”为中亚区域经济合作规划了美好前景。中方将推动“CAREC2020”战略的贯彻落实，并

① 中亚区域经济合作（英文缩写为“CAREC”）机制于1997年由亚洲开发银行倡议建立，2002年提升为部长级。该机制目前的10个正式成员国为中国、阿富汗、阿塞拜疆、哈萨克斯坦、吉尔吉斯斯坦、蒙古国、巴基斯坦、塔吉克斯坦、土库曼斯坦和乌兹别克斯坦。亚洲开发银行、世界银行、国际货币基金组织、联合国开发计划署、欧洲复兴开发银行、伊斯兰开发银行等国际组织也参与其中。

充分利用自身的智力资源，进一步推动中亚区域经济合作迈上新的台阶，促进本地区经济的一体化和可持续发展，实现各成员国的共同繁荣。[①]

第四节 中国与中亚地区经济合作的设想建议

一、强化双边合作机制，开发区域合作中心

中国与中亚各国当前和今后一个时期的经贸合作重点，依然是资源方面的合作，这一点对中国经济的持续稳定发展具有十分重要的意义。应特别注意在新能源、清洁能源发展方面加强合作，如光伏发电等方面的合作，以更好发挥中国的优势。

同时，应逐步加强将非资源领域和民生领域的合作，从而拓展区域经济合作可持续发展的基础。为应对政治挑战、保持国家稳定和可持续发展，中亚各国已纷纷提出改善经济结构、提升发展水平、促进社会稳定的发展战略。交通、通信、农业、教育、基础设施建设等非资源、社会民生领域合作已成为当前各国，特别是中亚成员国关注的重要领域。中国应从双边入手，推动中国与中亚国家非资源合作规划的签署和落实。

作为一个外贸大国，中国应针对中亚国家扩大对中国出口、平衡双边贸易的关切，继续加强自中亚国家进口工作，鼓励和支持中国企业进口，加快发展双边贸易。研究探讨与更多中亚国家签署长期贸易协议的可能性，从制度安排上推动自成员国进口，平衡双边贸易，解决各方关切。

新疆在中国与中亚地区合作中占有重要地位，要特别注意发挥新疆等西部地区优势，促进地方间经贸合作，深化各国企业实体的

① “中亚区域经济合作第11次部长会议，通过‘武汉行动计划’”，载《湖北日报》，2012年10月31日第2版。

交流与合作。全面落实中央新疆工作座谈会精神，进一步发挥新疆等西部省区的区位优势，推动新疆与各中亚成员国的合作，支持把新疆建设成中国向西出口商品加工基地和商品中转集散地、进口能源资源的国际大通道和区域性国际商贸中心的相关工作，帮助和支持新疆与中亚地区开展经贸交流与合作。

表 5.2　2002—2007 年中国及新疆地区与中亚五国的双边贸易额

	2002 年	2003 年	2004 年	2005 年	2006 年	2007 年
新疆地区与哈国贸易	136552	254613	328607	501563	501472	697377
中国与哈国贸易	195475	329188	449809	680611	835775	1387777
新疆地区与吉国贸易	15386	23094	46206	74686	185729	325021
中国与吉国贸易	20188	31430	60229	97220	222570	377923
新疆地区与土国贸易	993	2472	359	1355	4328	3956
中国与土国贸易	8752	8292	9844	10996	17858	35268
新疆地区与塔国贸易	475	873	3088	3088	21810	37717
中国与塔国贸易	1239	3882	6893	15794	32378	52405
新疆地区与乌国贸易	1913	3773	8576	13832	26631	33554
中国与乌国贸易	13177	34703	57551	68056	97209	112819
新疆地区同中亚五国贸易总额	155319	284815	386836	601367	739970	1097625
中国同中亚五国贸易总额	238831	407495	584326	872677	1205790	1966192
新疆占比	65%	69.9%	66.2%	68.9%	61.4%	55.8%

资料来源：数据来自于《新疆统计年鉴》和《中国统计年鉴》（2003—2008 年）。

二、推进上合组织建设，为自贸区奠定基础

中国与哈、吉、塔、乌中亚四国在上海合作组织框架内的区域经济合作业已启动，并按照中方“三步走”的总体设想稳步推进：一是推进贸易投资便利化；二是抓紧落实经济技术合作项目，促进共同发展；三是将自由贸易区作为区域经济合作的长远目标逐步探讨、实施。经贸合作的扩大是巩固六国政治关系的基础，也有利于

遏制宗教极端分子、民族分裂分子和恐怖主义等“三股势力”利用社会经济问题进行的破坏活动。中国政府已经提出主要从三方面推动上海合作组织的发展：一是推进该组织的自身建设；二是在加强安全合作的同时，逐步开展经贸和能源合作；三是积极开展与其他国家及国际组织的对话与合作。

图 5.7 上海合作组织成员分布示意图

《上海合作组织成员国多边经贸合作纲要》已明确提出了实现区域内货物、资本、技术和服务自由流动的长远目标。而如今，上海合作组织的贸易一体化取得进展，但仍然落后于全球贸易一体化的速度。为此，必须不断强化上海合作组织在区域经济贸易合作上的核心纽带作用，进一步加快区域内贸易投资便利化进程的步伐，着力推进便捷、高效的贸易方式与区域内本币结算方式，探讨自由贸易安排；继续推进在海关、质检、交通运输等方面的便利化，逐步建立更加完善的信息支持、经济发展监测机制；为区域内中小企业开展合作提供便捷服务，便利交易，降低成本；积极推进上合组织区域内跨境本币结算。中国要与各成员国重新修订并签署投资保护协定，鼓励和保护中国企业赴成员国投资；深入研究俄、白、哈关税同盟，做好中哈霍尔果斯国际边境合作中心的运营和招商工作，逐步启动与各方探讨区域内的自贸安排；积极利用上合组织实业家委员会、银联体平台推动企业和银行界的交往，开展贸易投资促进活动，深化企业间务实合作。在上海合作组织框架内积极与中亚主要国家共同呼吁，旗帜鲜明地反对贸易保护主义，推进国际金融体系改革，着力调整国际金融组织的治理结构，提高发展中国家的代表性和发言权。上海合作组织的贸易一体化取得进展，但这种进展有深刻的全球贸易一体化的背景，它甚至落后于全球贸易一体化的速度。

表 5.3　上海合作组织成立前后内部贸易比重变化

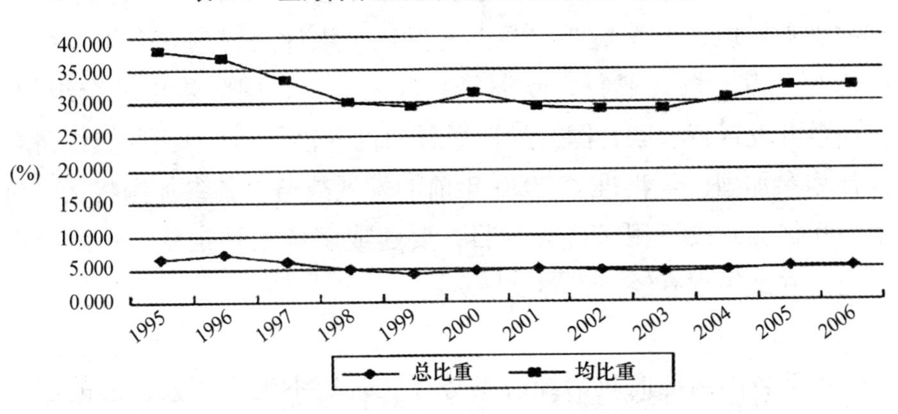

三、发挥在其他区域经济合作机制中的作用

中国与所有独联体国家经贸联系都取得长足进展，中国已成为这些国家主要的贸易伙伴，要积极通过独联体的经贸合作机制和便利渠道，促进中国与独联体内部中亚国家的合作拓展。2008 年国际金融危机爆发后，中国先后向哈提供贷款 130 亿美元，与乌兹别克斯坦、土库曼斯坦、乌克兰、白俄罗斯等国也分别达成数十亿美元

的融资协议，还在上合组织框架内提供了100亿美元。2009年，中国贸易投资促进团访问乌兹别克斯坦，签署合同或合作意向书24个，总金额超过30亿美元。2010年3月，中国贸易投资促进团访问白俄罗斯，签署银行、企业间协议13个，总金额约34亿美元。如今，中国与独联体国家经贸联系都日益密切，成为不可或缺的重要贸易伙伴。

中国非常重视与包括中亚国家在内的独联体国家政府间经济合作机制建设，为双方经济合作搭建平台。中国与大部分独联体国家都建立起政府间经贸合作委员会或经贸、科技混委会，以及更高级别、涵盖范围更广的政府间合作委员会，如中国与乌克兰之间成立了副总理级的政府间合作委员会，中哈之间甚至还正筹备建立政府首脑定期会晤机制。如今，我国积极参与和推动中亚区域经济合作计划（CAREC）工作。该计划共有10个参加国，包括中国、阿富汗、阿塞拜疆、哈萨克斯坦、吉尔吉斯斯坦、蒙古国、塔吉克斯坦、乌兹别克斯坦、土库曼斯坦和巴基斯坦。该计划得到6个国际多边机构的大力支持（亚行、欧洲复兴开发银行、国际货币基金组织、伊斯兰开发银行、联合国开发计划署和世界银行）。中亚区域经济合作计划参加国已经批准了2020年前的发展战略，各参加国将接受价值500亿美元投资用于优先项目，要建成多条运输走廊、保障能源安全，并确保现有经济走廊发展。

中亚各国内部的政治经济局势存在一定不确定因素，总的趋向是在动荡中走向平稳。在局势变化的过程中，中亚各国难以排除外部因素的影响，同时也需要借助与外部的经济政治联系来改善自己的处境，因此，发展对外经济政治合作、特别是加强地缘经济政治合作，是中亚各国的必然战略选择。

中亚地区内部的政治经济矛盾复杂，外部争夺加剧，在独联体的影响力最强的态势下，地区的一体化趋向是必然的。各种世界政治力量和经济实体在这一地区的竞争将日趋激烈，在政局变化和地区安全局势逐渐平稳后，经济因素将成为竞争的首要实力手段，是否能够建立紧密的经济合作关系，将成为是否能够建立与中亚地区各国长期友好合作的决定性因素。

中亚各国加强与中国的经济政治合作已成为基本战略方针，其与中国的关系将更加紧密。因此，尽管存在着诸多挑战，但只要我国坚持建设和谐世界理念，更加主动地与该地区国家发展经济贸易关系，扩大文化交流，强化合作机制，重点解决涉及我国核心利益的突出问题，更好地发挥大国经济政治影响，则我国与中亚各国实现全方位紧密合作与交流的前景是良好的。中国加强与中亚地区经济贸易合作的主要方向是：强化双边合作机制，开发区域合作中心；推进上海合作组织建设，为建设自由贸易区打下基础；更好地发挥在其他区域经济合作机制中的作用。

第六章 中国与东北亚地区地缘经济政治态势

东北亚地区是当今世界地缘经济政治环境最复杂的地区之一，也是大国角逐的主要地区。尽管目前该地区处于和平状态，但朝鲜半岛问题特别是朝核问题牵动着大国神经，领土争议也困扰着该地区的主要国家。各国不仅在历史问题上从未达成共识，而且还面临擦枪走火的危险，甚至有走向战争的可能。从某种意义上说，中国处理好与东北亚各国的周边关系就是等于处理好全球范围内的大国关系。美国著名国际政治学者斯卡拉皮诺认为："在太平洋—亚洲区域的各个地区之中，从决定当代国际基本趋向这一角度来说，东北亚在许多方面都是最为紧要的一个地区。……东北亚是检验和平共处各项原则的一个重要试验场，是战争与和平问题赋有特殊意义的一个地区。"① 该地区又是当今世界上经济发展最具活力的地区之一，经济总量占世界总量1/4。然而，东北亚在当今区域经济合作潮流中不仅大大落后于欧洲和北美，甚至落后于非洲。东北亚区域经济合作发展缓慢的原因是最为复杂的，涉及的不仅仅是经济合作问题，政治因素影响很大，同时还受到历史、文化等多种因素的困扰。

---

① ［美］罗伯特·A. 斯卡拉皮诺：《亚洲及其前途》，北京：新华出版社1983年版，第10页。

第一节　东北亚地区地缘经济政治的客观现实

一、东北亚地区的地缘经济政治价值

东北亚位于欧亚大陆的东北部，连接浩瀚的太平洋，与美洲大陆隔海相望。东北亚地区作为海陆结合部具有广阔的战略纵深，是地缘政治学者斯皮克曼提出的“边缘地带”理论极其重视的“边缘地带”陆权对抗海权的前哨。美国在冷战时期为遏止苏联、中国曾在太平洋西部构筑三个岛链，其中第一、第二岛链的北端就位于东北亚的日本。日本因与苏联地理上接近而成为美国遏止所谓共产主义向外渗透的“防波堤”，美国还与日本、韩国建立军事同盟，扶植和借助日本的力量围堵中国，借助韩国的力量控制朝鲜半岛，利用太平洋的制海权遏制中国和俄罗斯的制陆权。

（一）朝鲜半岛问题

朝鲜半岛背靠大陆，三面环水，东临日本海，东南隔朝鲜海峡与日本列岛对峙，西濒黄海与中国的辽东半岛和山东半岛隔海相望，北界中国，东北端与俄罗斯相接。它介于中国、俄罗斯、日本之间，地处东北亚核心，这种特色的地缘联系使其具有十分重要的战略价值。朝鲜半岛后方是纵深广阔的欧亚大陆，是“心脏地带”的所在地，半岛前方是浩瀚的太平洋，为海权中心所在，因而，朝鲜半岛是陆权和海权这两大地缘政治权力中心相互作用的交换部位，两大势力对其交替影响、互为争夺。朝鲜半岛是亚洲大陆向太平洋延伸和过渡的特殊部分，构成亚洲大陆与日本列岛之间的“桥梁”和“跳板”，是中国保障国家传统安全的“桥头堡”。对日本来说，半岛承接了大陆和日本列岛的交通联系，构成了大陆与日本之间的天然桥梁和跳板。1948 年朝鲜半岛分为两个国家，朝鲜民主主义人民共和国和大韩民国。

（二）朝鲜海峡

朝鲜海峡介于朝鲜半岛与日本列岛之间，宽度不大，其间分布有对马岛等重要岛屿，海峡形势险要，是扼守东北亚海上交通的要冲。海峡以内是东北亚的重要战略性海域日本海，它是美国太平洋舰队、俄罗斯太平洋舰队、日本海上自卫队的重要活动区域，因局势紧张这里多次爆发危机，即使今天仍然是孕育战争危险的海域。朝鲜海峡作为日本海的重要出口，有“东北亚门户”之称，它是联结日本海与黄海、东海的唯一通道，为东北亚海上要冲。冷战期间，朝鲜海峡是美国及其日韩盟国准备封锁苏联舰队的一道“鬼门关”，美国军方于1986年2月宣布将其列为在全球需要控制16个海上航道咽喉之一。[①] 朝鲜半岛是我国传统安全的重要战略侧翼，同时也关系到日本、俄罗斯、美国等大国的战略利益。

（三）宫古海峡

宫古海峡，亦称宫古水道，是琉球群岛的主岛冲绳岛和宫古岛之间的一条国际海上航道。宫古海峡宽度是台湾海峡的2倍，比海南岛与西沙群岛之间距离还要宽。中国至南太平洋到澳大利亚等国，或者横穿太平洋到中美洲、南美洲等地，穿行宫古海峡将大大缩减距离。宫古海峡作为国际水道靠近冲绳岛，是美国第七舰队经常航行的海域。近年来，随着中国海军力量的逐渐壮大，中国海军经常通过宫古海峡出入太平洋。2009年3月至2012年底，中国海军舰队先后8次穿越宫古海峡，进入西太平洋进行演练，这标志着中国已经具备了穿过由冲绳列岛连接的“第一岛链”，向以关岛为中心的“第二岛链”投送兵力的能力。日本对中国军舰穿过宫古海峡极为敏感，因为中日两国有争议的钓鱼岛、黄尾屿、赤尾屿都在这片公海

① 王书中主编：《美苏争霸战略问题》，北京：国防大学出版社1988年，第31页。

附近，而石垣岛则是日本控制钓鱼岛的一个重要基地。

二、东北亚国家经济合作的有利条件

东北亚各国经济发展水平不同，在产业上存在着垂直分工，有利于发达国家产业转移。东亚地区的六个国家资源禀赋各具特色，生产要素互补有利于该地区国家加强经济交往与合作。

（一）东北亚各国生产要素互补性强

1. 自然资源禀赋互补

俄罗斯、蒙古、朝鲜、中国资源丰富。俄国的天然气、铁矿储量均居世界第一，煤、铝储量均居世界第二，黄金储量世界第四，铜、铀、锌、铝、银等有色金属和稀有金属也很丰富。朝鲜矿产资源丰富，已探明矿产300多种。石墨、菱镁矿储量居世界前列，但朝鲜90%国土为山地，耕地面积少，粮食产量不足以满足生活和生产的需求。日本、韩国是岛国，自然资源极其匮乏，80%以上生产资料依赖进口。日本工业所需原料、燃料大部分靠进口。日本资源和能源的依赖度为84%，韩国和日本的情况相当。日本、韩国都是外向型经济，自然资源是经济发展的必要条件，近邻各国丰富的自然资源如果为之所用，可以节约运输费用，为工业生产节约成本，更可以减少因国际关系突变造成企业生产所需能源、原材料进口受阻风险。

2. 资金互补

东北亚地区资金雄厚，中国、日本、韩国是全球最重要的资金来源之一。中、日、韩是储蓄率高的国家，尽管中、日、韩三国储蓄率和外储率近年来都有所下降，但三国资金拥有量巨大。据国家外汇管理局数据，2012年12月，中国外汇储备3.311589万亿美元，且逐年递增，目前居世界首位。同时期日本外汇储备为1.268125万亿美元，比2011年小幅减少。同时期韩国外汇储备3269.7亿美元，逐年小幅增长，居全球第7位。三国现有外汇储备占全球外汇储备总和的40%，巨额外汇储备为全球经济发展提供了资本支持。由于东北亚本地缺乏发达的资本市场，这些储备大部分流向了欧美及东南亚地区，为全球经济的发展提供了资本支持。中国尽管外汇储备丰富，但改革开放仍需要大量发展资金，俄罗斯远东地区、朝鲜和蒙古需求大量建设资金。

3. 人力资源互补

东北亚地区是世界上人口最密集的地区之一，东北亚地区的人口分布不均衡。俄罗斯的西西伯利亚和远东地区地广人稀，该地区面积达620万平方公里，占全国的36.4%，人口却只占全国的5.3%，每平方公里仅1.25人。国家统计局数据显示，2009年，蒙古人口密度为每平方公里1.7人，中国为142.8人/平方公里，俄罗斯为8.7人/平方公里，日本为350人/平方公里，韩国的人口密度最高，为503人/平方公里，朝鲜为189人/平方公里（2008年）。

俄罗斯的西伯利亚和远东地区开发需要大量劳动力，而俄罗斯出生率下降，人口增长率连续十年为负增长，政府鼓励生育，出生率有所增加，但人口增长率仅为0.019%，劳动力严重短缺。日本总人口1.278亿（世界第10名），人口增长率多年偏低，2011年有所增长，仅为0.29%；其中65岁老年人在日本总人口中的比例为22.7%，属于老龄社会，劳动力严重缺乏。韩国人口4977.9万，劳动力资源相对比较充足，但也出现劳动力相对短缺问题，苦、脏、累的工作岗位缺人，同时高科技人才和管理人才也严重缺乏。朝鲜人口为2445.13万，劳动力并不充裕，但因经济不景气和国家外汇短缺，需利用劳务输出赚取外汇。中国是人口众多、劳动力资源最为丰富的国家，人口质量快速提高。2011年中国人口第六次普查报告显示：大陆人口中，具有大学（指大专以上）文化程度的人口为11.9636790亿人，每10万人中具有大学文化程度为8930人。

4. 技术、技能、管理互补

科学技术和生产管理是生产力的非实体性但却是非常重要的因

素。日本、韩国是世界上的技术大国，又有着丰富的企业管理经验。20 世纪 70 年代至 90 年代，日本的技术贸易增长速度高达 20%。2001 年至 2011 年日本年专利申请数由 13736 件增长至 45228 件，而 2001 年至 2010 美国则由 8994 件增长至 28636 件。2011 年日本技术贸易盈余 19704 亿日元，为历史最高值，技术出口 23852 亿日元。专利、专有技术等技术进口仅 4148 亿日元。在技术出口目的地中，亚洲国家占比 43.8%，其中中国占比 12.9%，排第一位。韩国经济技术水平的提高经历了与日本大致相同的历程。韩国在钢铁、造船、汽车等传统技术领域具有了很高的科技实力，在集成电路、新材料、新能源、激光技术、通讯技术等方面也取得了很大的进展。2001 年至 2011 年，韩国专利申请数由 2498 件增长至 9860 件，远不及美、日，但韩国的科技水平在某些领域处于中等发达国家的领先水平。韩国也是东北亚地区主要的技术输出国之一，2010 年韩国企业技术贸易规模达 135.79 亿美元。其中，技术出口为 33.45 亿美元；技术进口 102.34 亿美元。[①] 2001 年至 2011 年，中国专利申请数由 3.78 万件增长到 163.3347 万件，数量虽大，但中国专利应用率低，还算不上创新型国家，世界领先技术少。曾经历苏联的俄罗斯，实力大不如前，科技投入不足，所以在 2001 年至 2011 年间，专利申请数从 43 件增长到 170 件，和技术大国相比，微不足道。蒙古、朝鲜没有确切数据，但科技实力微弱，不及俄罗斯。在东北亚各国的技术交流与合作中，日本、韩国将是主要的技术输出国。中国、俄罗斯、蒙古、朝鲜需要向日本、韩国学习先进的管理经验。

（二）产业结构互补

东北亚各国在产业结构上有明显的层次差异。日本早已完成工业化，产业结构已趋于高级化；韩国工业处于工业化后期，第三产

① 数据来源：中华人民共和国商务部网站，http://www.mofcom.gov.cn/aarticle/i/jyjl/j/201301/20130108520287.html。

业比较发达。目前两国正在进行新一轮产业结构的调整、优化和升级，钢铁、石化、制造等传统产业正在失去竞争优势而不断向外转移。中国东北地区现在尚处于工业化中期阶段，产业结构虽以重化工业、基础原材料和资源加工工业为主，但高消耗、高污染、低附加值产业仍占很大比重。中国东北地区可以利用日、韩产业转移的机会，对原有产业进行升级改造。日、韩两国企业也会在转移“夕阳产业”时增加经济收益，为其新兴产业的发展提供资源与空间。

表 6.1 东北亚各国产业结构状况

国家（地区）	第一产业		第二产业		第三产业	
	2005	2011	2005	2011	2005	2011
中国	12.1	10.1*	47.4	46.6	40.5	43.3
日本	1.2	1.2*	28.1	27.4*	70.7	71.5*
韩国	3.3	2.6*	37.7	39.3*	59	58.2*
蒙古	22.1	15.3	36.2	36.3	41.7	48.3
俄罗斯	10.1	7.0	38.1	36.7*	57.0	59.3*
朝鲜		20.8**		48.2**		31.0**

资料来源：国家统计局。

注：* 为 2010 年数据；** 为韩国银行推算。

日本在东北亚各国中产业结构层次是最高的，技术密集型产业发达，优势主要在于信息工程、生物技术、医药和多用途媒体等高新技术产业。韩国作为一个新兴的工业国家，其产业主要属于出口导向性，资本和技术密集型的产业也有一定程度的发展。中国产业的结构层次在三国中是较低的，仅优于朝鲜，虽然在诸如航天、核等尖端技术等一些领域处于领先优势，但主要促进经济发展和社会进步的信息技术和医药卫生等产业仍处于一个较低的层次。中国东北地区建国以来经过大规模经济建设，已建成国家主要的重工业基地，冶金、石油、机械、化工和森林工业等成为具有全国意义的专业化部门。东北地区还是全国重要的商品粮基地和林牧业基地。

俄罗斯整体产业结构属于发达国家，但远东地区经济发展水平不高，产业结构还处于低级层次。产业部门体系不完善，加工层次不高，只以采矿、森林加工、渔产品加工等初级产业为主。俄罗斯远东的经济系统基本上是一个内向型系统。远东经济活动集中在内陆，以内陆的资源开发为主。海洋运输65%以上为近海运输，外贸货流并不大。

朝鲜一贯强调独立自主地发展民族经济，是系统封闭、重工业主导型的产业结构，工业总投资的80%左右集中于以钢铁、有色金属、机械和化学工业为代表的重工业部门。由于重工业长期超前发展，必然压制了农业、轻工业和交通运输业的发展；能源紧张、粮食短缺，成为国民经济瓶颈部门和严重的社会经济问题。蒙古经济以畜牧为主，其工业以农牧产品加工工业和采掘工业为主导产业，生产大部分是初级产品，制造业很不发达，整个国民经济技术设备都是依赖进口的。

（三）东北亚地缘政治格局与多重双边关系

1. 东北亚地区的多极地缘政治格局

冷战结束后，东北亚地区的政治格局发生了很大变化，但冷战时期遗留的对抗的冷战思维依然存在，该地区形成一个由美国、日本、中国和俄罗斯四个主要的权力核心所主导的多元化的政治新格局。苏联解体后，美国成为唯一超级大国，主导着亚洲乃至世界的政治事务。日本、韩国依附于美国，形成双边军事同盟。俄罗斯、中国也是政治大国，特别是俄罗斯、中国是联合国常任理事国，在地区事务中发挥举足轻重的作用。与世界其他地区相比，整个亚太地区安全上相对稳定，地区经济发展呈现迅速增长的局面。但是，东北亚地区由于缺乏地区性安全机制，其安全在很大程度上仍取决于冷战残留下来的双边安全保障和大国在本地区的安全政策。冷战结束后，东北亚地区政治格局未发生根本改变，一方面，东北亚地区的安全形势，尤其是朝鲜核问题已成为20世纪90年代以来影响东亚及整个亚太地区安全的核心问题。另一方面，主导这一地区的美、日、中、俄四个大国在本地区有着不同的地缘政治与经济利益，彼此间关系错综复杂。

2. 多重双边关系构架

俄罗斯横跨亚欧大陆，尽管俄罗斯的经济政治中心在欧洲，但地理特点决定了它也是一个亚洲国家。俄罗斯推行“双头鹰”外交，一方面积极发展与欧洲国家关系，希望融入欧洲体系；另一方面，俄罗斯也十分重视发展与亚洲的关系，参加亚太地区的经济交往、一体化进程和安全对话与合作。通过欧亚平衡，俄通过相互借重希望提升其国际地位和影响力。普京总统继续坚持叶利钦时期确定的欧亚平衡的外交政策。普京指出：“由于我们的地缘政治位置（部分俄罗斯领土在东方，部分在欧洲）的原因，我们一贯推行平衡的对外政策。……我们将一如既往地既同东方，也同西方发展我们的关系。”① 苏联解体后，俄罗斯推行等距离的平衡外交政策，积极改善和发展与东北亚地区国家的关系。俄罗斯的改革亟需大量资金，因此资金丰沛的日本、韩国成为俄罗斯首要重视的国家。另外，为了提升对亚洲事物的影响力，俄罗斯恢复了与朝鲜、蒙古的传统关系，加强了与中国的全方位合作。

俄日关系开始改善。普京总统主政后，俄罗斯政府积极推行“东西并重，欧亚平衡”的外交政策，使得俄日关系获得明显进展。2011 年日本地震发生后，普京下令向日本紧急提供液化天然气，并呼吁两国开展资源领域的合作，其中包括允许日本企业参与东西伯利亚天然气田的开发。2011 年俄罗斯与日本商品贸易总额超过 300 亿美元，双方打算扩大经济联系，尤其是高新技术领域的联系。在亚太国家中，日本是俄第二大贸易伙伴，第一大投资国。俄罗斯与日本决定加强在经济和亚太地区安全领域的合作。

---

① ［俄］弗拉基米尔·普京：《普京文集》，北京：中国社会科学出版社 2002 年版，第 674 页。

俄韩关系不断改善。朝鲜战争后，美韩结盟，原来韩国不与社会主义国家苏联建交。苏联解体后，双方关系解冻，基于资金和资源的各取所需，两国关系迅速改善，俄、韩两国已将两国关系提升到相互信任的全面伙伴关系水平，并成为目前重要的经济贸易伙伴。2004年俄罗斯与韩国的贸易额超过了60亿美元。2008年，在俄远东外贸额中韩国所占比重在日本之后，位居第二，为62.57亿美元，2009年韩国与俄远东贸易额41.4亿美元，下降28.8%，韩国与萨哈林州关系最为密切。2008年，韩国与萨哈林州的外贸额占韩国与俄远东外贸总额的77%，与滨海边疆区占13%，与哈巴罗夫斯克边疆区占7%。在东北亚，韩国是俄罗斯第二大投资国。

俄朝关系已得到改善。朝鲜是苏联在东北亚地区的战略盟国，到1991年苏联解体前，苏联是朝鲜最大的贸易伙伴，约占朝鲜对外贸易额的40%。1990年9月30日，苏、韩正式建交，俄朝关系进入了一段停滞时期。普京执政以来，积极调整对朝鲜半岛的外交政策，加大了对朝鲜半岛的外交力度，俄在朝鲜半岛及东北亚的传统影响力正在恢复和逐步加强。从2000年起俄罗斯逐渐恢复与朝鲜的军事工业和军事技术合作。俄保持同朝鲜的军事联系，加强了俄罗斯在朝鲜半岛的影响力，并使这种军事联系不超出普通商贸关系的框架。

俄蒙关系发展迅速。自1921年7月蒙古人民革命取得胜利后蒙古独立，蒙古允许苏联驻军，对苏联采取一边倒的完全依附政策。冷战结束后，蒙古在外交上制定了不结盟、等距离、全方位的“多支点”外交政策，发展同日本、韩国、朝鲜的政治经济联系，并与美国成为“第三邻国”。目前，俄蒙关系从“睦邻传统伙伴关系”提升到“战略伙伴关系”。两国在政治、经贸、军事、文化、教育、人文等各个领域的关系不断拓展。2008年蒙俄贸易额超过13亿美元，提前实现了2010年两国贸易额达到10亿美元的目标。

蒙古与日本的关系也日益密切。日本是蒙古第一大经济援助国。1998年，蒙古国与日本签署了确定发展面向21世纪全面伙伴关系的公报，这标志着蒙日开始建立长期的、稳定的全面战略伙伴关系。

2008年10月16日报道，在蒙古国建立炼油厂的项目已委托日本东洋工程集团负责，该厂建成投产后，能够满足国内2015年时的石油产品需求。建厂所需资金的85%将由日本国际合作银行提供贷款，其余部分由蒙古斯克公司负责。

蒙韩关系有很大发展。冷战结束后，蒙古国开始实施“多支点、全方位”的外交政策，与韩国建立外交关系。韩国积极向蒙古提供技术和优惠贷款援助，蒙古与韩国的文化教育交流不断扩大。近年来，赴韩国留学的蒙古留学生不断增加，其中大部分是由韩国出资为蒙古培养人才。2011年8月22日蒙古国总统查希亚·额勒贝格道尔吉与到访的韩国总统李明博在国家宫举行会谈，双方宣布两国关系进“全面伙伴关系”新阶段。

蒙朝经贸合作良好。冷战结束之初，蒙古与韩国建立外交关系，蒙朝关系一度处于停滞阶段。20世纪90年代中后期，蒙古国积极采取措施，努力修复蒙朝关系。从1997年开始，蒙古国几乎每年向朝鲜提供食品援助。2002年，朝鲜外相白南舜访问蒙古国，双方在修订1986年友好合作条约的基础上，签署了新的协议。蒙古国总理、总统先后于2003年和2004年访问了朝鲜，两国经贸、科研、教育、文化等领域的合作不断加强，政府间共签订了21个合作协议。近年来，蒙古与朝鲜开展了经贸领域的合作。两国的合作除经贸、科技、矿山勘探领域以外，蒙古还向朝鲜出口黑山羊（药用）、牛羊肉、面粉、酒精等。在朝鲜向蒙古输出劳务问题上蒙方表示欢迎。

朝韩关系有所改善。朝鲜战争后，半岛分为两个国家，不同的国家性质和背后的两个超级大国操纵，使两国长期处于对抗状态。朝韩关系的背后是大国关系。朝鲜近年来一直试图直接与美国对话，而韩国对朝政策经常因领导人的变化而进行调整。1998年，韩国对朝鲜推行“阳光政策”，核心是保证朝鲜半岛和平稳定，韩国保证不破坏半岛稳定、不对朝鲜采取吸收统一政策。李明博就任韩国总统后抛弃对朝“阳光政策”，推行对朝强硬外交。2010年3月，“天安舰”事件发生，朝韩关系进入严重对峙阶段。2013年新当选的韩国总统朴槿惠提出改善与朝鲜的关系，对朝鲜实行“接触加威慑”战略。近年来，韩国国民 2010 年访朝人数超过 13 万名，同比增加 7.9%，其中，与开城工业园区相关人员占 94.5%，而社会文化交流、对朝援助等非经济领域的访朝人数减少 23.3%。朝韩关系解冻转暖。

在东北亚，中国与相邻各国经济交往密切，是本地区所有国家的最大贸易伙伴。

中日经济联系日益紧密。日本的东北亚外交政策一直是以日美同盟为基轴进行的。日本在实施双边和多边安全对话的同时，不断强化同美国的关系，把美国的存在和参与作为维持亚太地区和平与稳定的前提条件。中日经济联系密切，中日数十年都是对方最大的贸易伙伴之一。即使在 21 世纪初日本首相小泉参拜靖国神社导致中日关系严重倒退的背景下，中日关系也呈现出“政冷经热”的状况。中日间存在着的历史问题、领土问题、美日同盟等问题，一直困扰着中日关系。2012 年，日本政府搞的所谓钓鱼岛“国有化”闹剧，严重伤害了中日关系，导致中日关系特别是经济关系出现严重问题，该年贸易总额 3294.5 亿美元，首次同比下降 3.9%。但中国仍是日本第一大贸易伙伴，日本却由原来的中国第四大贸易伙伴下降到第五位。

中韩经济贸易合作发展迅速。新中国成立之初，中国抗美援朝，韩国与美国建立军事同盟关系，中韩关系停滞对抗。韩国的外交以美韩联盟为基础，开展多元外交。后由于“冷战”需要，韩国以对美、日外交为主。20 世纪 70 年代初韩开始推行“门户开放”政策。在中美、中日建交后，1992 年中韩正式建交。1998 年 2 月，金大中就任总统后，继续致力于巩固与美、日的同盟关系，同时加强与中、俄的友好关系。在对朝政策上，金大中推行“阳光政策”，提出互不使用武力、不搞吸收统一、加强南北交流与合作的“对北三原则”，主张以结束朝鲜半岛冷战结构的“一揽子方案”根本解决朝鲜半岛问题。2003 年 2 月，卢武铉就任总统后，强调发展韩、美互惠平等关系，促进韩中日东北亚区域合作，同时加强同俄罗斯、东盟、欧盟等其他国家和地区的关系，积极参与地区和国际事务。2012 年新任总统朴瑾惠保持韩国的对华政策。自 1992 年中韩建交以来，双方文化交流频繁，中国“韩流”盛行。双边经济贸易及各项合作发展迅速，双边贸易额由 1992 年的 50 亿美元发展到 2012 年的 2563 亿美元，增长了 50 倍。韩国是中国技术引进的主要国家。

中俄关系是中国最重要的双边关系之一。1996 年中俄建立战略协作伙伴关系。2001 年 7 月，两国签署了《中俄睦邻友好合作条约》。2004 年 10 月，两国签署的《中华人民共和国和俄罗斯联邦关于中俄国界东段的补充协定》，标志着两国彻底解决了所有历史遗留的边界问题。2011 年 6 月，中俄关系又提升为“全面战略协作伙伴关系”。中俄作为全面战略协作伙伴关系，对国际重大问题有着相同或相似的看法，在解决重大国际问题上相互配合、相互支持。2012 年，中俄在叙利亚问题上主持正义，坚持反对干涉别国内政的原则，连续两次在联合国安理会行使否决权。当前，中俄关系正进入一个全面发展的新时期。两国贸易额迅速增长，经济投资大量增加，能源领域的合作全面启动，人文领域交流日益扩大，军事领域合作不断加强。2007—2011 年五年间，中国自俄罗斯进口额年均增长率为 18.67%，2012 年，中俄双边贸易额为 882.6 亿美元，突破 800 亿美元大关，俄罗斯为中国第十位主要贸易伙伴，中国自 2010 年连续三年为俄罗斯第一大贸易伙伴。

中蒙经贸合作密切。21 世纪以来，中蒙之间努力构建睦邻友好伙伴关系。中蒙两国边界线长达 4710 公里，得天独厚的地缘优势和经济互补性为两国开展经贸合作提供了重要基础和便利条件。近年来，两国互利合作不断扩大，两国贸易额由 2006 年的 11.3 亿美元上升到 2012 年的 66 亿美元，已连续多年成为蒙古最大的贸易伙伴和投资国。

中朝关系存在正常国家关系和特殊国家关系的双重性。朝鲜的地缘政治地位，对中国抵御美日同盟、美韩同盟有着极为重要的战略价值。中朝两国人民有着共同反击美帝国主义侵略的历史，两国人民的友谊是用鲜血凝成的。改革开放后，中朝在如何坚持社会主义道路、如何建设社会主义的问题上，开始出现一些分歧，但中朝仍然保持着正常的国家关系，中国是朝鲜最大的援助国。21 世纪初，朝鲜连续进行核试验，严重冲击了中国坚持的朝鲜半岛无核化的原则。2011 年，朝鲜进出口总额（不含韩朝贸易）达 63.2 亿美元，是自 1990 年以来的最高纪录，其中中国比重高达 89.1%，中国是朝鲜最大的贸易伙伴，朝鲜对中国贸易的依赖度逐年提升。2012 年，中朝双边贸易额回落到 60 亿美元。与此同时，中朝两国在军事、文化、教育、科技、体育等各个领域始终保持着较为密切的交流与合作。

三、影响东北亚地缘关系的不利因素

东北亚各国（除日、朝）间建立了正常的国家关系和经贸往来，但由于二战以来的历史遗留问题，东北亚各国经济政治摩擦不断，局部冲突大有一触即发之势。影响东北亚各国经济政治关系的不利因素有以下几个方面。

（一）朝鲜射星使朝核问题升级

20 世纪 90 年代初，美国根据卫星资料怀疑朝鲜开发核武器，扬言要对朝鲜的核设施实行检查，朝鲜半岛核危机由此爆发。1994 年 10 月，美国与朝鲜在日内瓦签署了一项关于朝核问题的《朝美核框架协议》，朝鲜冻结其核设施，美国牵头成立朝鲜半岛能源开发组织，负责为朝鲜建造轻水反应堆并提供重油，以弥补朝鲜停止核能计划造成的电力损失。但美国未履行全部承诺引起朝鲜不满。2003 年 1 月 10 日，朝鲜发表声明宣布退出《不扩散核武器条约》，并于 2006 年进行了首次核试验。朝鲜不顾国际社会的谴责，决心成为军事强国，2009 年 5 月 25 日，朝鲜再次进行了一次地下核试验。金正日逝世后，金正恩主政，继续坚持发射卫星，第二次发射卫星成功，使半岛局势恶化，朝鲜的一意孤行引起亚洲各国对国家安全的忧虑。

（二）历史问题

历史问题，实际是日本对第二次世界大战侵略历史的认识问题，它影响区域环境的认知因素，因为它是定调未来国家关系的政治基础。日本自明治维新后走上资本主义道路，就开始了对外扩张和掠夺，对中国和亚洲各国发动了一系列侵略战争。日本的对外侵略战争加深了东亚一些国家殖民地和半殖民地的程度，使这些国家的人民陷入灾难和贫困的深渊。而不可忽视的问题是，日本军国主义至今阴魂不散，并将其侵略罪行美化为从西方列强的铁蹄下拯救亚洲国家。这种强盗逻辑不仅颠倒黑白，而且再一次伤害了被侵略国家人民的感情。历史问题实际上是一个历史观的问题，关系到包括中国人民在内的东亚国家人民的感情，更关系到对日本今后发展道路的预期。冯昭奎先生认为："中日间的历史问题主要包括四个方面：一是历史认识问题；二是历史遗留问题（如日军遗留在中国国土上的化学武器的处理问题）；三是历史牵连问题（如台湾问题）；四是历史根源问题。人们一般所说的'历史问题'，主要是指历史认识问题。"[①] 近年来，日本出现了通过修改教科书否认侵略罪行、政界人士参拜靖国神社、否认南京大屠杀等行为，其对历史认识的态度遭到包括中国在内的亚洲国家的强烈反对。日本如果不能正确认识历史，不仅直接影响到与东亚国家的正常关系，而且影响着日本自己的发展道路和方向。

---

① 冯昭奎："如何看待中日关系中的历史问题"，载《瞭望新闻周刊》，2003 年 8 月 4 日第 31 期，第 15 页。

第二节 东北亚地区地缘经济政治的发展态势

一、东北亚各国经济发展呈不平衡态势

东北亚地区国家之间的经济发展水平有着极大差异，发展速度表现出严重的不平衡性，并且改变了冷战期间各国经济发展的秩序；2008 年国际金融危机后，东北亚其他国家普遍处于不景气状态时，中国经济增长放缓，而一年后仍快速增长，成为东北亚区域经济发展的“火车头”，它与东北亚各国之间的经济合作已经开始向纵深发展。

（一）东北亚地区经济发展速度极不平衡

日本作为东北亚地区的经济大国在 20 世纪 80 年代末超过苏联成为世界第二大经济国。进入 20 世纪 90 年代，日本经济持续低迷，直到 20 世纪末，日本经历了失去的 10 年，2002 年开始复苏，国内经济开始缓增，到 2008 年经济危机前，日本 GDP 增长率仅增长到 2.1%。2000—2009 年人均 GDP 年均增长 0.55%，2011 年 GDP 增速是 -0.9%，日本经济已经低迷 20 余年。2012 年增长率 2.2%，说明日本的经济有所好转。而中国最近 30 年来，经济蓬勃发展，与日本形成鲜明对比。

作为“亚洲四小龙”的韩国，进入 90 年代以后，经济增长势头开始低落，结束了 80 年代高速的经济增长。1991 年经济平均增长率为 8.4%，1992 年锐减到 4.4%，是韩国经济增长速度下降最严重的一年。虽然韩国经济增长速度放慢，但远没有达到衰退的程度。2000 年韩国人均 GDP 增长率为 9.3%，2001 年骤降至 3.0%，之后逐年缓增，2007 年增长到 5%，2008 年骤降至 -2.2%，2000—2009 人均 GDP 年均增长 3.92%，2010 年最佳成绩增长率 6.16%，之后连续两年下滑至 3.63% 和 2.7%。相比东北亚发达国家，日本算是佳绩。

"休克疗法"的施行，使俄罗斯的经济陷入了空前的危机，国民经济出现了严重的负增长。1995 年全年国民生产总值仅为 1990 年的 60%。20 世纪 90 年代后期经济开始增长，俄罗斯已经结束了苏联解体后经济的下滑局面，经济总量和人均 GDP 开始持续增长，2000 年人均 GDP 增长率高达 9%，2001 年下滑至 5%，2002 年后逐年增长，2007 年到达 9.9% 峰值，年均增长 5.31%。2010 年，俄罗斯生产总值增长率上升至 4.0%，急剧好转，2011 年上升为 4.3%，2012 年又下滑为 3.6%。

蒙古 2000 年年均 GDP 增长率 1.1%，之后渐增，2007 年达最高 10.7%，2000—2009 年均增长 4.75%，2010 年生产总值增长率回升至 6.37，2011 年最高，为 18%，2012 年下降为 12.7%，但仍是增长最快的一年。

表 6.2　东北亚各国生产总值增长率（单位:%）

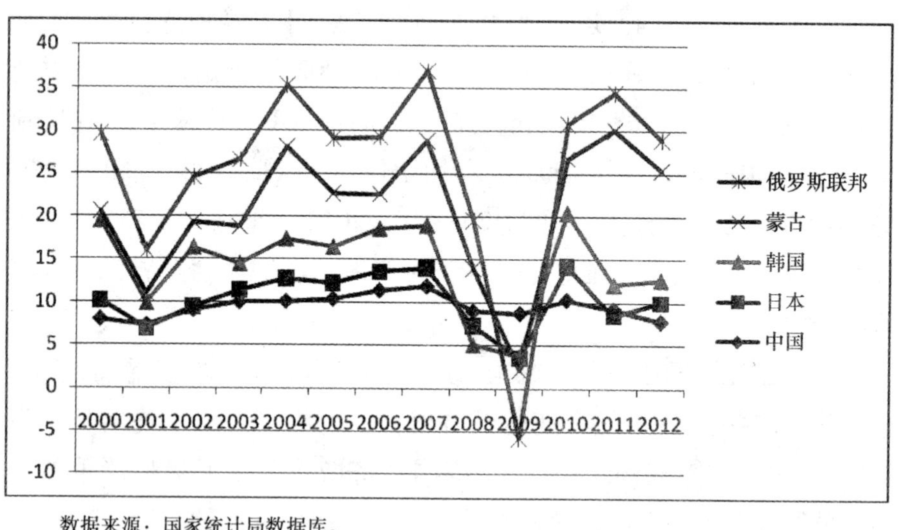

数据来源：国家统计局数据库。

中国一直保持高速增长，2007 年高达 11.9%，2000—2009 年均 GDP 增长率 9.59%，2010 年生产总值增长率为 10.33%，后两年分别下降为 9.24% 和 7.8%，与俄罗斯拉开接近一倍的距离，成为东北亚经济增长的“火车头”。中国经济的高速增长对东北亚区域经济的增长所做的贡献是最大的。中国经济强劲的增长势头在东北亚地区将产生很强的辐射效应，并将对该地区的经济发展起到有力的带动作用。值得注意的是，2012 年，东北亚各国 GDP 增长率发生了微小变化，日本 GDP 增长率为 2.2%，韩国为 2.7%，俄罗斯为 3.6%，中国为7.8%，蒙古为12.7%，朝鲜（2011 年）为0.8%，蒙古的增速超过中国，但蒙古经济总量小，外债多。

(二) 东北亚各国经济水平不平衡

看一个国家经济发展水平，不能只看 GDP 总量，还要考虑到成本因素。目前东北亚六国可分为三组，日本、韩国经济发达，中国、俄罗斯大致处于中等水平，朝鲜、蒙古相对落后。按经济总量来说，中国第一，日本第二，俄罗斯第三，韩国第四，朝鲜第五，蒙古第六，经济总量倍数差别在缩小。而按人均 GDP 排列，大致构成金字塔形结构，日本处于金字塔的顶端，其中日本、中国、俄罗斯都是经济大国，六国经济水平呈垂直状，有明显的级差，日本的人均生产总值是中国的 9 倍，俄罗斯的 4.1，朝鲜的 39.8 倍，蒙古 19 倍，韩国的 2 倍。虽然中国的生产总值是俄罗斯的 4 倍，可人均生产总值俄罗斯却是中国的 2.4 倍，这种结构对开展经济合作十分有利。

表 6.3　2011 年东北亚各国经济发展水平比较

国家（地区）	经济总量 GDP（亿美圆）	人均国民总收入 GNI（美圆）
日本（高收入经合组织国家）	58670 亿	44900
韩国（高收入经合组织国家）	11160 亿	20870
俄罗斯（中高等收入国家）	18580 亿	10650
中国（中高等收入国家）	73180 亿	4940
蒙古（中低等收入国家）	87.61 亿	2310
朝鲜（低收入国家）	—	—

资料来源：世界银行数据库。

东北亚六国经济发展水平特别是与发达国家倍数在缩小，绝对差距却在扩大。1980 年，日本的人均 GDP 是中国的 47 倍、1990 年是中国的 82 倍、1999 年是中国的 41.1 倍、2011 年是中国的 9.1 倍，倍数差距显著缩小。但绝对差距是，1980 年日本人均 GDP 比中国高 1.0089 万美元，1990 年日本比中国高 2.64 万美元，1999 年日本比中国高 3.125 万美元，2011 年日本比中国高 3.996 万美元，绝对差距在扩大。除韩国 2011 年比日本 1999 年的绝对差额在缩小，其他国家都在扩大。

表 6.4　东北亚地区国家人均生产总值变化情况（单位：美元）

45000
40000
35000
30000
25000
20000
15000
10000
5000
0

1980
1990
1999
2010

中国　日本　韩国　俄罗斯　蒙古　朝鲜

资料来源：国家统计局。

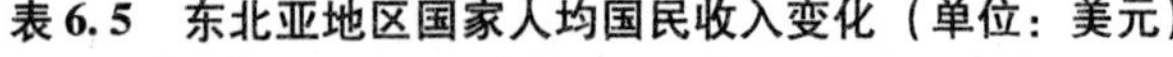

表 6.5　东北亚地区国家人均国民收入变化（单位：美元）

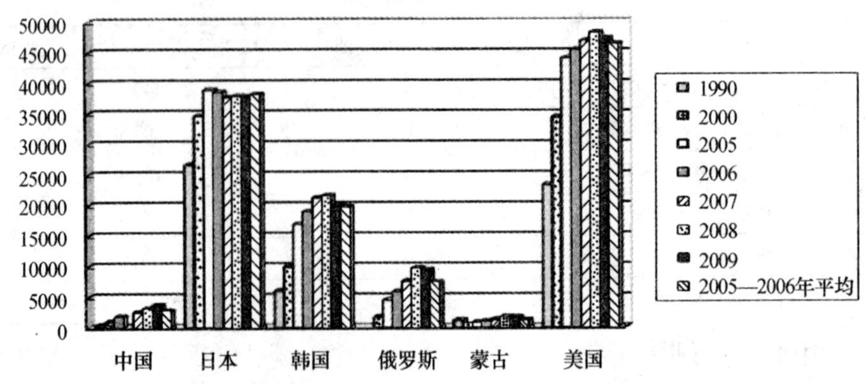

资料来源：美国仅作为和世界对比。

二、中国与东北亚各国经济合作的进程

2000年以来，东北亚各国间经济交往与合作快速发展。东北亚各国中，中国是与区内国家经济合作关系发展最快的国家。中国与日本、中国与韩国、中国与蒙古、中国与朝鲜以及中国与俄罗斯等国的经济关系都获得了突飞猛进的发展。具体表现为，日、韩等国对中国的投资额迅速扩大，中国与它们之间的贸易额也在迅速扩大。中国与其他国家间的经济优势已引起足够重视，并开始逐步加以利用。

（一）中日贸易额迅速扩张

中日关系正常化以来，两国间的贸易额增长迅速。1991年，中、日贸易总额228亿美元，2000年增至801亿美元，2011年达到3349亿美元，比2000年增长4倍。2012年略有下降，但也达到3294.5亿美元。日本在对亚洲的投资中，对中国的增长速度最快，日本已成为中国第一亚洲投资国。2000年日本对华直接投资29.1585亿美元，2005年达到峰值65.2977亿美元，之后逐年下降，到2010年达到40.8372亿美元。2012年日本对华投资73.8亿美元，同比增长16.3%。中国和日本的合作项目也快速发展，2000年两国合作项目完成额3.9722亿美元，以后逐年递增，2010达到18.6617亿美元，增长了4.7倍。

（二）中韩贸易快速发展

在亚洲地区，韩国是中国的第二大投资国，2000年日本对华直接投资14.8961亿美元，2004年达到峰值62.7466亿美元，之后逐年下降，到2010年达到26.9217亿美元。

中国成为韩国越来越重要的贸易伙伴。90年代，尤其是中韩建交之后，两国间的贸易额迅速增加。1990年为37.02亿美元；1991年增到57.12亿美元，比上年增长51%；1992年增到80亿美元；

2000 年为 344 亿美元；2011 年达到 2139 亿美元；2012 年继续攀升至 2563 亿美元，10 年间增长 6 倍多。中国和韩国的合作项目也快速发展，2000 年两国合作项目完成额 2.1633 亿美元，以后逐年递增，2010 达到 8.1684 亿美元，增长了 3.8 倍。

（三）中俄贸易发展迅速

2011 年中国与俄罗斯的贸易额由 2000 年的 80.03 亿美元增长到 2012 年的 882.6 亿美元，增长了 11 倍。2000 年俄罗斯对华直接投资 1623 万美元，2004 年达到峰值 1.2638 亿美元，之后逐年下降，到 2010 年达到 3497 万美元，但也是 2000 年的 2.2 倍。中国与俄罗斯合作项目完成额由 2002 年的 1.8559 亿美元增至 2010 年的 14.9838 亿美元，增长 8.1 倍。

（四）中蒙贸易快速增长

蒙古与中国的贸易额由 2000 年的 3.26 亿美元增长到 2012 年的 66 亿美元，增长了 20 倍，增长最快。2000 年蒙古对华直接投资 526 万美元，2001 年骤降至 10 万美元，到 2010 年达到 325 万美元，不及 2000 年的水平。中国和蒙古合作项目发展最快，2000 年合作项目完成额 2820 万美元，以后逐年递增，2010 年达到 2.5345 亿美元，增长了 9 倍。

（五）中朝贸易成倍增长

朝鲜与中国的贸易额由 2000 年的 4.88 亿美元增长到 2012 年的 60 亿美元，增长了 12 倍，增长迅速。2000 年朝鲜对华直接投资 156 万美元，以后升降波动，到 2010 年陡升到 1122 万美元，是 2000 年的 7.2 倍。中国和朝鲜合作项目发展最快，2000 年合作项目完成额 1589 万美元，以后逐年递增，2010 达到 3019 万美元，增长了近 2 倍。

表 6.6　中国与东北亚各国双边贸易情况（亿美元）

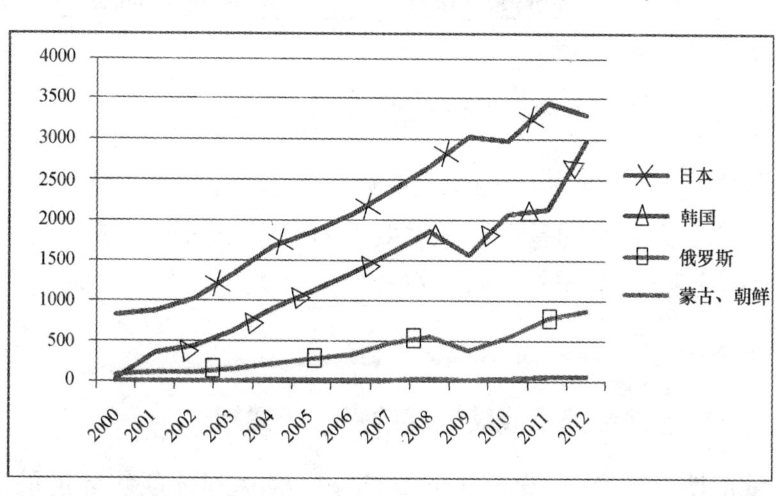

资料来源：根据商务部《国别贸易投资环境报告》2007—2012 年整理；按数额由多到少排序。

表 6.7　东北亚地区对华直接投资额的变化

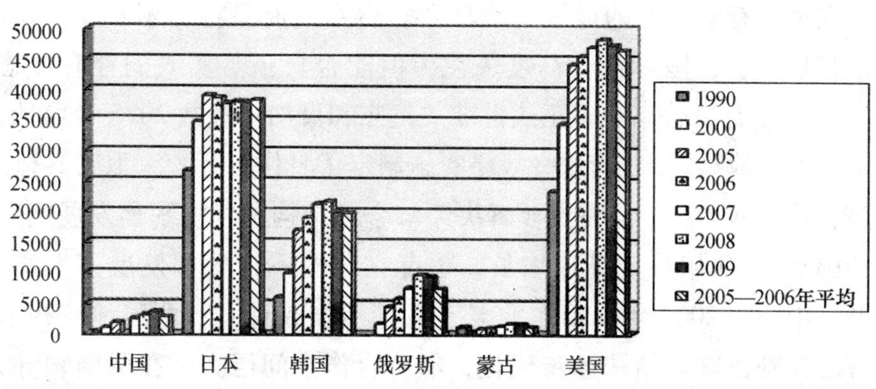

数据来源：国家统计局。

第三节　东北亚国家间双边关系未来走向判断

一、中俄政治经济关系未来走向判断

从中俄之间20多年来的经济政治交往与合作态势分析，中俄已经具备了全面合作的基础。从客观上看，中俄两国是邻近大国，历史上都是社会主义阵营，而且在现实上的处境相似、主观上的愿望相同。

（一）中俄都处于战略发展的重大机遇期

俄罗斯经济经过10余年的复苏，已经达到苏联解体前的水平。俄罗斯为了经济持续发展，离不开外部可靠的大国合作伙伴的支撑。俄罗斯与日本的合作缠绕着棘手的北方四岛问题，与韩国的密切合作面临着朝鲜半岛的影响力问题，因此俄罗斯要与东北亚大国合作，除中国外别无选择。俄罗斯要进行远东和西伯利亚大开发，但几次计划都没有实质性的进展。2007年，普京政府又将远东开发计划提上日程，引起国际社会高度关注，但能否真正落实人们存有疑虑。2010年1月，普京总理正式批准"远东和贝加尔地区2025年前社会经济发展战略"，并为这一战略实施制定了具体目标，采取了具体措施，俄罗斯的这一战略是要解决经济合理结构和经济平衡发展问题。中国经济30年稳步高速增长，也存在结构不合理和发展不平衡问题。中国于2003年提出东北老工业基地振兴计划。两国地域相邻，资源互补，贸易结构逐步优化，经济合作空间巨大。在两国领导人和各界共同努力下，中俄全面战略协作伙伴关系将继续得到健康稳定发展。

（二）中俄都处于被围堵、打压的相同处境

俄罗斯作为地域大国，在经历了美国的战略空间挤压后，对美

国不信任感在增加，虽然它看重与日本的经济合作，但北方四岛问题短时间内不会解决，严重影响两国的政治关系，所以与中国的合作是它的不二选择。中国已经与俄罗斯彻底解决了边境问题，没有国家核心利益冲突，更多的是共同利益。另外，中俄两国是美日假想敌和潜在对手，美国在中国四周的军事部署表明其围堵的意图，特别是中国周边麻烦不断，都有美国的幕后作用。俄罗斯和中国都采取实用主义的外交政策，国家利益至上，双方合作符合两国共同的安全利益。习近平当选新一届国家领导人后，出访首站便选择俄罗斯，表明两国密切合作的诚意。

（三）中俄两国都是 WTO 成员国

2011 年 12 月 16 日，世界贸易组织第八次部长级会议在日内瓦举行，正式批准俄罗斯加入世贸组织。入世之后，俄罗斯将在国际贸易规则下开展对外经贸合作，理顺贸易伙伴间的关系，这必然提高双边和多边贸易的合作水平。以俄罗斯的第一大贸易伙伴中国为例，俄入世将使两国贸易规范化，中国商品和投资进入俄罗斯将更加便利，解决两国贸易纠纷的渠道也将更加通畅。

（四）经济政治合作是双方的共同愿望

2012 年 3 月 4 日，普京第三次当选俄罗斯总统，任期 6 年。普京一直积极致力于发展中俄关系。2012 年 2 月，普京发表题为《俄罗斯与变化着的世界》的对外政策纲领性文章，其中将俄中关系放在比俄欧和俄美关系更突出的位置。他在文章中明确提出，俄罗斯需要一个繁荣和稳定的中国，而中国则需要一个强大和成功的俄罗斯。中国要在国际事务中发挥重要作用，也离不开俄罗斯的合作支持，这是两国共同的愿望。

表 6.8　中俄两国贸易趋势（单位：亿美元）

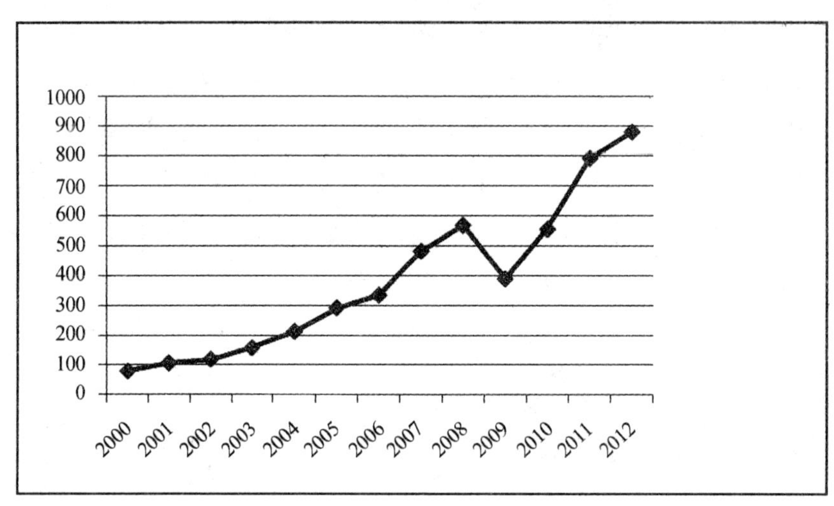

数据来源：国家统计局。

二、中日、中韩经济政治关系及走向

（一）中日、中韩政治关系呈复杂趋势

中日、中韩关系受美日、美韩军事同盟影响，日韩在政治关系上同美国保持一致。目前因朝鲜发射卫星，美日、美韩军事同盟不断加强。在此背景下，中日、中韩政治关系会不会发生根本性改变，引人关注。

1. 中日、中韩关系服从美国东北亚战略

美国对东北亚的政策是利用美日、美韩同盟遏制朝鲜、中国和俄罗斯，美国的亚洲战略是长期的。美国作为唯一的超级大国，目的是防止出现挑战者。按美国总统奥巴马的说法，美国绝不做世界老二。如今美国“重返东亚”，实行“再平衡”战略，就是以美日同盟和美韩同盟为战略依托。安倍晋三出任首相后，钓鱼岛问题升级，两国政治关系激化。2013 年度日本《防卫白皮书》不仅大篇幅增加针对中国海洋维权活动的内容，还强调在依托日美安保体制的同时，日本将提升海上力量及独自防卫能力。日本《防卫白皮书》大肆渲染“中国威胁论”，扩大钓鱼岛及南海问题事态，势将恶化中日关系。

2. 中日之间存在核心利益冲突

中国和日本是东亚地区国家中影响最大的两个国家。日本否认侵略历史，颠倒黑白，试图复活军国主义，名古屋市市长河村隆之于2012年2月20日又老调重弹，在谈及“南京大屠杀”时宣称“没有这回事”。说：“的确存在常规的战斗行为，但我认为南京（大屠杀）事件并未发生过。”他说他参加过侵华战争的父亲说过“在中国受到了热情的接待”。[①] 自2001年4月小泉纯一郎任首相以来，小泉首相固执地年年参拜靖国神社，伤害中国人民的感情；所谓的钓鱼岛“国有化”公然挑衅中国主权是目前中日关系激化的导火索。安倍晋三在钓鱼岛问题上对中国采取强硬态度，与中国针锋相对，虽进行常规海事巡逻，是否擦枪走火，难以预料。

（二）中日、中韩经济联系前景乐观

1. 中日经贸往来受政治关系的影响不大

中日关系的基本特征是政经分离，政冷经热，从日本的经济战略调整来看，日本贸易重心北移倾向明显。20世纪90年代后，日本对东北亚地区的投资和贸易逐渐增多，而且投资收益迅速增加。日本推行的亚洲战略的近期目标是东南亚，而东北亚则是它倡议建立环日本海经济圈，自己居主导地位的长远目标，而且日本倡导的中日韩环渤海经济圈更是倚重中国。

2012年日本货物进出口额为1.68404万亿美元，日本与中国双边货物进出口额3325.8亿美元，占进出口总额的19.7%，中国是日本第一大贸易伙伴、第一大出口目的地和最大的进口来源地。日本经济面临困境，几十年来的经济交往已经把中日关系密切联系在一

① “日政客否认日军南京大屠杀罪行，媒体称其不明智”，新京报网，http://www.bjnews.com.cn/world/2012/02/20/183612.html。

起，中国经济良好的发展态势，与中国保持经贸交往有利无害，所以中日经济关系不会中断或骤降，更为重要的是，日本经济的复苏需要中国的带动，失去这个好伙伴，就是失去自己的利益。现在各国交往，国家实体已经蜕变为利益实体，双方都会慎重权衡利弊，理性选择双方竞争或合作的方式。

在领土问题上日本的公然挑衅，中国除了做战事方面的准备，政治上的抗议，经济上的制裁在必要时也是很有杀伤力的手段，但经济制裁具有双刃性，中日会谨慎考虑，不会轻易采用。

2. 中韩经济合作会平稳发展

中韩已经形成十分密切的经济关系，2011 年韩国对华贸易依存度增至 20%，对华出口占比则从 10.4%，上升至 23.4%。2012 年韩国货物进出口额为 1.06766 万亿美元，韩国与中国的双边货物进出口额达到 2151.1 亿美元，占总额的 20.14%，多年来中国是韩国最大的顺差来源国。中国已经多年成为韩国的最大贸易伙伴；受国际金融危机的影响，韩国经济增长仍然缓慢，略高于日本，为缓解国内

表 6.9　中日、中韩贸易走势

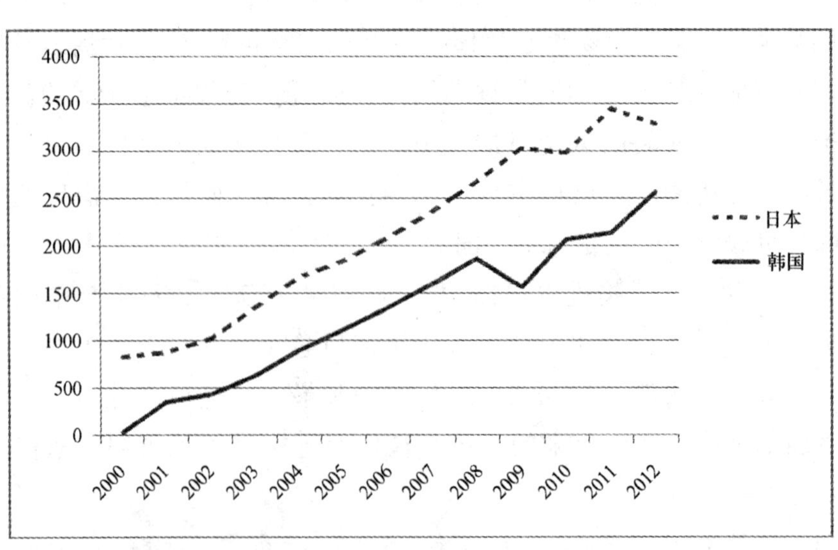

数据来源：国家统计局。按数额由多到少排序。

矛盾，与中国加强合作风险最小；韩国经济虽发达，但与日本相比还有一定差距，赶超日本是其目标，借中国快速发展之东风，是缩小与日本差距、成为最发达东北亚国家的选择。

三、中蒙、中朝关系的全面合作趋势

（一）中朝、中蒙政治关系日益密切

首先，尽管受苏联影响，中蒙、中朝关系有过波折，但毕竟有着传统的政治同盟关系；其次，三者地域相邻，国家传统安全相互倚重，政治交往十分频繁。中国走上改革开放之路后，建立起了社会主义市场经济体制，坚持以经济建设为中心，走和平发展道路。中国坚持朝鲜半岛无核化，同时主张通过谈判解决朝核问题，反对对朝制裁。

（二）中朝、中蒙贸易前景看好

中朝、中蒙地域相邻，贸易交通成本低；蒙、朝资源丰富，与中国资源互补；中国外汇储备丰富，有利于对蒙、朝投资开发；中国相对于这两个国家还算是经济技术强国，依赖中国发展外贸风险最小。目前中国是两国多年最大的贸易伙伴，今后前景仍然看好。2011 年中蒙进出口总额 63.3 亿美元，占蒙古外贸总额的 56%，中国已是蒙古多年最大贸易伙伴。2011 年中朝双边贸易额占朝鲜贸易总额的 89%。但两国经济发展水平低，经济总量小，特别是对蒙古资源的开发，存在和日本、韩国的竞争。但中国有地缘优势和历史上的传统友谊优势，所以，未来经贸关系前景乐观。

表 6.10　中朝、中蒙贸易走势（单位：亿美元）

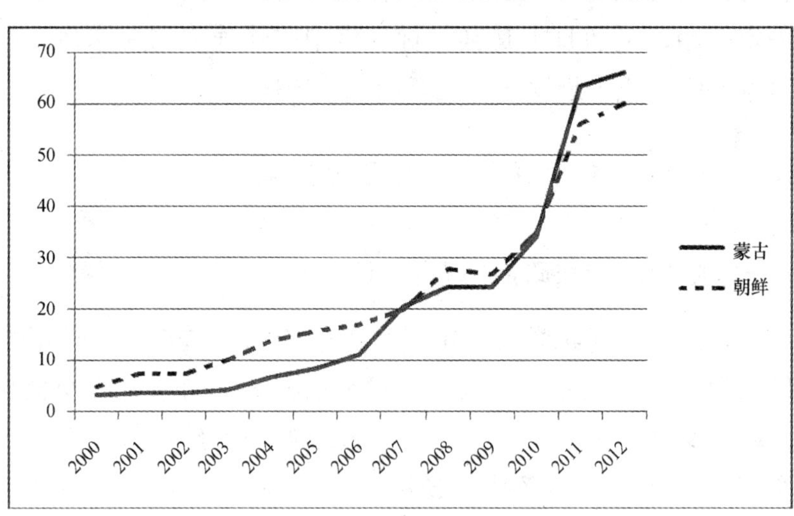

数据来源：国家统计局。按数额由多到少排列。

第四节　中国与东北亚国家经济合作模式设想

一、打造东北沿边开放带以推进次区域经济合作

东北亚地区是当今世界热点地区之一，美国、中国、日本、俄罗斯等世界大国在该地区都有着重要的战略利益。这种特殊的地缘环境也为东北亚地区经济合作提供了良好的基础，特别是在周边国家大都将发展经济、提高综合国力作为国家战略重点的情况下。次区域经济合作应为中国东北地区对外开放的前期战略抉择。已经启动的次区域合作有环渤海黄海经济圈、图们江三角带经济合作区和正在规划之中的面向俄罗斯的沿边开放带。

环渤海黄海经济圈的开发建设是东北亚对外开放的重点。在渤海、黄海周围是中国、朝鲜、韩国和日本等国家。这一地区从战略地位来说，是中国京津的门户和咽喉，从交通条件来说水陆交通便捷，四国经济互补性强，目前主要是中、日、韩之间的经济合作。

该地区沿海、沿江、沿边，优越的区位条件极利于区域合作，被称为西太平洋地区的“金三角”，已经成为新一轮对外开放的主战场。[①]

图们江开发区是内陆省份吉林省突破制约发展瓶颈的突破口。图们江三角带位于中、俄、朝三国交界处，吉林省与俄罗斯远东、朝鲜接壤，隔海与韩国、日本相望，辽宁省与朝鲜临界，隔海与韩国、日本相望，图们江区域由于周边国家各具特色，具有极大的经济发展潜力。早在1991年10月，在联合国开发计划署的倡导下，中、俄、朝三国政府积极响应，提出了图们江区域开发计划，旨在以位于图们江下游的吉林省珲春市为中心建设一个跨国自由贸易区，辐射中国东北、蒙古、俄罗斯远东地区、韩国、朝鲜等区域。2009年中国实施“长吉图”区域规划，目的是将吉林省的两个特大城市长春市和吉林市整体纳入图们江国际合作开发范围，增强中国参与图们江区域国际合作开发的整体实力。新的图们江区域开发规划，将建设以珲春为“窗口”，以“延龙图”（延吉、龙井、图们三城市）为“前沿”，以吉林、长春为“腹地”的“长吉图”开发开放先导区，旨在形成“窗口”、“前沿”、“腹地”有机联结、功能协调、有效互动，形成立足图们江、面向东北亚、服务大东北的战略布局。

二、利用中朝关系转型机遇推动双边经济合作

中朝两国是友好邻邦，中朝两国人民有着共同反对美帝国主义侵略的历史，两国人民的友谊是用鲜血凝成的。2011年年底，朝鲜领导人金正日去世，30岁的金正恩上台。

朝鲜在金正日主政时期已经实行了初步的改革政策，设立了3个经济特区和1个旅游观光区，作为朝鲜对外经济合作的战略基地。朝鲜在东北角设立了先锋—罗津自由贸易区，在西北角设立了新义

① 刘清才等：《东北亚地缘政治与中国地缘战略》，天津人民出版社2007年版，第355页。

州特别行政区，在东南角设立了开城工业区，在西南角设立于金刚山旅游观光区。中国丹东与朝鲜仅一江之隔，沿江边境线长达306公里，共开通一、二类贸易口岸9个，有公路、铁路、管道、水路和朝鲜半岛相连接，是沟通我国及欧亚大陆与朝鲜半岛的主要陆路口岸。独特的区位优势，使丹东在中朝两国的经贸合作中一直处于龙头地位，2011年对朝贸易进出口总额达18.6亿美元。目前，丹东对朝鲜的贸易额约占中朝贸易额的40%，经丹东口岸过境的货物量约占中国对朝贸易总量的80%。2012年新鸭绿江界河公路大桥开工建设，中朝边境威化岛和黄金坪岛开放开发，“一桥两岛”引起了世界范围的极大关注。新鸭绿江公路大桥建设和“两岛”开放后，形成的仓储、商贸、旅游、保税、出口加工及各类服务业，将涵盖辽宁、吉林、黑龙江省及内蒙古自治区与河北省东部，对外辐射朝鲜、韩国和日本等周边国家和地区。

三、中韩自贸区先行以推动中日韩自贸区建设

区域经济合作呈强劲发展势头，是当今世界经济发展的一个重要特征。如果东亚地区不能走上联合自强之路，不仅在国际政治舞台上处于劣势，在经济发展上也将承受巨大压力。东亚区域经济合作体现了东亚国家实现经济联合以应对经济风险的要求，但由于东亚地区发展水平、政治环境和文化背景差异极大，特别是当今日本右翼倾向严重，不仅对历史问题缺乏正确认识，而且与中国、韩国、俄罗斯在领土问题上严重对立。日本试图借助美国的力量实现对钓鱼岛的实际占有，释放国内民族情绪，搅乱中国的外部环境。

东北亚地缘经济政治格局的走势还不十分明朗，但东北亚建立区域经济合作机制符合包括日本在内的东亚所有国家的利益。2011年，中日韩经济总量达14万亿美元，占亚洲GDP的70%，约占全球的1/5。将来还会有更大的增长空间。自2002年底，在中方倡议下，中日韩三国领导人同意就建立中、日、韩自贸区开展可行性研究，

到2012年11月20日，在柬埔寨召开的东亚领导人系列会议期间，中日韩三国经贸部长举行会晤，宣布启动中、日、韩自贸区谈判。经历10年，日本尽管表面态度积极，但更多意愿参与美国主导推进的TPP。中、日、韩自贸区建设，可以说是区域经济一体化的实验场，对未来东北亚各国意义重大。

中、韩已经具备建立区域经济合作制度性安排的主客观条件。中、韩经济融合程度已经相当深入，两国没有领土争端问题，更没有悬而未决的历史问题困扰。中韩在维护朝鲜半岛和促进台湾海峡稳定、反对日本右翼势力歪曲二战历史等方面有共同的立场。因此，两国自建交以来，在双方的共同努力下，政治互信不断加深，两国领导人经常互访或在国际多边活动中会晤，促进了相互理解和信任，推动了两国关系的发展，各领域的交流与合作的持续扩大，这也为双方推进一体化进程铺平了道路。中国和韩国都是区域经济合作的积极推动者。中韩建交以后，两国陆续签订了贸易协定和投资保护协定以及关于成立经济贸易和技术合作联委会的协定、海运协定、避免双重征税和防止偷漏税协定、和平利用核能协定、渔业协定等一系列政府间协定，中韩双边经贸合作稳步、健康、快速发展。从某种意义上讲，包括中韩贸易在内的中韩经济合作已经成为韩国经济发展的基础条件之一。中韩建立自由贸易区的条件已经具备。

目前韩国已经逐步形成了自身的东亚区域经济合作战略，即在符合韩国国家利益的基础上积极推动东亚区域经济合作，并努力在其中发挥主导作用。该战略的形成有多方面的原因，主要包括国内因素、地区因素和国际因素等。但同时也应看到，虽然韩国近几年来在东亚区域经济合作中一直持积极主动的态度，也采取了很多措施来推动，但韩国仍面临着众多的制约因素。例如朝核问题以及韩国对中国和日本两大经济体的防范，使韩国政府顾虑颇多，而这些制约因素在某种程度上说也限制着东亚区域合作的整体发展。中国从发展自身和推动东亚区域经济合作多方面考虑，目前应该采取的对策是积极推动中韩自由贸易区的建立，并应将该自由贸易区作为推动地区合作发展的“发电机”，促进东亚地区的整体繁荣进步。

四、促进俄远东开发与中国东北振兴联动效应

中俄两国在政治领域的合作处于最好时期，但经济领域的合作远未达到两国的期许，贸易总量尽管突破800亿美元，与欧盟、北美地区的贸易总量来说微不足道。随着经济一体化进程的加速和东北亚区域经济合作日趋加强，中国在俄罗斯远东地区未来发展中的地位和作用日益受到俄罗斯的重视。俄东部大开发战略为加强两国合作注入新的活力，创造新的机遇，在东北经济发展乃至整个中国经济发展中具有特别重要的战略意义。

俄罗斯远东地区面积占俄联邦领土总面积的3/4，资源丰富。苏联时期这里是军事工业基地，重工业畸形发展。在苏联解体后的一段时间里，俄罗斯政府无暇东顾，该地区整体经济一蹶不振。俄经济学家阿甘别戈杨曾一针见血地指出：“莫斯科不是俄罗斯。要想实现国家的经济复兴，必须实现西伯利亚和远东等亚洲地区均衡发展。”① 20世纪90年代中期，叶利钦总统签署了《1996—2005年远东与外贝加尔地区经济社会发展联邦专项纲要》，此纲要明确提出俄远东大开发的战略思想。普京总统也重视扩大与中国等亚太国家的经贸合作，积极推动远东地区开发。但该计划没有真正落实，一是因为当时俄罗斯缺乏资金，二是联邦政府重视不够。自2007年开始，俄罗斯重新拟定开发远东地区的战略，2010年1月普京正式批准“远东和贝加尔地区2025年前社会经济发展战略”，并与联邦政府采取具体措施，推动实施该战略。俄罗斯政府意识到远东地区开发对俄罗斯整体经济发展的战略意义，认识到远东地区开发离不开亚太地区的经济一体化，梅德韦杰夫曾多次对各州的地方官员强调，必须重视吸引中国的资金对远东投资，中国是俄罗斯工业产品的大

① 宋魁：“俄罗斯亚太战略及对中俄合作的意义”，载《当代亚太》2007第1期第6页。

市场。

东北老工业基地是共和国的长子，在社会主义建设中做出过巨大贡献。改革开放后，东南沿海地区充分利用优惠政策和沿海区位优势迅速发展，东北地区和中西部地区经济发展缓慢。为实现国内经济平衡发展，我国于 2003 年正式提出振兴东北老工业基地战略，这得到了东北三省和内蒙古自治区积极响应，并都针对本地实际制定规划，积极扩大对外开放的领域。

吉林省的“长吉图”战略是中国参与图们江区域合作开发的核心地区和重要支撑。辽宁省的“五点一线”发展战略，期望借东北振兴和沿海开放双重机遇实现经济强省目标。《东北振兴“十二五”规划》中，也提到要重视黑龙江省哈大齐工业走廊、牡绥地区发展规划。2005 年 12 月，国务院振兴东北办公室将内蒙古东部盟市纳入《振兴东北老工业基地总体规划》，对内蒙古参与区域经济合作给予明确指导，具有极强的感召力和统领经济建设全局的作用。东北地区重工业基础雄厚，资源丰富，是中国非常有发展潜力的地区之一。第一个五年计划时期，苏联援建中国的 156 个重大项目，绝大多数在东北。俄罗斯远东开发战略的着眼点就是重视与东北老工业基地的合作，并且在推进俄中两国区域经济合作、参与东北老工业基地振兴方面态度很积极。

俄罗斯“远东和贝加尔地区 2025 年前社会经济发展战略”与整个俄罗斯经济发展战略和经济政策一致，即能源出口带动经济发展，明确燃料动力综合体、渔业综合体、森林工业综合体、国际能源合作等领域是进行国际经济合作的重点优先产业领域，同时还提出一些加强与东北亚各国经济合作的具体措施，包括合作开发燃料动力资源、充分利用电力资源的优势、完善与东北亚各国的运输通道、扩大进出口市场等。

我国和俄罗斯都意图实现东北振兴和东部开发联动，实现双赢战略。2009 年 9 月 23 日，中俄两国元首正式批准并签署《中华人民共和国东北地区与俄罗斯联邦远东及东西伯利亚地区合作规划纲要

(2009—2018年)》，该纲要在中俄口岸及边境基础设施的建设与改造、中俄地区运输合作、发展中俄合作园、加强中俄劳务合作、促进中俄旅游合作、中俄地区合作重点项目、中俄地区人文合作、中俄地区环保合作等七个方面制定了具体方案，特别是地区合作重点项目中规划了在俄境内远东地区和中国蒙东、黑吉辽的205个主要合作方案，涵盖电力、采矿、海洋渔业开发、林业加工、化工等广泛领域，形成了良好的联动态势。两国的企业家们就落实这些方案不断进行磋商，这些方案的落实使两国的经济发展紧密邻接起来，为东北亚经济一体化扫除了部分障碍，将带动东北亚各国积极参与区域经济合作。

近年来两国首脑频繁接触，在能源、投资、基础设施等领域的合作取得重大进展。中俄石油管道项目已经于2010年9月27日正式竣工。来自俄罗斯泰舍特油田的石油已于2011年1月1日起输入大庆林源炼油厂。2013年2月，中俄就扩大双方原油贸易合作达成共识，未来俄向中方供油将大副增长。中俄天津炼油厂项目进展顺利，该项目建成后，将成为目前世界上最大的炼化一体化项目。

中国还应抓住俄罗斯东部开发战略与东北振兴战略联动的机遇，重新发挥老工业基地在经济发展中的领军作用，找到长期制约地区经济发展的瓶颈，确定适合本地区经济发展的突破口，探寻经济合作的新增长点，积极促进两国合作从一般贸易转向投资、高科技、联合研制、联合生产等多种合作形式，带动中俄乃至东北亚经济合作向纵深发展，加速东北亚区域经济发展的进程。

第七章
中国与美国、大洋洲地区的地缘经济政治态势

美国是中国特殊的“周边国家”，对东亚地区有着广泛而深刻的影响。美国与大洋洲的澳大利亚、新西兰等大洋洲岛国均属于中国第二地缘层次。由于历史的原因，美国这一当今世界唯一超级大国与日本、韩国、澳大利亚、菲律宾等国具有政治军事同盟关系，并且正在构建“跨太平洋战略经济伙伴关系协定”（Trans-Pacific Partnership Agreement，TPP），试图主导亚太地区一体化进程，在亚太地区实现所谓“再平衡”。在中国与泛太平洋地区的关系中，中美关系无疑居于主导地位和核心地位，是影响未来中国地缘经济政治态势的最重要因素。中美关系的发展态势直接影响中澳关系，也直接影响台海形势和泛太平洋地区的安全与稳定。中澳经济高度互补，政治摩擦不断发生。随着中美国力的消长，中美关系呈现越来越复杂和越来越敏感的发展趋势。虽然中美双方存在着巨大的合作潜力，但也增加了更多棘手并亟需解决的现实问题，存在着极大的不确定性。从某种意义上说，中美地缘经济政治关系发展态势决定着中国地缘经济政治的基本走向，直接关系到在未来20年中国能否抓住和充分利用好重要发展战略机遇期，关系到中国能否实现和平崛起和伟大复兴的历史任务。

第一节　中国与美国地缘经济政治发展态势

一、中美地缘经济政治形势的相对新变化

美国本土虽然与中国相距遥远，但是作为世界上唯一的超级大国，其在东亚地区的经济、政治及军事存在决定了对中国周边地区有着重要影响，因而它实际上是中国特殊的“周边国家”。同时，美国具有良好地缘经济政治环境，东西有两洋，南北无列强，致使美国周边无后顾之忧，为美国全球战略奠定良好基础。

美国国土面积937万平方千米，人口约3亿，是世界第三人口大国。19世纪末美国就成为世界第一大经济体，美国称雄世界已达一个多世纪，2010年美国GDP为14.7万亿美元。[①] 2008年爆发的金融危机使美国经济实力和世界影响力大大削弱，但从经济、政治和军事实力看，美国仍是当今世界上唯一的超级大国。美国是当今世界最大的发达国家，而中国是当今世界最大的发展中国家。中国国土面积960万平方千米，与美国相当。中国人口约13.7亿（包括港澳台），目前是世界人口最多的国家，是美国人口的4倍多。经过30多年的改革开放，中国的社会生产力极大提高，综合国力显著增强，人民生活水平明显改善，中国的国际地位和影响力也不断扩大。2010年中国更是超越日本，成为仅次于美国的世界第二大经济体。

外交战略是为国家利益服务的，而美国对外战略的核心就是维护美国世界霸主的地位。1991年苏联解体后，美国成为世界唯一超级大国，盛极一时。而随着中国综合国力的不断增强和世界影响

---

① 关于2010年美国国内生产总值（GDP），美国统计局公布的数据为14.7万亿美元，国际货币基金组织（IMF）的数据是14.62万亿美元，世界银行数据为14.66万亿美元。

力的不断扩大，美国感觉自身的世界霸主地位正越来越受到中国的挑战和威胁。中美之间的经济、政治、军事形势正在发生相对的新变化。

（一）2010年中国GDP超越日本，成为世界第二大经济体

2010年中国GDP总量达39.8万亿元（约合5.8万亿美元），正式超过日本，成为美国之后的世界第二大经济体。中国2010年GDP约为美国的40%，人均GDP约为美国人均GDP的10%。世界银行预测2030年中国GDP将超越美国。国际货币基金组织（IMF）甚至预测中国在2016年就将取代美国成为世界最大经济体。根据IMF的这份报告推算，中国经济总量在2016年将达到19万亿美元（按所谓的购买力折算），占世界经济总量的18%；而美国经济总量在2016年将增至18.8万亿美元，占世界经济的份额将滑落至17.7%。中国国家统计局2012年1月17日发布的统计数据显示，2011年中国经济总量（GDP）比上年增长9.2%，全年国内生产总值47.2万亿元，约7.4万亿美元。而美国2011年国内生产总值（GDP）约为15万亿美元。从这个数据来看，中国经济总量（GDP）已经稳居世界

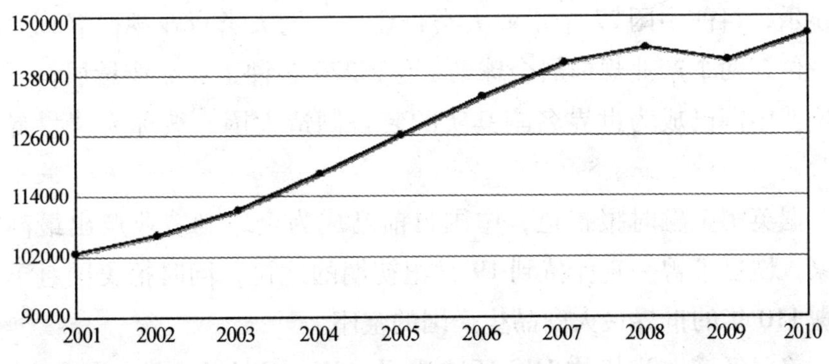

图7.1　美国2001—2010年国内生产总值（单位：亿美元）

资料来源：商务部网站。

第二（据日本内阁府 2012 年 2 月 13 日公布的数据，2011 年日本 GDP 增长率约为 -0.9%）。而 2012 年中国 GDP 增速虽有所下降但仍达到 7.8%，中国经济总量（GDP）达 51.9 万亿元，按同期汇率已经超过 8.2 万亿美元。

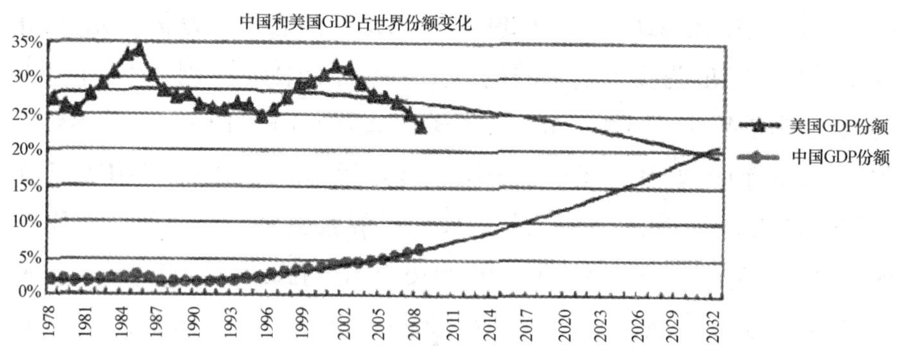

图 7.2 中国和美国 1978—2032 年国内生产总值（GDP）占世界份额变化图

（二）2010 年中国七大类行业规模名列全球第一，超越美国，成为世界最大制造国

制造业的规模和水平是一个国家经济实力的重要基础。目前中国的制造工业产业体系日益齐全，产业规模不断扩大。官方公开数据显示，目前中国 22 个工业大类行业中，七大类行业规模名列全球第一位，两个产业规模居全球第二位，220 多种工业品产量居世界第一位。中国已成为世界名副其实的装备制造大国，被称为“世界工厂”。

据英国金融时报报道，中国目前已成为全球制造业产出最高的国家，恢复了曾一直保持到 19 世纪初期的地位，同时把美国赶下了盘踞 110 年的世界最大商品生产国的宝座。

美国经济咨询机构 HIS 环球透视（IHS Global Insight）2011 年发布的一项研究也印证了上述变化。据该机构估算，2010 年中国占世界制造业产出的 19.8%，略高于美国的 19.4%。

（三）中国外汇储备规模已连续多年居全球第一，成为美国最大债权国

中国外汇储备规模自2006年超过日本，连续多年稳居世界第一位。截止2012年末中国外汇储备已达3.3116万亿美元，而在3万多亿美元的储备中绝大部分购买了美国的债券，中国已成为美国最大的债权国。据美国财政部的报告数据显示，截至2012年12月底，中国持有的美国国债高达1.2028万亿美元。不过相关数据也显示，随着中国外汇储备的快速增长和中国对外投资的多元化，美元在中国外汇储备中的比重已经从2010年的65%下降到目前的54%，达到10年来的最低水平。同时，截止2012年6月末，中国增持的美国证券规模也仅占中国外汇储备增长规模的15%，远低于2010年的45%以及过去五年的平均水平63%。不过美国财政部公布的截至2013年3月底世界各国和地区持有美国国债的数据显示，2013年3月份中国环比减持14亿美元美国国债，总计1.2505万亿美元，仍居世界各国和地区之首。

（四）中国成为全球第一能源消费国，能源对外依赖度不断增大

在中国经济飞速发展的同时，中国的能源消耗也在不断增加。国家统计局公布的资料显示，2012年中国一次能源消费量为36.2亿吨标准煤，同比增长了3.9%。中国已成为全球第一大能源消费国。同时中国能源消耗强度偏高，是美国的3倍、日本的5倍。2012年中国原油进口达2.7亿吨，同比增长6.8%左右，对外依存度接近60%，石油安全形势进一步加剧。据有关专家预测，到2020年中国石油需求量将达7亿吨，其中2/3依赖进口。与此同时，美国通过页岩气革命，基本能够实现石油自给，中东局势基本不会对美国能源供应产生重大影响。而中国石油主要来于中东地区，这使得中国能源安全风险增大。随着中国石油需求量的激增，中国近年来开始加强与中东、北非、俄罗斯、西亚、中亚等石油输出国的合作，并加

入索马里海岸附近印度洋海上军事护航的队伍。

（五）中国高等教育规模跃居世界第一，科技论文发表数量跃升世界第二

高等教育的规模和质量也是一个国家综合国力的重要体现。国家统计局资料显示，2012 年全国研究生教育招生 59 万人，在学研究生 172 万人，毕业生 48.6 万人；普通高等教育本专科招生 688.8 万人，在校生 2391.3 万人，毕业生 624.7 万人。中国高等教育规模先后超过俄罗斯、印度和美国，成为世界第一。中国高等教育已经实现从精英教育到大众化的转变，走完了其他国家需要几十年甚至更长时间走过的道路。当然中国高等教育的质量与美国等发达国家相比还有巨大的差距。

与教育一样，科技也是一个国家综合国力的重要体现，其中科技论文发表的数量和质量就是衡量科技水平的重要指标。中国科学技术信息研究所 2012 年 12 月 7 日发布的 2012 年中国科技论文统计结果显示，我国国际论文被引用次数世界排名第 6，相比 2011 年统计时提升一位。统计结果表明，《科学引文索引》（SCI）数据库中，我国（不含台港澳地区）2002 年至 2012 年（截至 2012 年 11 月 1 日）所发表论文共被引用 665.34 万次，排在世界第 6 位，比上一年度统计时提升了 1 位。平均每篇论文被引用 6.51 次，比上年度统计时提高了 4.8%。在此期间，我国科技人员共发表国际论文 102.26 万篇，排在世界第 2 位，比 2011 年统计时增加了 22.3%，位次保持不变。英国皇家学会 2011 年 4 月 4 日研究报告指出，中国的科技论文发表数量已经跃升为世界第二，并有望在 2013 年赶超全球自然科学界的“龙头老大”——美国。英国皇家学会的研究报告还指出，1993 年到 2008 年期间，美国的科技论文发表量尽管仍遥遥领先于其他国家，但所占份额从 26% 下降到 21%，英国的份额也从 7.1% 下降到 6.5%；而中国科技论文发表量的增长最引人瞩目，所占的份额从 4.4% 跃升为 10.2%。

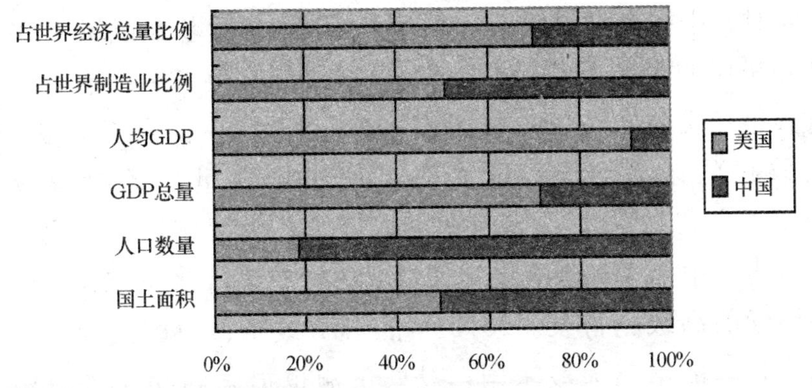

图7.3　2010年中美经济数据比较

(六) 中国在世界舞台上的影响力越来越大

经济是政治的基础。伴随着中国经济的飞速发展，中国在世界舞台上的影响力也越来越大。当今世界重大问题，没有中国的参与几乎是无法解决的。以美国为首的G8（原为G7，即美、日、德、法、英、意、加，后接受俄罗斯加入，成为G8）主宰世界的经济和政治格局的时代已经成为过去。随着中国等新兴发展大国的崛起，包括中国、印度、巴西等新兴国家在内的G20（二十国集团）已逐渐取代G8。特别是以中国、俄罗斯、印度、巴西、南非等新兴经济体组成的"金砖国家"（BRICS）在世界的影响力越来越大。"金砖国家"国土面积占世界领土面积的26.8%，人口占世界42.88%，GDP占世界18%，其中巴西被称为"世界原料基地"，俄罗斯被称为"世界加油站"，印度被称为"世界办公室"，中国被称为"世界工厂"，南非被称为"非洲经济引擎"。2013年3月26—27日在南非德班举行的第五次"金砖国家"峰会上，与会各方提出了"致力于发展一体化和工业化的伙伴关系"的目标，并决定成立"金砖国家开发银行"和"金砖国家应急基金"。通过这两个机构将简化"金砖国家"间的相互结算与贷款业务，从而减少对美元和欧元的依赖，将有效保障成员国间的资金流通和贸易往来。

同时，中国在世界银行（WBG）、国际货币基金组织（IMF）等国际机构的份额不断提升，发言权不断扩大。2010 年 4 月 25 日世界银行发展委员会春季会议通过了发达国家向发展中国家转移投票权的改革方案，这次改革使中国在世行的投票权从 2.77% 提高到 4.42%，成为世界银行第三大股东国，仅次于美国和日本。中国人林毅夫曾担任世界银行首席经济学家兼负责发展经济学的高级副行长。2010 年的 IMF 改革，中国成为仅次于美国、日本的第三大股东国，投票份额也提高到 6.07%。中国人朱民 2011 年 7 月起担任国际货币基金组织副总裁。2012 年 3 月 7 日，国际货币基金组织总裁拉加德宣布任命中国籍的雇员林建海担任该组织秘书长。

尤其是随着中国成为世界第二大经济体和中国在世界舞台中发挥着越来越大的作用，有学者提出“中美国”（Chimerica）概念，更有学者提出世界进入了所谓的 G2 时代。世界经济政治形势的新变化，使得中美关系成为国际关系中最重要的双边关系，也使得美国成为中国的虽不是邻国却是最重要的地缘经济政治的“利益攸关方”。①

不过，中国远没有以上数据显示的那么强大，中国虽是“世界工厂”，但“中国制造”不等于“中国创造”，中国在制造业领域还缺少核心竞争力。中国科技论文发表虽在快速增长，但论文质量还有待提高。同时，美国也远没有衰落，只是相对而言，其实力有所下降，但美国由于在科技、军事、文化等领域具有超强的核心竞争力和较为稳定的国内环境，可以预测在未来的几十年美国仍将是世界的头号大国，其他国家包括中国仍将很难撼动其作为世界主导者的地位。

---

① 2005 年 9 月，在美国和中国关系方面，时任美国助理国务卿的佐利克提出了“利益攸关方”（stakeholder）的概念，主张应该以务实态度对待中国。

二、中美进入全面竞争和全面合作的时代

虽然现在美国政府和政界人士公开声称，美国欢迎中国的和平崛起，无意遏制中国的快速发展，并希望与中国全面合作，但中国的快速崛起与美国的相对衰落无疑增加了美国的恐惧感，这也为中美关系的发展增加了新的不确定因素。随着中国成为世界第二大经济体这一具有标志性的事件起，中国就已经从美国潜在的竞争对手变成了现实的竞争对手。在国际媒体和有关机构热炒中国 GDP 赶超美国的声浪中，美国总统奥巴马在 2011 年 1 月 27 日发表的国情咨文中就宣称不接受美国成为世界第二，要誓死捍卫美国的世界第一地位。奥巴马的这一宣示，既是表达了美国面对中国崛起产生的紧迫危机感，也说明了美国存在着对中国崛起的本能自卫。对于美国而言，遏制中国的快速崛起已成为美国外交的必然战略选择。在 2012 年的美国总统大选中，“中国”成为美国总统竞选人奥巴马和罗姆尼的关于美国外交政策中的热门词，“对华强硬”或“遏制中国”更成为他们拉拢选民的重要策略。

（一）中美竞争日益激烈，美国试图构建环中国的立体包围圈

面对中国的飞速崛起，对于美国而言，无论从冷战以来形成的传统思维方式和意识形态出发，还是从现实的国家利益考虑，中国都是其现实的竞争对手，甚至可能是敌人，遏制中国的快速崛起是美国外交的必然战略选择。

1. 经济方面

美国利用其经济的优势地位，利用其在世界贸易组织、世界银行、国际货币基金组织等全球性机构中的主导地位，对中国实施全面的遏制战略。具体而言，主要包括以下方面：

第一，实行对华贸易保护主义，干涉人民币汇率。目前中美两国互为第二大贸易伙伴，2011 年中美双边贸易额达到 4467 亿美

元。美国是中国第二大出口市场和第六大进口来源地。2011 年美对华投资合同额达 74 亿美元，同比增长 9.7%。截至 2011 年底，美对华投资项目累计达 6.1 万个，累计合同外资金额 1623 亿美元，实际投入 676 亿美元。中美双方贸易的利益共生格局已经形成。而中美贸易又存在着严重不平衡，其中 2012 年美对华贸易逆差超过 3000 亿美元。但美国不检讨其对中国高科技出口限制的政策，却把中美贸易不平衡问题片面地归咎于中国。为此，美国一方面错误地批评中国商品对美国实行倾销政策，从而对中国很多商品实行倾销调查，征收高额关税；另一方面错误地把对华贸易的逆差问题归为所谓人民币汇率问题，强行要求人民币升值。2005 年美国国会否决中国海洋石油总公司并购美国尤尼科石油公司案；2008 年美国政府以可能危及国家安全为由，否决中国华为公司并购 3COM 案；2011 年美国以同样理由否决中国华为公司收购美国服务器技术公司 3Leaf Systems 案。由此可见，美国在对华贸易中明显使用双重标准，一方面要求中国对其无限开放市场，另一方面又实行对华贸易保护主义政策。

第二，实行对华高新技术产品出口限制，限制中国公司对美国公司的并购和开展正常业务。中美贸易不平衡问题的主要原因，就是美国对中国长期以来实行高新技术产品出口限制，这不仅包括军事武器等国防产品，还包括民用产品。多年来，中国政府多次呼吁美国放宽对中国的高新技术产品出口，但美国政府却置若罔闻。同时，美国还以可能危害国家安全为由，限制中国企业对美国公司的并购。近年来，美国两次否决中国华为公司对美国相关公司的并购案。根据美国国家反间谍执行局（USNCE）2011 年 10 月提交给国会的报告，美国情报官员认为中国是全球经济间谍活动最为活跃的国家。美国情报委员会还对华为和中兴进行了近一年的调查，该委员会怀疑华为和中兴在美销售的设备为在美国开展间谍活动提供了可能性，并认为两家公司与中国政府存在联系。据英国广播公司报道，美国情报委员会在调查华为等中国电信企业在美国扩张业务的过程中，美国众议院共和党议员、情报委员会主席罗杰斯，民主党议员鲁伯斯伯格表示，中国有可能通过这些电信企业对美国从事“经济或军事间谍活动，甚至搞破坏”。罗杰斯警告称，美国这些重要的基础设施可能被用来对付美国，这非常令人关注。除非美国能确定华为等中国电信企业的目的，否则不应当采用华为的技术。鲁伯斯伯格则表示，中国人正入侵美国的电脑网络、危及美方重要的基础设施，并侵犯美国公司知识产权，偷走美方价值数以百万计的版权产品。实际上，美国政府和相关机构以安全为由对中国企业实行的限制，只是美国实行贸易保护主义的借口而已，这也是美国实行对华遏制政策的重要策略和措施。

第三，实行美元货币霸权，对美元国债实行不负责任政策。20世纪中期以来，美国凭借其政治影响和经济军事的超强实力，使美元成为世界的主要国际货币，并逐渐确立了美元的霸权地位。如何保持1万多亿美元债券的保值增值，一直是中国政府高度关注的问题，必须防止美国政府通过美元量化宽松政策（包括大量印制美元钞票）等不负责任的做法，从而使中国的美元债券大幅贬值。但不可否认的是，中国持有大量美元外汇储备已经成为一把双刃剑，既可以促进中美关系的健康发展，也可能成为中美关系产生摩擦的重要原因。

第四，美国还试图通过区域经济整合，主导亚太事务。美国积极构建和参与TPP，试图将TPP打造成一个高水准的贸易协定，实现其一箭双雕的目的：一个目的，美国认为TPP将帮助美国实现出口翻番的目标，将支撑美国数以百万计的工作机会；另一个目的，美国牵头TPP拉拢日本和韩国等经济强国，故意把中国排除在外。自2010年元旦中国东盟自由贸易区正式建成后，东盟“10+3”（中日韩）及东盟“10+6”（中、日、韩、印、澳、新）自由贸易区也在积极酝酿着。美国担心其在亚太地区经贸影响力日渐衰落，希望通过TPP帮助美国从经济上“重返亚太”，从而主导亚洲经济一体化进程。

2. 政治方面

面对中国的崛起，美国开始采取多管齐下的措施来进行遏制。具体而言，主要包括以下几个方面：

第一，继续打台湾牌，阻止中国统一。中美建交以来，在台湾问题上美国惯常玩弄两面手法，一方面说坚持中美两国发表的三个联合公报，即坚持一个中国原则；另一方面又以“与台湾关系法”为借口，继续向台湾出售武器，实际上是希望通过加强台湾的军事力量维持台海的现状。针对近些年台海局势发生的新变化，美国在口头上、表面上支持海峡两岸发展关系，实际上却希望维持中国分裂的现状。美国一直把台湾问题作为牵制中国、遏制中国崛起的一个重要砝码。

第二，继续以民主、人权和宗教信仰等为借口，干涉中国内政。长期以来，美国以民主国家的典范自居，在全世界范围内推行所谓的西方民主。对中国，美国也经常以民主、人权和宗教信仰自由为借口，干涉中国内政。其实，美国真正关心的并不是他国的民主、人权和宗教信仰自由，美国只是把其作为实现美国全球利益的工具罢了。在今后相当长的时间内，美国仍然会通过批评中国人权、会见达赖喇嘛等形式干涉中国内政，妄图破坏中国和平发展的内部环境。

第三，鼓吹“中国威胁论”，制造中国与周边国家的紧张关系。美国既是“中国威胁论”的制造者，也是“中国威胁论”的鼓吹者。20世纪中叶以来，美国以世界领袖自居，主导世界的主要事务。美国不愿意也不允许他国染指其对世界的主导权，为此联合西方国家宣扬、鼓吹“中国威胁论”，妖魔化中国，把中国描绘成地区的不稳定因素。近年来，美国又利用中国周边国家与中国的领土争端等问题，拉拢中国周边国家与中国抗衡，制造争端，妄图破坏中国和平发展的外部环境。

第四，鼓吹“中国责任论”，为中国的发展制造障碍。美国表面上表示欢迎中国的崛起，同时鼓吹中国应承担大国应有的责任，即所谓“中国责任论”。“中国责任论”乍听起来，好像很合理，但透过现象看本质，美国的主要目的是想给中国发展制造障碍。比如，以美国为首的西方国家以“中国责任论”为借口，要求中国按发达国家的标准承担温室气体排放责任，而不顾中国仍是发展中国家的现实，不顾温室气体排放地与消费地的区分问题。比如2011年12月初在南非德班举行的联合国气候变化峰会上，美国要求中国承担强制减排义务。中国代表团团长解振华回应说，这个问题有点“本末倒置”。按照《联合国气候变化框架公约》的要求，发达国家要承担历史责任，率先大幅度减排，而且要给发展中国家提供资金和技术支持，帮助发展中国家提高应对气候变化的能力。因此，美国鼓吹“中国责任论”不过是遏制中国崛起的手段罢了。

3. 军事方面

美国开始对中国实施全方位包围战略。美国国防部2011年版《国家军事战略报告》宣称：“我们对中国军事现代化的程度，及其在空间、网络空间、黄海与南中国海等领域的自我宣示保持关切。”该报告甚至威胁说：“我们将准备着展示我们的意志，并投入任何需要的资源，以对抗任何阻止我们进入和使用全球公共空间和网络空间的破坏行为，或者威胁我们盟国安全的行为。”2012年1月5日，美国总统奥巴马公布了题为《维持美国的全球领导地位：21世纪国防的优先任务》的新军事战略报告。面对美国财政赤字的困境，该报告提出了美国军力“瘦身”的计划，放弃原来“打赢两场战争”的战略原则，推出“一战一威慑”战略。美军削减的主要是在欧洲的驻军规模，相反加大了在亚太地区的军事部署，加强对中国的重点防范。奥巴马明确说：“我们将加强美军在亚太的军事存在，削减预算不会以牺牲这一重要地区为代价。”

第一，美国极力制造和鼓吹“中国军事威胁论”，为遏制中国寻找借口。美国不仅在政治上鼓吹“中国威胁论”，而且在军事上也鼓吹“中国威胁论”，拉拢中国周边国家结成以美国为核心的军事同盟。比如，以美国为首的西方国家抨击中国的国防和军队建设，把中国军费的增长和军队的现代化建设歪曲为地区的不稳定因素。而恰恰美国自己是世界超级的军事强国，近些年美国每年军事开支约7000亿美元。中国近些年军费虽逐年大幅增加，但2011年也只有950亿美元左右，仅约为美国的1/7。无论从绝对军费开支看，还是从军费占GDP的比例看，中国与美国都存在很大差距。以“中国军事威胁论”为借口，美国加大了对中国的军事侦察和威慑力量。美国还大肆渲染“中国正在迈向太空军事化”，并把中国发展空间技术，包括发射北斗导航卫星、载人航天飞机和无人探月工程一概视为“对美国海军在太平洋的行动构成威胁”。而实际上美国是第一个建立太空司令部的国家，也是第一个建立航天部队的国家，并正在加速研发太空武器，如天基拦截器、杀手卫星、太空激光器以及X-37B空天飞机和飞行速度高达音速20倍的HTV-2高超音速飞行器等新型航天飞行器。美国正在对包括中国在内的世界各国军事安全构成实际威胁，并挑起了太空军备竞赛。

第二，美国大力强化传统军事同盟关系，强化对中国的环形军事封锁。由于历史原因，日本和韩国是美国在亚洲的军事盟国。美日之间经常举行联合军事演习。在美国进行的阿富汗战争、伊拉克战争中，日本自卫队都承担了美军的后勤补给任务。作为朝鲜战争的产物，美国与韩国之间签订有《驻韩美军地位协定》(SOFA)。2010年7月，针对“天安舰事件”后紧张的朝韩危机，美韩两国在韩国西部海域（黄海）举行了为期4天的大规模军事演习，值得注意的是美国“乔治·华盛顿”号航母也参加了此次演习。美国航母战斗群进入黄海对中国的军事安全构成严重威胁。接着美日又举行了4万余人参加的联合军演，军演规模是历年来最大的。在新的形势下，美日韩的三角军事同盟有日益加强的趋势。这些军事演习，美国表面是针对朝鲜，实际上是遏制和威慑中国的重要手段。2012年8月21日，美国又与日本举行了名为“夺岛”的联合军事演习，明显是针对中国。2012年11月29日，美国参议院全体会议决定，在2013财年“国防授权法案”中增加一附加条款，明确规定美国对日防卫义务的《日美安保条约》的第五条适用于钓鱼岛。日本政界和舆论普遍认为，美国参议院的这一决定表明，美国对日本重申了同盟义务承诺，一旦中日在钓鱼岛发生冲突，作为日本盟国的美国将采取干预措施乃至直接武力介入。2013 年 4 月 15 日，美国新任国务卿克里访日时仍宣称，钓鱼岛“处于日本的有效控制之下，对任何想要改变现状的单方面行动表示反对”。日本共同社认为，此言与美国前任国务卿希拉里 2013 年 1 月时的表态一致，体现出“制衡”中国之意。

第三，美国政府 2010 年高调宣布“重返亚太”，试图构筑新的对华军事包围圈。美军最高机构参谋长联席会议 2011 年 2 月 8 日发表了堪称美军指针的国家军事战略，这是参谋长联席会议自奥巴马政府上台以来首次全面修订国家军事战略，上一次修订是在 2004 年。新国家军事战略明确写道，美军“将在今后数十年维持在东北亚地区的军事力量”，同时也暗示对日本自卫队在地区稳定上承担更大作用的期待，表示“应协助自卫队提升境外作战的能力”，同时应为日韩间防务合作提供支援。该报告还同时指出，“美军应当与东南亚各国、印度及澳大利亚加强军事合作，从而进一步提升美军在东南亚和南亚地区的影响力”。美国构建的这条新军事包围圈西起阿富汗，经印度，南到东南亚的越南、菲律宾等国，再到澳大利亚、日本、韩国，这样西部新的包围圈就与原来东部的环太平洋包围圈衔接起来，形成一个对中国的 C 型包围圈。

第四，鼓动中国邻国挑起南海事端，试图渔翁得利。多年来，为了维护在亚洲的军事存在，美国一直在寻找“重返亚洲”的理由和突破口。随着近几年中国与南海周边国家的领海争端日益严峻，美国认为终于找到了“重返亚洲”的理由和突破口，一方面以保护航路自由为借口，批评中国对南海行使主权，另一方面充当菲律宾、印尼、越南等国保护伞和后盾，鼓动这些国家挑起南海事端，试图把南海问题国际化，从而渔翁得利。而菲律宾、印尼、越南等国则把美国当成了救世主，当成与中国进行对抗的筹码。美国在南海的用心极其险恶，对中国维护南海的合法权利构成了极大的威胁。尤其值得注意的是，美国极力利用菲律宾这个棋子，试图重新拉紧包围中国的“第一岛链”。为此，美国不仅向菲律宾赠送军舰，以加强菲律宾战备，同时提出“美军重返菲律宾”的计划。2012 年 1 月 26—27 日，美国和菲律宾在华盛顿举行双边战略防务对话之际，美军太平洋司令部司令威拉德放话说，如果菲律宾提出请求，美方愿意以轮驻形式在那里驻军。而菲律宾也希望通过与美国的军事合作，挟美自重，叫板中国。2012 年 4 月以来中国和菲律宾之间围绕“黄岩岛”产生的对峙和危机，实际上与菲律宾背后有美国的怂恿和支持有关。为达到对中国的军事包围目标，美国开始与中国周边国家频繁举行联合军事演习，充当菲律宾、印尼、越南等国保护伞和后盾，这直接威胁到中国的主权和领海安全。2010 年以来，美国在西太平洋的军事演习的规模和频率都是空前的。2010 年世界十大军事演习中美国占了 8 场，全部在亚太地区，主要集中在东北亚和东南亚。美国参议院 2011 年 6 月 27 日通过了一项决议，所谓“强烈反对中国军舰在南海争端中使用武力”，并敦促“通过多边和平程序解决南海争端”。正如新加坡《联合早报》网站 2011 年 7 月 3 日文章《隐形轰炸机外交》所说，美国试图建立亚洲“隐形同盟”抗衡中国。据日本《产经新闻》报道，2011 年 7 月 9 日美国和澳大利亚海军以及日本海上自卫队在濒临南海的文莱近海海域举行首次联合军演。此次联合军演与近期中国与部分东南亚国家之间围绕南海主权问题的紧张气氛不断升高有关，其目的在于共同牵制中国。2010 年 8 月 11 日，美国和越南这对曾经的敌人就举行了为期一周的联合海军演习。据越南“中央社”报道，美国海军 3 艘军舰在 2011 年 7 月 15 日抵达越南蚬港（Da Nang)，与越南海军展开将近一个星期的例行交流活动。2011 年 6 月 14 日起，菲律宾、美国、新加坡、马来西亚、泰国、印度尼西亚以及文莱海军当天开始在马六甲海峡等海域举行名为“东南亚合作与训练”联合军事演习。虽然美国宣称这是在东南亚地区海上交通要道举行的年度联合军演，旨在保障对这些海上要道的控制，提高区域协同和信息共享能力等，但实际上这些军演都是剑指中国。

2011 年 11 月 18 日，美国总统奥巴马不仅第一次代表美国参加了东南亚与中日韩的峰会，而且直接给菲律宾等国家打气，鼓动会议讨论南海争议问题。美国前国务卿希拉里·克林顿甚至把南海称为“西菲律宾海”，直接对中国进行挑衅。这使得中国在南海维护主权的形势更加严峻。日本大学文理学部国际关系博士日吉秀松说，奥巴马政府感受到中国在东北亚地区影响力的上升，而美国的领导力在下降，因此提出“重返亚太”的战略，虽然美国从来没离开过亚太。清华大学中美关系研究中心研究员陶文钊指出，美国无疑是 2010 年以来东北亚混乱局势的最大获益者。

第五，积极利用网络战，遏制中国的快速崛起。奥巴马政府上台后把网络作为外交和传播美国价值观进行政治和意识形态斗争的工具。2009 年和 2010 年，美国通过一些所谓的非政府组织利用“优兔”（Youtube）、“脸谱”（Face book）、“推特”（Twitter）等社交网站和谷歌网站，插手中国西藏“3·14”事件和新疆“7·5”事件。2010 年，奥巴马政府插手所谓“谷歌事件”，由前国务卿希拉里出面发表题为《国际网络自由》的长篇讲话，指名攻击中国政府的网络安全管理违反所谓“网络自由”。2011 年初，北非、中东地区爆发大规模群众示威，致使突尼斯本-阿里政权、埃及穆巴拉克政权、利比亚卡扎菲政权纷纷垮台，美国政府随即又试图把祸水引向叙利亚、伊朗和中国等国家。2013 年 6 月，美国前中央情报局职员爱德华·斯诺登披露的“棱镜门”事件进一步揭露了美国大肆攻击包括中国清华大学主干网络等在内的中国网络的事实。

（二）中美相互依赖日益加强，合作是双方的最好选择

遏制中国快速崛起，是美国的既定战略。对于美国的遏制，中国必须保持理性和冷静的态度，对此既不能视而不见，又不能反应过度。美国从政治、经济、军事等领域全面遏制中国的同时，在经

济贸易和重大国际事务上又日益离不开中国的参与和支持，比如朝鲜半岛、伊核、全球反恐、全球气候等问题，中国已成为美国不得不合作的伙伴。

在经贸方面，目前中美两国互为第二大贸易伙伴。中美双边贸易额从2001年805亿美元增长到2012年4847亿美元，美国对华出口增长了6倍。2007年以来，中国已成为美出口增长最快的市场，也是美实施“出口倍增”计划的重要海外市场。目前，美国仍是中国外资最大的来源地之一。2011年，中国企业在美累计直接投资为60亿美元，投资范围涉及工业、农业、科技、金融和工程承包等广泛领域。双方在能源、环境、科技、教育、人文等领域合作不断深化。詹姆斯·法罗在《大西洋月刊》的文章中列举了美国人生活中依赖中国产品的清单：计算机、电信设备、音频设备、各类视频设备、个人保健用品与高端商品、医疗设备、体育用品与运动器材、电子产品及配件等，几乎包括人们日常生活中可以想得到的东西。

表7.1　1999—2012年中美双边贸易数据（单位：亿美元）

项目 年度	贸易总额 （同比增长%）	中国出口额 （同比增长%）	中国进口额 （同比增长%）	对美顺差 （同比增长%）
1999	614.8（12.1）	419.5（10.5）	195.3（15.7）	224.2
2000	744.7（21.1）	521.0（24.2）	223.6（14.5）	297.4（32.6）
2001	804.8（8.1）	542.8（4.2）	262.0（17.2）	280.8（-5.6）
2002	917.81（20.8）	699.51（28.9）	272.3（3.9）	427.21（52.1）
2003	1263.3（30.0）	924.7（32.2）	338.6（24.3）	586.1（37.2）
2004	1696.2（34.3）	1249.5（35.1）	446.8（31.9）	802.7（37）
2005	2116.3（24.8）	1629.0（30.4）	487.3（9.1）	1141.7（42.2）
2006	2626.8（24.1）	2034.7（24.9）	592.1（21.5）	1442.6（26.4）
2007	3021.0（15.0）	2327.0（14.4）	694.0（17.2）	1633.0（13.2）

续表

年度 \ 项目	贸易总额（同比增长%）	中国出口额（同比增长%）	中国进口额（同比增长%）	对美顺差（同比增长%）
2008	3337.4（10.5）	2523.0（8.4）	814.4（17.4）	1708.6（4.6）
2009	2982.6（－10.6）	2208.2（－12.5）	774.4（4.9）	1433.8（－16.1）
2010	3853.4（29.2）	2832.7（28.3）	1020.7（31.8）	1812.0（26.4）
2011	4467（15.9）	3345（18.1）	1222（19.7）	2123（17.2）
2012	4847（8.5）	3518（8.4）	1329（8.8）	2189（3.1）

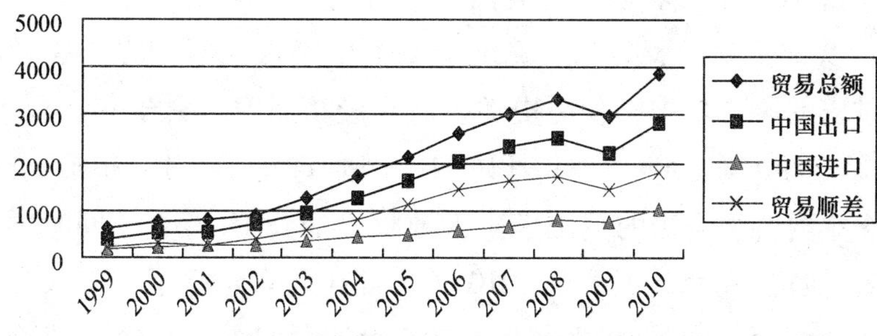

图7.4　1999—2010年中美双边贸易额曲线图（亿美元）

美国海军少校马修·哈珀在《美国海军学会会刊》2011年7月号撰写题为《中国导弹与沃尔玛因素》的文章指出，中美的经济联系的密切性决定了美国应避免与崛起的中国交战，因为中美冲突或导致全球经济崩溃，美国战略思维必须超越“反击”。如果中美间发生灾难性冲突，只要几天时间美国超市货架就会空空如也，依赖中国销售额和经济增长的道琼斯工业平均指数成分股企业——包括美国铝业、卡特皮勒、通用电气、麦当劳、波音等公司将出现大幅亏损，以技术股为主的纳斯达克指数成分股企业的股票市值会下跌更多。文章引用曾担任美国国务院负责中国以及周边地区事务助理国务卿帮办苏珊·雅克的话说，“防止与崛起的中国交战是我们国家面临的最艰巨的挑战之一”。①

在人文交流方面，中美双方关系不断深入。美国国际教育研究所在华盛顿发布的年度报告显示，2010—2011 学年，中国留美的学生总数达到 15.75 万人，这一数字约占美国海外留学生总数的 22%。其中本科生为 5.69 万人，增长幅度达到惊人的 43%；研究生为 7.68 万人，增长 16%。报告说，由于中国留美学生数量的强劲增长，使得 2010—2011 学年留美外国学生总数增长了近 5%，达到创纪录的 72.3 万余人，这些国际学生为美国经济贡献了 210 亿美元的收入。自 2010 年中国留美学生数量首次超过印度以来，连续第二年成为美国海外留学生最大来源国。美国在过去两年在华留学生人数已超越日本，以 2 万多人居第二。美国留华学生不仅人数增多，在学科上也从过去的语言、中医和历史类扩展到经济研究、科学和工程等类。美国总统奥巴马 2009 年 11 月访问中国时宣布了“10 万强”计划，即在 4 年内留学中国的美国学生人数将增加到 10 万人。同时中美根据两国元首达成的共识，于 2010 年 5 月在北京建立了中美人文交流高层磋商机制。中美之间的人文交流为加深双方的理解，消除不必要的分歧，减少误判，提供了更多的机会和条件。

中美是不得不合作的伙伴。中国的综合国力与美国相比实际差距仍然巨大，但中国崛起和美国衰落却被媒体不断放大，造成认识误区。2011 年 7 月 2 日，美国《华尔街日报》题为《未来依然属于美国》的文章认为，面对 21 世纪的挑战，没有哪个国家比美国更有优势来抓住机遇或处理危机，对美国而言，地缘政治形势有利，意识形态气候回暖，与 20 世纪相比，21 世纪美国的影响力将更大。今天的亚洲是一个崛起中的多元化地区，没有哪个国家（无论多大、多有活力）可以控制它。而多元竞争的亚洲格局恰恰与美国遏制中国的对外战略完全吻合。确实，美国在政治稳定、经济总量、教育

① “美刊：美应避免与崛起的中国交战”，参见新华网，2011 年 7 月 6 日，http：//news. xinhuanet. com/mil/2011 -07/06/c_ 121629200. htm。

科技、军事力量、基础设施、知识产权等核心竞争力方面具有极大的优越性，使美国在新一轮的世界竞争中具有其他国家无法比拟的优势。而中国虽然在一些规模指标上不断跃升，甚至一些指标已超越美国，但中国很多领域仍处于大而不强的阶段，缺乏创新，缺乏核心竞争力，而且中国国内也处于矛盾多发期、凸显期，这也制约了中国的快速崛起。可以说，在21世纪的前半叶，中国构不成对美国世界第一地位的真正挑战。①

三、中美关系布局未来方能互利双赢

美国为了捍卫世界第一的地位，极力遏制中国的崛起已经成为美国政府的外交战略，并从政治、经济、军事、文化等方面全面封锁中国，这必然给中国的发展带来极大的挑战和障碍，如果处理不好也会损害美国的国家利益。为此，中美必须立足现实，布局长远，才能减少中美之间的摩擦甚至冲突的可能性。

（一）认清各自形势，理解双方文化差异，照顾彼此核心利益

美国国内政治严重制约美国的外交政策。2011年7月3日，美国《基督教科学箴言报》网站发表了题为《独立纪念日的忧郁？美国人有衰落感，关注国内》的文章。该文援引美国《时代周刊》和阿斯彭学会的民调结果指出，超过2/3的美国人认为过去10年对美国来说是衰落的10年；3/4的美国人认为，经济疲软对美国的威胁超过国家安全威胁。皮尤民调结果也发现，美国人的“管好我们自己的事情”的思想处于冷战结束以来的最高水平，就连“舆论制造者”也越来越赞同美国要少发挥咄咄逼人的“全球作用”。皮尤研究中心主任安德鲁·科胡特把这一时期称作美国摆脱后“9·11”心态

① 李长久：“美国的危机感和美国的现实危机”，载《经济参考报》2011年11月7日A05版。

的重大转变之一。面对这一转变，奥巴马总统在2011年6月宣布减少驻阿富汗美军数量的计划时说："美国，到了专注于国内建设的时候了。"对目前奥巴马政府来说，美国现在面临的最严峻的问题就是失业严重、复苏乏力。而要摆脱目前的经济困境，美国离不开与中国的合作。首先，美国市场需要中国提供的大量廉价产品，以保证美国人日常需要。其次，美国需要中国保有甚至增持美国各类债券，以维护美元在国际货币中的主宰地位，防止美国经济第二次探底。2009年2月，美国国务卿希拉里就曾呼吁中国能够继续购买美国债券，因为这可以帮助美国经济重新回到轨道，并刺激美国对中国产品的进口。希拉里在接受采访时说："相对于辞令来说，我更重视行动。我们现在需要证明的是：美国和中国能够进行有效的合作，这不限于双边事务，而是要在世界上扮演领导的角色。"

作为美国最大的债权国中国而言，无论是出于常识还是自身的利益，中国在短期内都不可能大规模抛售美元资产。因为没有任何其他市场能够容纳中国国家外管局每月数百亿美元的投资量。中国也绝不可能从最大的贸易伙伴美国那里撤资，或是冒着将全球金融体系推入危机的风险。中国国家外管局也正在寻找一种方法来降低美元资产在外汇储备中所占的比例，同时不给外汇市场带来混乱，或者说不给美国国债市场带来恐慌。但也不能把所有的鸡蛋放在美元资产这一个篮子里，这就是中国实行的所谓"一揽子货币"计划。不过，美国金融危机以来实行的货币量化宽松政策已经给中国以美元为主体的外汇储备的保值增值带来了极大的挑战。中国对美元储备增减的态度，取决于美国政府对待美元是否负责任的态度。

在中美关系中，双方要了解彼此历史文化差异，中国尊重美国在世界舞台上发挥核心作用，同时美国也必须照顾中国在台湾、钓鱼岛、南海等主权问题上的核心利益。

美国《新闻周刊》2011年5月15日发表一篇题为《基辛格博士的中国处方》的文章。基辛格针对中美双方的文化差异警告说："当中国先占先得的观念与西方的威慑理念相遇，可能导致恶性循环：

中国认为是防御性的动作，可能被外界看作攻击举动，西方社会的威慑措施可能被中国理解为包围策略。美国和中国在冷战时期曾多次陷入这种两难困境，在某种程度上他们至今仍然没找到摆脱这种困境的办法。”基辛格说，中国的崛起可能“再次令国际关系两极化”，从而带来新的冷战（甚至可能是热战）。为了解决中美可能爆发的冲突，基辛格建议说，美国与其试图“在遏制中国的基础上引领亚洲，或者为了意识形态的圣战而建立一个民主政权集团”，不如同中国合作，建设一个新的“太平洋共同体”。基辛格在他的新书《关于中国》中认为，中国的“务实主义”延续至今，他说：“中国和美国的关系，不需要——也不应该——成为一场零和博弈。”[①] 因此，中美要想和平共处必须了解乃至认同双方文化差异以及由此带来的思维和行为方式的差异，减少双方的误解和误判，理性解决矛盾和分歧，而不是诉诸武力。

（二）摆正各自位置，建立沟通谈判机制，积极应对化解危机

做世界第一大国很难，而做世界第二大国更难。对世界第二大国而言，不仅要面临世界第一大国的极力压制，还要面对世界其他国家的围堵。为此，中国既要处理好与美国这一超级大国的关系，也要处理好与周边国家的关系，从而为中国未来发展创造良好的国际环境。中国将在相当长的时间内仍是发展中国家，中国需要的是和平的外部环境，中国也是维护世界和平的重要力量。日本著名学者大前研一结合日本的经验，谈了对一个国家创新的看法：“创新是一个漫长、痛苦且昂贵的过程。过去6年，人民币兑美元从8元升值到6.5元，而日本企业当年遇到的是本币升值4倍的形势！为了获得新的竞争力，很多公司拿出20%的利润建立市场品牌、把收入的10%用于研发，并且努力改进商业流程……最终有一些公司找到了

---

① “基辛格：对中国人施压是‘徒劳无益’”，参见新华网2011年5月23日新闻，http://news.xinhuanet.com/world/2011-05/23/c_121445189.htm。

自己的蓝海。我们不得不感谢美国对我们的一再‘发难’，每次我们都会学到很多，今天我们能在任何汇率下盈利。”① 日本的经验对崛起中的中国无疑具有启发意义。

国家利益是国家对内、对外政策的基本出发点。而国家之间最重要的关系是利益关系。对中国而言，既不要期望美国成为真正的盟友，但也不要把它变成自己真正的敌人。对美国而言，中国也是如此。中美之间既是合作伙伴，又是竞争对手。国家之间的争吵和摩擦是正常的，关键是如何对待和解决这些争吵和摩擦。

新加坡前内阁资政李光耀2011年5月在东京举行的第17届“亚洲的未来”国际会议上预测，中国国内生产总值（GDP）可在21世纪末期超越美国。李光耀认为中国在未来20—30年间，为了有个和平以及稳定的环境发展经济，会与美国和日本保持良好关系。至于更长远的中美关系，他说:“这就得看美国现在如何对待中国了。”他认为，如果美国让中国失望，那么就会产生敌意以及反感。相反地，美国如果欢迎中国成为管理世界事务的一分子，协助其解决国际问题，那就能协助中国成为一个负责任的大国。

虽然中美双方有这样或那样的分歧和摩擦，但中美双方都认识到双边关系的特殊性和重要性，并充分利用各种渠道和平台进行沟通，比如G20峰会、APEC等国际会议中的元首会晤机制。同时为了解决具体问题，近几年来中美陆续建立了高级别的（副总理级）中美经济对话平台、中美战略对话平台和中美文化对话平台。元首会晤机制和这些高级别的对话平台机制，本着求同存异的原则，通过对话磋商，能有效地化解很多中美之间的矛盾和争执，促进沟通，减少误判。但理性对待美国对中国的战略遏制，绝不意味着中国可以对美国无原则的退让和隐忍。在中国与周边国家领土争端问题上，在政治途径无法解决的情况下，必须做好军事斗争的准备，

① 《香港商报》对大前研一的采访，见“大前研一：现在的中国像世界小姐，要想想自己不再漂亮该怎么办”，载《香港商报》2011年7月4日。

甚至在最坏的情况下，不惜一战。实际上，中国对和平的渴望和珍视，已经成为中国周边国家侵占中国领土的筹码和手段，这对中国维护主权和领土完整以及经济发展都是十分不利和危险的。

中国要化解美国遏制中国的全方位战略，必须在不断增强自身实力的同时，通过多方位外交政策来寻求外部可以借助的力量。为此，中国在坚持“以邻为伴、与邻为善”睦邻政策基础上，努力与邻国建立紧密的政治、经济和军事关系，突破美国对中国的包围。美国学者法里德·扎卡利亚的观点极具参考价值，“美国的长处是军事—政治遏制之道，但是，如果中国执行非对称战略，对美国来说是一种全新的挑战，不仅没有遇到过，而且没有准备好”。[①] 具体措施包括：其一，加强与俄罗斯的政治、经济、能源和军事合作。其二，积极推进中日韩自贸区建设。对中国而言，对日韩进口品实行零关税增加进口，一方面有利于降低目前的巨额贸易顺差，缓解“输入型”通货膨胀；一方面也可“边进口边学习”，提高本国产品科技含量。其三，做实中国东盟“10+1”自贸区。一旦中国东盟自贸区顺利推进，美国主导的TPP自然而然也就没有了比较优势了。实际上，在当今世界经济格局中，任何没有中国参与的经济组织都是不完整的，美国要想完全把中国排除在外很难，中国也要放弃观望和怀疑的态度，积极参与到TPP建设的进程中去。其四，深化上海合作组织内部建设，扩大政治、经贸和安全合作，维护中亚和平，建设中国陆上能源通道。[②] 其五，积极推进中国与澳大利亚的自由贸易区建设。由于中国与澳大利亚的资源和经济有巨大的互补性，稳定的中澳政治和经贸关系，对双方的发展都至关重要。

2013年6月7日至8日，中国新任国家主席习近平应美国总统奥巴马的邀请访问了美国。习近平访美期间，两国元首在加利福尼

① 鲍盛刚：“中国应如何重返亚洲?”，新加坡《联合早报》(2011-07-28)。
② 鲍盛刚：“中国应如何重返亚洲?”，新加坡《联合早报》(2011-07-28)。

亚州安纳伯格庄园进行了私人性的会晤。在两天时间内两国元首共进行两场会晤，一场晚宴，还一起散步，共处的时间加起来超过8个小时。此次中美元首会晤，既谈合作，也不回避分歧；不求面面俱到，但求深入坦诚。习近平在会晤中向奥巴马表明了中国在钓鱼岛问题、南海问题、台湾问题、网络安全问题和朝核问题上的立场。两国元首同意，共同努力构建中美新型大国关系。关于中美新型大国关系的内涵和构想，习近平在会晤中用三句话进行了精辟概括：一是不冲突、不对抗。就是要客观理性看待彼此战略意图，坚持做伙伴、不做对手；通过对话合作、而非对抗冲突的方式，妥善处理矛盾和分歧。二是相互尊重。就是要尊重各自选择的社会制度和发展道路，尊重彼此核心利益和重大关切，求同存异，包容互鉴，共同进步。三是合作共赢。就是要摒弃零和思维，在追求自身利益时兼顾对方利益，在寻求自身发展时促进共同发展，不断深化利益交融格局。努力构建中美新型大国关系，是中美双方着眼世情、国情以及中美关系未来发展达成的重要共识。此次中美元首会晤，不仅是两国政府换届后中美元首第一次面对面接触和交流，也是中美高层交往的一个创举。

对于此次中美元首会晤，国际社会和媒体高度关注。美国著名杂志《纽约客》评价说："习奥会短期来看，所涉利益不大。但从长期来看，意义重大。双方都知道他们承担不起不平等对待彼此的代价。"英国著名杂志《经济学人》评价说："习近平与奥巴马此次会晤有机会塑造本世纪最重要的双边关系。合作则双赢，对抗则双输，对于中美，合作比分歧能够获得更多益处。美国有很多理由担心中国崛起、中国也有很多理由生美国的气，但历史教训是，如果让合理的担忧失控，每个人都不是赢家。"日本媒体《每日新闻》也评价说："中美元首在会谈中讨论了中美新型大国关系问题。新型大国关系的核心，是寻求建立避免对立和追求合作的对话机制。中美两国推进合作有助于消除朝核问题等亚洲的不稳定因素。”①

总之，对于美国遏制中国的战略，中国必须保持理性和冷静的态度，中国对此既不能视而不见，也不能反应过度。从国际政治角度看，国家之间只有永恒的利益，没有永恒的朋友。作为世界第一超级大国美国对世界第二经济体中国实行战略遏制，是完全符合美国自身利益的战略选择。对此，中国不能实行简单的非理性对抗，而是在积极发展自己的同时，努力寻找双方的利益共同点，斗而不破，避免灾难性的直接对抗。正如新加坡《海峡时报》网站2011年5月19日文章所说，“非对抗自信”应成为中国外交新基调。为此，中国必须从政治、经济、军事等方面对美国的遏制战略积极应对，不断发展自己，只有发展了才能真正打破美国的遏制战略。

可以研判，未来20年乃至更长的时间，中国仍然处于重要战略发展机遇期，中美两国之间发生正面大规模冲突的几率很小，因为双方都经不起这样灾难性冲突，大规模冲突只能导致两败俱伤。但由于现实利益冲突和文化差异，尤其在美国遏制中国战略的历史大背景下，中美之间彼此的贸易摩擦、政治摩擦等问题会经常出现，而且美国在极力加强与日、韩、澳等国的军事同盟，通过制造和鼓吹“中国威胁论”，积极拉拢印度与中国抗衡，并鼓动东南亚的菲律宾、越南等国挑起南海事端，试图构筑环中国的军事包围圈。这些问题如果处理不好，中美之间可能会形成直接对峙甚至可能产生小规模的军事摩擦。在中国崛起的过程中，中美双方必须着眼大局，理性对待，面向未来，求同存异，善于利用双方共同安全利益的交汇点开展合作，解决分歧和矛盾，实现双方的互利双赢，努力构建相互尊重、合作共赢的新型大国关系。

① “习近平：正研究中长期全方位改革方案”，载《新京报》，2013年6月10日。

第二节　中国与大洋洲地缘经济政治发展态势

在泛太平洋地区，除了中美、中日、中韩、中俄等重要双边关系外，中国与大洋洲的澳大利亚、新西兰及众多太平洋岛国已经形成了密不可分的经济联系，而且人文交流日益加深，逐渐形成了在国际和地区事务中保持密切沟通与合作的全方位合作关系。

一、合作互补的中澳关系

澳大利亚虽然与中国相距遥远，但由于其综合国力和资源优势，与美国一样，是与中国非领陆、领海的地缘国，而且是对中国未来发展有重要影响的地缘大国。

澳大利亚（Australia）的国土面积约769万平方千米，是大洋洲最大的国家，也是全球国土面积第六大的国家。同时，澳大利亚是南半球经济最发达的国家，是全球第四大农业出口国，也是多种矿产出口量全球第一的国家。澳大利亚现人口约2200万，是一个奉行多元文化的移民国家，其中20%的居民出生在澳大利亚以外的国家和地区。2010年澳大利亚GDP全球排名第十三，人均生产总值达到5.48万美元，排名世界第六，在2000万人口以上的国家中排名第一，远高于美国、英国等发达国家。澳大利亚农牧业发达，自然资源丰富，有“骑在羊背上的国家”、“坐在矿车上的国家”和“手持麦穗的国家”之称，澳大利亚长期靠出口农产品和矿产资源赚取大量外汇收入，盛产羊、牛、小麦和蔗糖。澳大利亚的高科技产业近几年也有较快发展，在国际市场上竞争力不断提高。自20世纪70年代以来，澳大利亚经济经历了重大结构性调整，旅游业和服务业迅速发展，占国内生产总值的比重逐渐增加，目前已达到70%左右。

（一）中澳经济高度互补，经贸关系飞速发展

1972年中澳两国建交时双边贸易额仅为8700万美元。2007年，中国就成为澳大利亚的最大贸易伙伴国。2008年，超过35万中国游客给澳大利亚带去22亿澳元的收入。中国海关总署的统计数据显示，2012年中澳双边贸易额1123亿美元，同比增长4.9%。其中，中国对澳出口377.40亿美元，同比增长11.3%；自澳进口845.61亿美元，同比增长2.3%；中方逆差468.21亿美元。中国已经取代日本，成为澳大利亚的第一大贸易伙伴、第一大出口目的地、第一大进口来源地、第二大外资来源国；同时，澳大利亚也成为中国第七大贸易伙伴、第十一大出口市场和第六大进口来源地。中澳两国已形成了稳定的结构性、互补性的合作关系。

（二）中澳政治摩擦不断，深层合作徘徊不前

冷战结束后，澳大利亚基于地缘和经贸考虑，迫切希望融入亚洲，为此澳在巩固与美国传统军事同盟的同时，开始积极参与亚洲事务，希望显示其在亚洲的存在和影响力。为此，澳大利亚前总理霍华德在处理中澳关系的时候，在事关中国敏感的问题上选择了模糊化政策，比如模糊化澳大利亚对澳美之间的安保条约是否适用于朝鲜半岛的解释，这客观上促进了中澳关系在21世纪初的健康发展。总体而言，21世纪以来中澳关系发展势头良好，中澳首脑互访不断，使得中澳经贸关系日益密切。2006年4月，温家宝总理对澳大利亚进行正式访问期间，两国领导人就中澳建立“21世纪互利共赢的全面合作关系”达成共识。

2007年12月能够讲一口流利中文的陆克文出任澳大利亚总理。陆克文上任伊始就提出积极发展与亚洲国家的关系，为此在2008年提议在2020年前打造一个类似欧盟那样的“亚太共同体”，以协调本地区经济、安全、政治等各种问题。不过这个倡议并未得到中国等亚洲国家的积极响应。于是澳大利亚有了被亚洲排挤的感觉，因

为东亚各国一直积极推动“10 +3 东亚区域合作”，澳大利亚并不在其中；2005 年首届东亚峰会时，澳大利亚虽如愿加入，但也发挥不了主导作用。

自 2009 年以来，中澳政治关系更因种种事件，政治摩擦不断，使得中澳关系徘徊不前。2009 年 8 月 26 日《南方周末》曾发表一篇题为《被迷茫的中澳关系》的文章，分析了中澳关系出现波折的原因。2009 年中澳之间发生了一些标志性事件，比如“中铝交易失败案”、“力拓间谍门”事件、热比娅赴澳事件、澳能源部长称在中国遭冷遇事件等。而中澳关系发生实质变化的标志性事件，是 2009 年 5 月 2 日澳大利亚总理陆克文发布最新国防白皮书，其中宣称中国的军事现代化引发了邻居们的“担忧”，宣扬“中国威胁论”。

基于现实利益和意识形态及思维方式的差异，澳大利亚在处理中澳关系时往往犹豫不决，表现为矛盾的心态。一方面希望中国的快速发展给澳大利亚经济注入活力，带来无限的商机；另一方面又害怕中国的崛起危害澳大利亚的安全利益和亚太地区的和平。正如有学者指出的，澳大利亚认为美国人给了他们安全，中国人正在给他们带来繁荣。如果美国人成功遏制中国人，那么澳洲人的繁荣何在？如果中国人将美国人完全挤出，那么澳洲人的安全保障何在？澳洲人现在享受的安全是一个定数，美国人撤出后澳洲的安全却是个变数。在对华政策上，澳一方面希望与中国大力发展经贸关系；另一方面又希望美国不要撤离亚洲，希望美国能够保障它的安全，那么作为回报就需要在一些政治、军事问题上给美国支持，巩固美澳军事同盟，积极参与美国在全球的军事行动，包括与美国一起试图构筑围堵中国的新的封锁线。从 2007 年开始，澳大利亚开始参加美日的联合军事演习。2011 年 7 月 9 日，澳大利亚更是与美国、日本一起在濒临中国南海的文莱近海海域举行军事演习，这也是美日澳三国首次在南海附近海域举行联合军演。此次演习是在中国与部分东南亚国家之间围绕南海主权问题的紧张气氛不断升高之时进行的，其目的明显在于共同牵制中国，强化日美澳三国的防卫合作。

影响中澳关系能否长期健康发展的还有一个重要因素，那就是美国的因素。澳大利亚是美国在西太平洋的重要盟友，双方有军事同盟关系。澳大利亚希望通过与美国的军事同盟，保护自己的安全，而美国则把澳大利亚作为自己西太平洋军事存在的重要一环。而且现在这一环也与日本、韩国等一样变成了美国遏制中国战略的重要前沿阵地。为了实现美国遏制中国崛起的目的，2011 年 11 月 18 日，美国总统奥巴马在访问澳大利亚时宣布将增强在澳的军事力量，把驻澳军人由 2000 人提高到 2500 人，虽然增加人数不多，象征意义大于实际意义，但对中国而言这是一个值得高度关注的事件。奥巴马显然把提高在澳驻军看作是美国在太平洋展示国威、“制衡”中国计划的一部分。澳大利亚试图在中美之间玩平衡。澳大利亚总理茱莉亚·吉拉德说：“美国强烈进驻该地区是为了地区稳定，澳大利亚对此表示支持。”她指出，澳大利亚将继续保持与美国的盟友关系，同时继续与中国的友谊。

（三）着眼未来，凝聚共识，积极发展中澳关系

随着中国经济飞速发展和中国在世界事务中影响力的增强，澳大利亚认识到中国对澳大利亚来说利益攸关，很多国际事务需要与中国的协调；中国和澳大利亚同为多个地区多边合作的成员，对地区和双边关系都有共同利益，例如东亚峰会、亚太经济合作会议、G20 等。面对新的世界形式，中国与澳大利亚传统的经济结构互补关系和贸易投资扩张，还不能简单地代替双边全面关系的发展。因此，拓宽合作领域和增加合作内容是今后中澳双边关系发展的方向。

2011 年 4 月 27 日，澳大利亚总理茱莉亚·吉拉德上任后首次出访中国，这也是澳大利亚工党政府调整后中澳关系中的最重要事件。

从中国目前经济发展和产业调整看，除加强原有的能源、矿产等方面合作外，中澳双方可以关注以下的合作：

第一，在社会和人文方面的交流应该加强，了解彼此的差异，增强彼此的理解。尤其加强文化、教育、科学技术、医疗等方面合

作。这些合作不仅有助于加强双边关系的发展，还可以增进双方的了解和理解，提高双边关系的稳定性。尤其借助2010年至2011年在中国举办“澳大利亚文化年”和2011年至2012年在澳大利亚举办“中国文化年”，增进彼此的交流和理解。

第二，在双方有优势领域和产业进行重点和深入合作。有关数据显示，矿产品是澳大利亚对中国出口的主产品，2011年1—6月出口额为259.1亿美元，占澳大利亚对中国出口总额的78.2%。实际上，中澳除了原有的矿产、纺织品等合作领域外，还可以在农业、乳业、畜牧业、林业、食品加工和食品安全以及新能源、清洁能源等方面加强合作。

第三，在地区范围内的金融、货币、财政以及危机治理方面的合作。中国与澳大利亚有更多的共同利益和挑战，新形势下双方进行合作可以提高效率和抵御风险的能力。

第四，在地区稳定和安全问题上的交流与合作。中澳同属亚太地区，虽然意识形态不同，但都关注地区的稳定和繁荣。地区安全的范围、内容、领域等都在发生着深刻的变化。双方的互信和地区安全与合作的构建是中澳努力的方向。

在中澳深化合作的过程中，中澳双方需要着眼未来，处理好以下敏感问题：

第一，政治问题。中国和澳大利亚在政治制度、价值观、民主人权等方面存在很大差异，澳大利亚一直希望利用自身靠近亚洲和了解亚洲的地缘优势，在东西方之间发挥桥梁作用。澳大利亚可以与中国就政治制度、价值观、民主人权等问题进行交流，但不要试图通过这些问题干涉中国内政。同时认识到双方在上述问题上的理解和价值判断差距较大，很难短期内达成共识。

第二，投资问题。对外投资是中国未来对外经济发展的趋势。目前，中国的对外投资总量相对不大，而澳大利亚的中国投资相对集中。由于中国对能源和矿产资源的需要，在澳大利亚中国企业投资了一些大型项目。据澳大利亚国库部统计资料显示，2009—2010

财年，经澳大利亚外国投资审查委员会批准的来自中国的投资申请总额为163亿澳元（约合144亿美元）。中国成为继美国（391亿澳元）和英国（286亿澳元）之后，排名第三大的外国投资来源国。其中，中国投资以矿业勘探、开发为主，占到中国对澳投资总额的75%。同时，截至2010年底，澳大利亚累计在华投资项目9582个，实际投资超过65亿美元。基于此，中国希望建立稳定中澳经济关系。然而，由于澳大利亚能源和资源开采是敏感的产业，以及对中国文化和思维方式的不理解，澳大利亚对中国存在矛盾心态：一方面希望对中国资源和能源的出口及中国对澳投资能为澳大利亚经济的发展提供动力；另一方面，除了资源开发要面对环境、污染问题等社会政治压力，也有对中国“控制”澳大利亚经济命脉的担心。

2013年4月9日，时任澳大利亚总理的茱莉亚·吉拉德再次访问中国，与中国总理李克强举行了会谈。中澳双方决定建立和充实完善相互信任、互利共赢的战略伙伴关系，并确立了两国总理定期会晤及其他各种对话机制，根据双方的优势，加强在经贸、人文和多边领域的合作，提升双方的合作水平。

2013年6月27日，澳大利亚政坛发生变动，前总理陆克文由于在此前举行的执政党工党的党首选举中击败茱莉亚·吉拉德当选工党领袖，而再次当选澳大利亚总理。在重新当选总理后举行的首次记者会上，陆克文呼吁中国尽快与澳大利亚签署自由贸易协定。陆克文说，澳大利亚农产品不会对中国国内市场构成威胁。他说：“我想告诉北京的朋友们，让我们达成两国间的自由贸易协议。”

根据以上分析，未来20年乃至更长的时期内，中澳关系呈现两大特点：

第一，由于国内政治和利益协调的牵制，澳大利亚的整个外交战略不会有根本性的调整，而且由于与美国的军事同盟关系，澳大利亚与中国的关系必然受到美国对华遏制战略的影响，因此中澳之间在未来的20年内可能会有一些政治和经济摩擦。

第二，由于中澳经贸关系的密切程度及相互的依赖性、互补性，决定了中澳虽有政治和经济摩擦，但双方在未来20年乃至更长时间必须合作而不是相互疏离甚至对抗。

二、合作共赢的中新关系

在大洋洲，除澳大利亚外，由于新西兰是与中国最早签订自由贸易协定的国家，因此中新之间的经济政治发展态势，也是值得认真研究的。

新西兰（New Zealand），是南太平洋上的一个岛屿国家。国土面积27.9万平方千米，人口约439万，是大洋洲位列澳大利亚、巴布亚新几内亚之后的第三大国家。新西兰是世界华人聚居的国家之一。其经济发达，煤、金、铁、天然气等资源丰富，工业以农林牧产品加工为主。新西兰盛产小麦、大麦、燕麦等农作物，粮食自给自足，渔业资源丰富，畜牧业发达，是世界最大的羊肉和乳制品输出国之一，羊毛出口量居世界第二位。同时，气候宜人，环境清新，风景秀丽，是旅游胜地。另外，新西兰被世界相关组织评为世界最为清廉的国家之一。

新西兰1972年12月22日与中国建交。两国建交以来，双边关系顺利发展，两国领导人保持频繁的互访并在国际多边场合会晤，不断就双边关系中的重大问题进行深入交流，政治互信不断加强。在经贸领域，双边贸易呈现稳定健康发展态势。1997年8月，新西兰在西方国家中率先与中国就中国加入世界贸易组织双边市场准入问题达成协议。2004年4月，新西兰政府第一个正式承认中国完全市场经济地位。2008年4月，两国签署《中华人民共和国政府和新西兰政府自由贸易协定》，新西兰成为第一个与中国达成双边自由贸易协定的发达国家。2008年10月，协定正式实施，由此中国—新西兰自由贸易区正式成立。2009年8月，中新自贸区联委会第一次会议在新西兰惠灵顿举行。2010年3月，新西兰与中国香港特别行政区签订《紧密经贸合作协定》，成为第一个与香港签署双边自贸协定的国家。据相关统计数据显示，中国与新西兰的自由贸易协定实施五年来，中新双边贸易额从 2008 年的 24 亿美元增长到 2012 年的 97 亿美元，增长超过了 3 倍，年均增长 22%，中国现在已经成为新西兰第二大贸易伙伴，第二大出口市场和第一进口来源地。新西兰累计对华投资从 2008 年的 8.2 亿美元增长至 2012 年的 12.4 亿美元，中国累计对新西兰非金融类直接投资从 2008 年的不足 7000 万美元，增长至 2012 年的 2.4 亿美元。

在科教、文化、旅游等人文领域，中新两国的交流与合作也取得丰硕成果。中国已经成为新西兰最大的海外留学生来源地和成长最快的海外游客市场。目前有 4 万多中国留学生在新西兰求学，也有很多新西兰学生前往中国留学。自 1998 年起，中新两国每年互办电影节。随着中新政治、经贸的迅猛发展，新西兰“汉语热”也不断升温。

在中新两国的交往中，双方相互理解不同的文化，均能尊重彼此核心利益和重大关切。可以说，中新已经形成了一个全面合作、互利共赢的双边关系。这种合作共赢关系已成为中国和西方发达国家双边关系的典范，成为不同政治制度、文化背景、发展阶段国家之间和谐共处、共同发展的典范。

综上所述，对美国和大洋洲地区的中国地缘经济政治发展态势，主要包括中澳、中新、中美关系，大致可做如下判断：

中澳关系是中国对外关系中最重要的双边关系之一。第一，中澳经济的高度互补性，决定了深化合作符合中澳关系的大局。中澳经济的相互依赖性，使得澳大利亚无论哪个政党执政，都不得不重视中澳关系。在经贸方面，下一步所要做的就是积极推进中澳自由贸易谈判，尽快签订中澳自由贸易区协定。第二，美澳同盟是影响中澳关系的重要因素。但中澳关系深受美国因素的影响，在美国“重返亚太”并极力遏制中国的大战略下，澳大利亚在其中扮演的角色会直接影响中澳关系的发展态势。

中新关系自两国建交以来，由于彼此相互尊重、相互信任，使得两国关系获得良性健康的发展。尤其随着2008年中国—新西兰自由贸易区的成立，中新关系更是进入一个合作共赢的新的发展阶段。从某种意义上说，中新关系已经成为不同政治制度、不同文化背景、不同发展阶段国家之间和谐共处、共同发展的典范。

当然，中美关系是中国对外关系中最重要的双边关系，也是世界格局中最重要的大国关系。中美关系不仅是影响未来中国地缘经济政治态势的最重要因素，也会影响世界的政治格局走向。第一，遏制与反遏制是中美关系的基本定位。无论从第一地缘层次看，还是从第二地缘层次看，中美关系是中国在泛太平洋地区乃至全世界最重要的双边关系之一，中美关系如何直接影响泛太平洋地区的稳定与和平。第二，竞争与合作是中美关系的基本走向。中美关系属于全球层次的双边关系，不仅双方经济互补性强并相互渗透，而且全球性问题的解决也离不开中美合作。中国未来20年仍然处于重要战略发展机遇期，中美两国之间发生正面大规模军事冲突的几率很小。不过，在中日关于钓鱼岛的争议中，美国如何介入、多大程度介入将是考验中美关系的试金石。第三，从理性和实力出发是处理中美关系的新思路。中美合作中有斗争，斗争中有合作，是未来一个时期中美关系的基本基调。中美要求同存异，平等互利、互谅互让，善于利用共同安全利益的交汇点开展合作，解决分歧和矛盾，实现双方的互利双赢。作为崛起中的中国必须坚持韬光养晦和有所作为的辩证统一，斗而不破，从政治、经济、军事等方面积极而理性地应对美国的遏制战略，以实现合作与共赢，促进地区和平稳定。中美两国必须摈弃传统的思维方式，面向未来，建立一种不同于以往的新型的大国关系，共建世界和平，从而造福世界人民。

参考文献

1. ［阿联酋］穆哈迈德·本·胡崴丁著，姚继德、冀开运译：《中国与阿拉伯半岛核海外国家关系》，线装书局 2008 年版。

2. ［保］亚历山大·利洛夫：《文明的对话：世界地缘政治大趋势》，社会科学文献出版社 2007 年版。

3. ［德］马克斯·韦伯：《新教伦理于资本主义精神》，四川人民出版社 1986 年版。

4. ［俄］《普京文集》，中国社会科学出版社 2002 年版

5. ［法］多米尼克·莫伊西著，姚云竹译：《情感地缘政治学》，新华出版社 2010 年版。

6. ［加］约翰·拉尔斯顿·索尔著，江美娜、张积模译：《全球化崩溃》，青岛出版社 2009 年版。

7. ［挪威］托布约尔·克努成著，余万里、何宗强译：《国际关系理论史导论》，天津人民出版社 2004 年版。

8. ［美］埃兹拉·沃格尔：《与中国共处：21 世纪的美中关系》，新华出版社 1998 年版。

9. ［美］戴维·卡莱欧：《欧洲的未来》，上海人民出版社 2003 年版。

10. ［美］亨利·基辛格：《大外交》，海南出版社 2012 年版。

11. ［美］亨利·基辛格：《论中国》，中信出版社 2012 年版。

12. ［美］亨廷顿：《文明的冲突与世界秩序的重建（修订版）》，新华出版社 2010 年版。

13. ［美］罗伯特・A. 斯卡拉皮诺：《亚洲及其前途》，新华出版社 1983 年版。

14. ［美］莱斯特・瑟罗：《资本主义的未来》，中国社会科学出版社 1998 年版。

15. ［美］尼古拉斯・斯皮克曼：《和平地理学》，商务印书馆 1965 年版。

16. ［美］乔舒亚・库珀・雷默："北京共识"。见：黄平，崔之元：《全球化与中国——"华盛顿共识"，还是"北京共识"》，［Z］，北京：社会科学文献出版社 2005 年版。

17. ［美］索尔・科恩著，严春松译：《地缘政治学——国际关系的地理学》（第二版），上海社会科学出版社 2011 年版。

18. ［美］沃尔特・艾萨克森：《基辛格：大国博弈的背后》，国际文化出版公司 2012 年版。

19. ［美］兹・布热津斯基：《大棋局：美国的首要地位及其地缘战略》，上海人民出版社 2007 年版。

20. ［马来西亚］林华生：《东亚经济圈》，世界知识出版社 2005 年版。

21. ［瑞典］英瓦尔・卡尔松、［圭］什里达特・兰法尔主编，赵仲强、李正凌译：《天涯成比邻——全球治理委员会报告》，中国对外出版公司 1995 年版。

22. ［日］资源问题研究会，（台湾）刘宗德译：《世界资源真相和你想的不一样》，台湾大是文化有限公司 2009 年版。

23. ［英］哈・麦金德：《历史的地理枢纽》，商务印书馆 2010 年版。

24. ［英］杰弗里・帕克：《二十世纪的西方地理政治思想》，解放军出版社 1992 年版。

25. 陈乔之等：《冷战后东盟国家对华政策研究》，中国社会科学出版社 2001 年版。

26. 保健云：《国际区域合作的经济学分析——理论模型与经验证据》，中国经济出版社 2008 年版。

27. 丁力：《地缘大战略：中国的地缘政治环境及其战略选择》，山西出版集团、山西人民出版社 2010 年版。

28. 丁力：《地缘大战略 2：经济和文化，中国离崛起还有多远》，山西出版集团、山西人民出版社 2010 年 4 月版。

29. 戴晓芙、郭定平主编：《东亚发展模式：区域合作》，复旦大学出版社 2005 年版。

30. 郭渊：《南海地缘政治研究》，黑龙江大学出版社 2007 年版。

31. 胡鞍钢、门洪华主编：《中国：东亚一体化新战略》，浙江人民出版社 2005 年版。

32. 胡锦涛：《高举中国特色社会主义伟大旗帜，为夺取全面建设小康社会新胜利而奋斗——在中国共产党第十七次全国代表大会上的报告》，人民出版社 2007 年版。

33. 胡锦涛：《坚定不移沿着中国特色社会主义道路前进，为全面建成小康社会而奋斗——在中国共产党第十八次全国代表大会上的报告》，人民出版社 2012 年版。

34. 黄秋龙：《两岸总体安全下的非传统威胁》，台湾“法务部调查局”展望与探索杂志社印制 2010 年版。

35. 何志工、安小平：《东北亚区域合作——通向东亚共同体之路》，时事出版社 2008 年版。

36. 刘从德主编：《地缘政治学导论》北京：中国人民大学出版社 2010 年 3 月第一版。

37. 刘晨阳主编：《中国参与的区域经济或者组织研究》，中国商务出版社 2007 年版。

38. 刘金源等：《全球化进程中的反全球化运动》，重庆出版社 2006 年版。

39. 刘清才、高科等：《东北亚地缘政治与中国地缘战略》，天津：天津人民出版社 2007 年版。

40. 刘相平：《经济全球化与两岸经贸关系》，社会科学文献出版社 2005 年版。

41. 李大光：《中国安全抉择——构筑 21 世纪的国家安全体系》，石油工业出版社 2002 年版。

42. 李孝聪：《中国区域历史地理》，北京大学出版社 2004 年版。

43. 李义虎：《地缘政治学：二分论及其超越——兼论地缘整合中的中国选择》，北京大学出版社 2007 年版。

44. 卢光盛等：《地缘政治视野下的西南周边安全与区域合作研究》，人民出版社 2012 年版。

45. 梁明：《中国与非洲的经济合作：2011China-Africa Economic Cooperation Development Report 2011》，中国社会科学出版社 2012 年版。

46. 陆俊元：《北极地缘政治与中国应对》，时事出版社 2010 年版。

47. 陆俊元：《中国地缘安全》，时事出版社 2012 年版。

48. 陆俊元：《地缘政治的本质与规律》，时事出版社 2005 年版。

49. 乔林生：《日本对外政策与东盟》，人民出版社 2006 年版。

50. 沈伟烈、陆俊元主编：《中国国家安全地理》，时事出版社 2001 年版。

51. 沈云锁、陈先魁主编：《中国模式论》，人民出版社 2007 年版。

52. 斯雄：《南沙探秘》，人民出版社 2012 年版。

53. 唐希中等：《中国与周边国家关系（1949—2002）》，中国社会科学出版社 2003 年版。

54. 王柯编：《东亚共同体与共同文化认知》，人民出版社 2007 年版。

55. 王书中主编：《美苏争霸战略问题》，国防大学出版社 1988 年版。

56. 王子昌：《东亚区域合作的动力与机制》，中国社会科学出版社 2004 年版。

57. 王志民：《时代发展与中国对外战略抉择》，东北林业大学出版社 2005 年版。

58. 王志民：《全球化下的对外开放——世纪之交对外开放的若干战略抉择》，北京出版社 2006 年版。

57. 王志民：《理论创新与马克思主义中国化》，中国商务出版社 2006 年版。

58. 王志民等：《东亚区域经济合作的政治因素及中国的对策》，世界知识出版社 2009 年版。

59. 王志民等：《国际政治学导论》，对外经济贸易大学出版社 2010 年版。

60. 武晓迪：《中国地缘政治的转型》，中国大百科全书出版社 2006 年版。

61. 吴志成：《治理创新——欧洲治理的历史、理论与实践》，天津：天津人民出版社 2003 年版。

62. 阮宗泽：《中国崛起于东亚国际秩序的转型》，北京大学出版社 2007 年版。

63. 徐复观：《中国人文精神之阐扬》，中国广播电视出版社 1996 年版。

64. 徐文长主编：《中国领跑东亚区域经济合作》，中国海关出版社 2003 年版。

65. 徐显明主编：《法理学教程》，中国政法大学出版社 1999 年版。

66. 许宁宁：《中国—东盟自由贸易区》，红旗出版社 2003 年版。

67. 杨成绪主编：《中国周边安全环境透视》，中国青年出版社 2003 年版。

68. 杨栋梁主编：《东亚区域经济合作的现状与课题》，天津人民出版社 2005 年版。

69. 张海文等绘制：《联合国海洋法公约图解》，法律出版社 2010 年版。

70. 张丽君等：《地缘经济时代》，中央民族大学出版社 2006 年版。

71. 张世平：《中国海权》，人民出版社 2009 年版。

72. 张文木：《世界地缘政治中的中国国家安全利益分析》，山东人民出版社 2004 年版。

73. 张维为：《中国震撼：一个“文明型”国家的崛起》，世纪出版集团、上海人民出版社 2011 年版。

74. 张小明：《中国周边安全环境分析》，中国国际广播出版社 2003 年版。

75. 张亚中：《全球化与两岸统合》，台湾联经出版事业股份有限公司 2003 年版。

76. 张蕴岭主编：《世界区域化的发展与模式》，世界知识出版社 2004 年版。

77. 严正等：《海峡经济区探索》，社会科学文献出版社 2006 年版。

78. 叶自成主编：《地缘政治与中国外交》，北京出版社 1998 年版。

79. 姚中主编：《东亚：经济、政治与维护阐释》，学林出版社 1999 年版。

80. 袁志彦、高密来编著：《新编国际贸易地理》，对外经济贸易大学出版社 2010 年版。

82. 中国社会科学研究会主编：《21 世纪东亚格局下的中国与日本》，社会科学文献出版社 2007 年版。

83. 中国社会科学院台湾研究所：《台湾问题重要文献资料汇编》，红旗出版社 1997 年版。

84. 中华人民共和国外交部政策研究室编：《中国外交》，世界知识出版社 1996 年版。

85. 中关村国际环保产业促进中心编著：《谁能驱动中国——世界能源危机和中国方略》，人民出版社 2006 年版。

86. 赵传君主编：《东北亚三大关系研究：经贸、政治、安全》，社会科学文献出版社 2006 年版。

87. 朱听昌：《中国地缘战略地位的变迁》，时事出版社 2010 年版。

88. 周勇：《少数人权利的法理》，社会科学文献出版社 2002 年版。

89. 邹逸麟编：《中国历史地理概述》，上海人民教育出版社 2007 年版。

90. 郑永年：《中国的国际命运》，浙江联合出版集团、浙江人民出版社 2011 年版。

91. 赵一红：《东亚模式中的政府主导专用分析》，中国社会科学出版社 2004 年版。

92. 郑泽民：《南海问题中的大国因素——美日印俄与南海问题》，世界知识出版社 2010 年版。

93. 白春礼："以科技自信助力实现中国梦"，中国共产党新闻网，2013 年 6 月 14 日。

94. 毕吉耀："国际金融危机给我国扩大对外投资带来新机遇"，《中国金融》，2010 年第 3 期。

95. 陈宗海："2011 年中印交流评析"，《南亚研究季刊》，2012 年第 1 期。

96. 陈继东："关于建设中国—巴基斯坦铁路连接线的几点思考"，《南亚研究季刊》，2012 年第 3 期。

97. 国务院发展研究中心对外经济研究部："全球化未来趋势及对我国的影响"，《经济参考》，2013 年 6 月 13 日。

98. 何芳川："太平洋时代和中国"，《北京大学学报（哲学社会科学版）》，1995 年第 3 期。

99. 胡锦涛："转变发展方式，实现经济增长——在亚太经合组织第十九次领导人非正式会议上的讲话”，《中国青年报》，2011 年 11 月 15 日。

100. 胡国财：“抓住机遇开拓南亚市场”，《经贸世界》，1996 年 5 期。

101. 江时学：“欧美自由贸易影响何在”，《价值中国》，2013 年 5 月 29 日。

102. 刘飞涛：“后危机时代的国际政治格局与趋势”，《国际问题研究》，2010 年第 3 期。

103. 乐后圣：“中印缅孟：建构南亚合作机制”，《中国评论》，2006 年 5 月号（总第 101 期）。

104. 梁进社、王红瑞、王天龙：“中国经济社会发展的资源瓶颈与环境约束”，《经济研究参考》，2011 年第 1 期。

105. 林利民：“国际政治大势与中国的新机遇”，《中国国防报》，2012 年 5 月 22 日。

106. 罗明义：“构建中国—南亚旅游圈，促进中国与南亚的旅游合作与发展”，《经济问题探索》，2008 年 1 期。

107. 卢中原：“‘十二五’时期我国经济社会发展的国际环境”，《人民日报》，2011 年 1 月 12 日。

108. 李靖宇等：“关于中国在南亚区域选取印度洋出海口的战略推进构想”，《中国海洋大学学报》，2012 年 5 期。

109. 马建堂：“‘十二五’时期我国经济社会发展的国内环境”，人民网，2010 年 11 月 9 日。

110. 马凯：“未来我国经济社会发展面临的形势和需要解决的若干重大问题，http：//ghs. ndrc. gov. cn/sywzlyj/t20070402_ 125546. htm。

111. 钮文新：“法国为何拒绝‘华盛顿共识’”，《中国经济周刊》，2012 年第 19 期。

112. 孙士海：“冷战后南亚的安全形势及前景展望”，《当代亚太》，1997 年第 5 期。

113. 宋德星：“印巴安全两难与中国的南亚政策”，《南亚研究》，2002 年第 1 期。

114. 陶亮：“印度的印度洋战略与中印关系发展”，《南亚研究》，2011 年第 3 期。

115. 王辑思：“全球发展趋势与中国的国际环境”，《当代世界》，2013 年第 1 期。

116. 王湘穗：“从大西洋同盟到太平洋世纪——全球力量重心转移的历史趋势”，《现代国际关系》，2012 年 1 期。

117. 王炜：“南亚：机遇与风险并存的巨大市场”，《中国经济导刊》，2001 年 18 期。

118. 文富德：“南亚在中国西部大开发战略中的地位和作用”，《当代亚太》，2002 年 3 期。

119. 杨思灵、陈利君：“2011 年南亚政治经济发展概述”，《东南亚南亚研究》，2012 年 1 期。

120. 杨文武、戴江涛：“中印在海外石油供给中的竞合态势及博弈分析”，《生态经济》，2006 年第 4 期。

121. 杨值珍：“冷战后南亚安全形势及中国对南亚安全的影响”，《湖北大学学报》，2011 年 1 期。

122. 张金翠：“应对水资源争端：中印策略的博弈论分析”，《南亚研究季刊》，2010 年 4 期。

123. 张力：“美国‘重返亚太’战略与印度的角色选择”，《南亚研究季刊》，2012 年第 2 期。

124. 张四齐：“中国与印度：文化交流、意义深远”，《人民日报》，2006 年 3 月 31 日第 15 版。

125. 张文木：“印度的大国战略与南亚地缘政治格局”，《战略与管理》，2002 年第 4 期。

126. 张宇燕、徐秀军：“2011—2012 年世界经济形势分析与展望”，《当代世界》，2011 年 12 期。

127. 闫成海：“从贸易结构看中国与印度经济间的竞争关系”，《世界经济》，2003 年第 1 期。

128. 钟华平等："恒河水资源及印孟水冲突问题"，《人民黄河》，2011 年 6 期。

129. 周及真："中印经济不平衡：表现和成因分析"，《东南亚南亚研究》，2012 年第 4 期。

130. 曾祥裕、郭红："'东向政策'遭遇'重返亚太'：美印在亚太地区的安全互动"，《南亚研究季刊》，2012 年第 4 期。

131. Allen Carlson and Ren Xiao, *New frontiers in China's foreign relations*, Lanham, Md.: Lexington Books, c2011.

132. Caterina García Segura and Pablo Pareja Alcaraz, *The geopolitics of energy in East Asia: regional and global implications of security and governance*, Ashgate, 2012.

133. Chen-yuan Tung, *China's economic leverage and Taiwan's security concerns with respect to cross-Strait economic relations*, Ann Arbor, Mich: UMI, 2002.

134. Enrico Fels, Jan-Frederik Kremer, Katharina Kronenberg, *Power in the 21st century: international security and international political economy in a changing world*, Berlin; Heidelberg: Springer, c2012.

135. Felix Chin, *Political and economic developments in Asia*, New York: Nova Science Publishers, c2011.

136. Gregory C. Chow, *China as a leader of the world economy*, Singapore; Hackensack, NJ: World Scientific, c2012.

137. International Institute for Strategic Studies, *The geopolitics of East and Southeast Asia*, Abingdon, Oxon: Routledge, 2007.

138. Jean-Marie Chevalier and Patrice Geoffron, *The new energy crisis: climate, economics and geopolitics*, London: Palgrave Macmillan, 2013.

139. Jenny Edkins & Maja Zehfuss, *Global politics: a new introduction*, Milton Park, Abingdon, Oxon; New York: Routledge, 2012.

140. Joel Rathus, *Japan, China and networked regionalism in East Asia*, Basingstoke, Hampshire; New York: Palgrave Macmil-

lan, 2011.

141. Karrar, Hasan Haider, *The new silk road diplomacy: a regional analysis of China's Central Asian foreign policy*, 1991—2005, Ann Arbor, Mich: UMI, 2007.

142. Kjeld Erik Brødsgaard and Bertel Heurlin, *China's place in global geopolitics: international, regional and domestic challenges*, London: Routledge Curzon, c2002.

143. Kevin Gray, *Labor, geopolitics and development in East Asia*, Routledge, 2013.

144. Mark Hong, Asan Institute for Policy Studies, South Korea, Amy V. R. Lugg, Institute of Southeast Asian Studies, Singapore, *Asia's energy trends and developments*, New Jersey: World Scientific, 2013.

145. Mingjiang Li, *China joins global governance: cooperation and contentions*, Lanham: Lexington Books, 2012.

146. Robert E. Bedeski and Niklas Swanström, *Eurasia's ascent in energy and geopolitics: rivalry or partnership for China, Russia and Central Asia?* New York: Routledge, 2012.

147. Ralf Emmers, *Geopolitics and maritime territorial disputes in East Asia*, Milton Park, Abingdon, Oxon; New York, NY: Routledge, c2010.

148. Ramakrushna Pradhan, *Geopolitics of Central Asia: China-U. S. engagement*, Saarbrücken: VDM Verlag Dr. Müller, 2010.

149. Robert E. Ebel, *Energy and geopolitics in China: mixing oil and politics: a report of the CSIS Energy and National Security Program*, Washington, D. C.: Center for Strategic and International Studies, c2009.

150. Robyn Lim, *The geopolitics of East Asia: the search for equilibrium*, London; New York: RoutledgeCurzon, c2003.

151. Ramon H. Myers, *China's economic revolution and its implications for Sino-U. S. relations*, Stanford, Calif.: Hoover Institution on War, Revolution and Peace, 1995.

152. Sungho Kang and Ramón Grosfoguel, *Geopolitics and trajectories of development: the cases of Korea, Japan, Taiwan, Germany, and Puerto Rico*, Berkeley: Institute of East Asian Studies, c2010.

153. Scott W. Harold, *Freeing trade: negotiating domestic and international obstacles on China's long road to the GATT/WTO* 1971—2001, *Ann Arbor*, Mich: UMI, 2008.

154. Tae Hwan Yoo and V. Balaji Venkatachalam, *A brief appraisal of India's economic and political relations with China, Japan, ASEAN, the EU and the U. S.* , Seoul, Korea : Korea Institute for International Economic Policy, 2005.

155. William W. Keller and Thomas G. Rawski, *China's rise and the balance of influence in Asia*, Pittsburgh, Pa: University of Pittsburgh Press, c2007.

156. Francine R Frankel, *The Break out of China—India Strategic Rivalry in Asia and the Indian Ocean*, Journal of International Affairs, Vol. 64, No. 2, Spring/Summer 2011, p. 4.

157. Strobe Talbott, *U. S. Interest in Sino-Indian Cooperation*, Journal of International Affairs, Vol. 64, No. 2, Spring/Summer 2011, p. 238.

158. U. S. Department of Defense, *Sustaining U. S. Global Leadership: Priorities for*21 *Century Defense*, January 2012, P. 2, http://www.defense.gov/news/Defense-Strategic-Guidance.pdf.

159. Firstpost, *US backs India'S Look East policy, seeks greater Asia Pacific role for India*, Nov. 23, 2011, http://www.firstpost.com/world/us-supports-indias-look-east-policy-137741.html.

图书在版编目（CIP）数据

开放视域下的中国地缘环境新态势/王志民等著．—北京：时事出版社，2013.11

ISBN 978-7-80232-646-0

Ⅰ.①开…　Ⅱ.①王…　Ⅲ.①地缘政治学—研究—中国②区域经济一体化—研究—中国　Ⅳ.①D6②F125.4

中国版本图书馆 CIP 数据核字（2013）第 217639 号

出版发行：时事出版社
地　　址：北京市海淀区巨山村 375 号
邮　　编：100093
发行热线：（010）82546061　82546062
读者服务部：（010）61157595
传　　真：（010）82546050
电子邮箱：shishichubanshe@sina.com
网　　址：www.shishishe.com
印　　刷：北京百善印刷厂

开本：787×1092　1/16　印张：21.5　字数：295 千字
2013 年 11 月第 1 版　2013 年 11 月第 1 次印刷
定价：65.00 元